明治のナイチンゲール
大関和《ちか》物語

田中ひかる

中央公論新社

目次

明治のナイチンゲール　大関和物語

プロローグ

今や看護師という職業なくして、医療の世界は一日も成り立たない。それは、所定の学校で専門知識や技能を身につけ、国家試験に受かって初めて就くことのできる専門職であり、人々の健康や命を守る尊い職業として、広く認知されている。しかしかつては、「金のために汚い仕事も厭《いと》わず、時には命まで差し出す賤業」と見なされていた。

家老の娘に生まれながら、この「賤業」に就き、生涯をかけて「看護婦」の技能の向上と制度化に努めたのが、大関和《ちか》である。和は離婚して二人の子を育てる母親でもあった。和とともに看護婦となり、彼女を支え続けた鈴木雅《まさ》もまた、二人の子を持つ「寡婦」であった。

これは、近代日本において、看護婦という職業の礎《いしずえ》を築いた二人のシングルマザーの物語である。

第一章　故郷黒羽

家老の娘

大関和《ちか》は幕末の安政五（一八五八）年、下野国の黒羽藩《くろばね》（現栃木県大田原市付近）の国家老、大関弾右衛門《だんえもん》とその妻哲《てつ》の間に、二男三女の次女として生まれた。弾右衛門は、藩主大関増裕《ますひろ》の縁戚にあたる。

蘭学を学んでいた藩主増裕は、洋式兵術にも精通していたことから幕府に重用され、講武所奉行、初代陸軍奉行、初代海軍奉行を歴任。幕府終焉の年となる慶応三（一八六七）年に、二九歳で若年寄となる。外様の小藩主としては異例のことであり、部下で親交のあった勝海舟は、彼を「幕末の偉人」と評している。

来るべき時代に備え、外国語の習得を重視していた増裕は、長崎から書物を取り寄せ、オランダ語のみならず英語も学んだ。妻の待《まち》にも学問をさせ、海外から女性用の鞍《くら》を取り寄せると、乗馬も習わせた。夫婦そろって馬に乗り、江戸の町へ出た際には、「夫婦して　江戸町々を乗りあるき　異国の真似する馬鹿の大関」という狂歌が貼り出される始末であったが、増裕はまったく気に留めなかった。国元でも「百事一新」「富国強兵」を目標に思い切った藩政改革を行う。

黒羽は火山灰地で農地には適していなかったが、温泉に恵まれていた。ここに目をつけた増裕は、茶臼岳を硫黄鉱山として開発し、採掘した硫黄を幕府の炮薬《ほうやく》製造所に買い取らせることを思いつく。

硫黄は火薬を作る際の必需品である。薩摩や長州などの雄藩が軍拡を進めるなか、幕府も武器や弾薬を備える必要があり、天領である草津や別府から硫黄を調達していた。ここに新規参入することは、幕府軍の長である増裕にとってはたやすいことであった。硫黄で得られた資金で、増裕は大砲や洋式連発銃を大量に購入。黒羽藩は北関東随一の軍事力を持つことになるが、皮肉にもこれは、のちに幕府軍に向けられる。増裕によって黒羽藩の硫黄製造掛《がかり》に任じられ、鉱山開発の実務を一手に引き受けていたのが、和の父、大関弾右衛門であった。

子ども好きだった増裕は、弾右衛門の子どもたちを城へ呼び、菓子をふるまうこともあった。この頃、和は増裕から外国語の書物を見せられ、日本語とは異なる言語があることを知る。いつも洋装だった増裕の「大きくなったら、英語を教えて進ぜよう」という言葉を長じてからもぼんやりと覚えている。しかし、その時は訪れなかった。誰よりも進取の精神に富んだ増裕であったが、新しい時代を見ることなく、この世を去ることになる。

「王政復古の大号令」が発せられる前日の慶応三（一八六七）年一二月八日。二〇日間の帰国許可を取り黒羽城にいた増裕は、家臣たちを集め、「目下国家は累卵の如き」状態で「宜しく御国体を弁《わきま》え、順逆を誤ざるよう心得べし」（『黒羽藩戊辰戦史』）と朝廷側（新政府側）に付くことを示す。そして夜半、家臣の中でも最も信頼を置く弾右衛門をひそかに呼びつけると、こう告げた。

「会津が朝敵となることは必定で、地勢上、わが藩には会津征討の先頭に立つよう命が下るであろう。しかし、会津とは兄弟にも等しい交誼《こうぎ》があり、鉾《ほこ》を向けるに忍びない。そも余は幕府の参政である。藩としては朝廷に誠を尽くすが、余はこの身を供して臣節を全うしようと思う」

弾右衛門が自分も後を追うと告げると、「殉死に益などない。永らえて余が志を全うすることこそ真誠の忠義である」と諭される。

翌日、出仕した弾右衛門は、家臣を従えて狩りに出かけた増裕が、金丸《かねまる》八幡宮（那須神社）の裏手で自害したという報を受ける。馬を駆った弾右衛門が八幡宮の森で目にしたのは、左頬から右耳にかけて銃弾が貫通した増裕の亡骸《なきがら》であった。

供をした家臣によれば、鳥を追っていった増裕の姿が見えなくなった途端、銃声がしたという。弾右衛門は、増裕が城外で自害したのは、国家老である自分に累が及ばないようにするためだと悟り、一人むせび泣いた。

　増裕の死は継嗣《けいし》が決まるまで伏せられたあと、猟銃の暴発事故によるものとして処理される。実際のところ、増裕に「この身を供して臣節を全う」する意思があったとしても、この日の出来事が自害であったとは言い切れない。幕府への忠誠心が篤い増裕は、朝廷寄りの家臣たちから疎まれており、また、ときに冷酷とも言える藩政改革を断行した増裕を恨む家臣も少なくなかったことから、事故ではなく暗殺であるという噂も流れた。

　子のなかった増裕の養子として迎えられた新藩主は、戊辰戦争が始まると新政府側に立って会津藩を攻撃。会津は壊滅し、戦争は新政府側の勝利に終わる。

　増裕の死後、家老の職を辞した弾右衛門は、和にこう告げたという。

「今日より家禄（二百石）は云うに及ばず、家も屋敷も返上し、明日からは乞食《こじき》するかもしれぬが、大関弾右衛門の娘と生れし不幸と思いあきらめよ」（『基督者列伝』）

　弾右衛門は帰農しようとしたが、藩に慰留され、一旦は家知事として残った。その後、縁戚を頼って家族とともに上京。商売に手を出すものの、いわゆる「士族の商法」で失敗し、病気がちとなる。家で和たちきょうだいに四書を講義し、「いかなるときも学問を怠るな」と教えた。

　和の姉は「志村家へ嫁いだ」と史料にあるが、詳細は不明である。すぐ下の弟復彦《ふくひこ》は、慣れない生活に嫌気が差したのか、出奔してしまう。和は、もう一人の弟衛《まもる》と妹鈜《こく》とともに、書道と算術の塾にも通った。母哲は、算術は下級武士が身につける卑しいものと嫌ったが、弾右衛門は、これからの時代は女にも算術が必要だと説いた。

このほかに和と釛は、近い将来の嫁入りに備えて、華道と茶道を習い、哲から裁縫、機織《はた》り、料理を仕込まれた。「布団が縫えるようにならないとお嫁にいけません」というのが哲の口癖であった。布団は綿が寄ってしまうため、縫いづらいのだ。しかし、手先の器用な和は、すぐに上達した。

「嫁田」の友

明治九（一八七六）年、弾右衛門は一八歳になった和の縁談をまとめると間もなく、五〇歳で流行り病に倒れた。このとき哲がなけなしの金をはたいて連れてきたのは、近所で評判の拝み屋であった。拝み屋の指示どおり疫病退散の札を貼り、まじないを唱えたが、弾右衛門は呆気《あっけ》なく逝ってしまった。和が命のはかなさを知った最初である。

縁談の相手は、故郷黒羽の士族、柴田豊之進福綱であった。豊之進は戊辰戦争での功績が認められ、陸軍少尉として熊本や広島の鎮台に勤務していたが、すでに退官し、黒羽の屋敷で両親と暮らしているという。和より二二歳年上の四〇歳で、病没した初婚の妻との間には子がなかった。

柴田家は維新後、大地主として成功していたので、哲が裁縫を教えることで生計を立てていた大関家にとって、悪い縁談ではなかった。問題は、豊之進には複数の妾がいることだった。

明治政府は、発足後間もない明治三（一八七〇）年に発布した「新律綱領」において、妾は妻と同等の二親等と定めている。翌年の内務省指令も「臣民一般妾の称号苦しからず」とし、戸籍にも「妾」の文字が記載された。つまり、法的にも「一夫多妻」が認められていたのだ。民法によって「一夫一婦制」が成立するのは、明治三一（一八九八）年のことである。

和が妾の存在に難色を示したため、両家で話し合いが持たれ、妾との関係を清算するという条件で、縁談がまとまった。

裁縫を教わりに通ってくる近所の娘たちは、和の縁談を「玉の輿」だとうらやましがり、祝福する。和は哲が縫ってくれている花嫁衣裳を肩にかけ、これで哲を少し楽にさせてやれると思う。なによりも、また懐かしい故郷で穏やかに暮らせることがうれしい。

ところがふたを開けてみると、この結婚は和の理想とはほど遠いものだった。「千代」という妾との関係は清算されておらず、豊之進は和と結婚したあとも、千代とその子どもたちがいる別宅で暮らし続けたのである。

義母によれば、千代は会津藩士の妻だったが、戊辰戦争で夫も子どもたちも皆亡くし、黒羽へ流れてきたところを豊之進に「拾われた」。妻として母として申し分ない役目を果たしているが、柴田家の「家格」には合わないため、本宅へ迎えることはできないという。

実は和を柴田家の嫁にと求めてきたのは、この義母であった。没落したとはいえ、元家老の娘であれば、「家格」に不足はないと考えたのである。故郷で穏やかに暮らすという和の夢は、早々についえた。しかし嫁いできた以上、もう後戻りはできない。

義母は和に、家のことは下女たちがするので一切しなくてよいが、代わりに米作りをするように命じた。米作りがひととおりできるようにならないと、地主の嫁として認めることはできないと言う。いわば、「試用期間」のようなものだが、試されたのは米作りの技量ではなく、忍耐力であった。

和にあてがわれたのは、五反の痩せ地である。米作りなどしたことのない和は困惑したが、家の中で義母と顔を突き合わせているより、外で米を作る方がましだと考えた。長い間放置されていた田圃《たんぼ》は、米作りの前に、田作りから始めなければならなかった。義母は日々こなすべき手順や範囲を細かく指示し、それが終わるまでは帰宅を許さなかったため、和は夕食を取りそこねることはもちろん、母屋に入れてもらえず、牛小屋で眠ることもあった。

ほどなく和の田圃は、近所の小作たちから「嫁田《よめだ》」と呼ばれるようになる。和の慣れない手付きを見かね、通りがかりに助けてくれる小作もいたが、皆それぞれに忙しく、また、地主である柴田家の手前、大っぴらに手伝うことはできなかった。

それでも田作りを始めて間もなく、和には心強い味方が二人できた。柴田家で暮らす一二歳の綾と、小作の娘で一四歳のマツである。

綾は義父と妾との間にできた子どもで、数年前、妾が流行り病で亡くなったため、柴田家で暮らすようになったようだ。和は、義母は嫁である自分には冷淡だが、情に厚い人間だと考えていた。それは、綾に十分な食事を与え、上等な着物を着せ、不自由させなかったからである。綾は天真爛漫な性格で、和が嫁いでくるとすぐに懐き、「嫁田」にもついてくるようになった。そして、和が孤軍奮闘していると知るや、着物の裾をまくって田圃に入り、石をどけたり木の根を抜いたりしてくれた。

綾が和を手伝っていることは、すぐに義母の知るところとなったが、禁じられることはなかった。それどころか、それまで和の昼食は、自分で竹の皮に包んだ麦飯だけであったが、綾が加わるようになると、下女が惣菜つきの白米の昼食を二人分用意してくれるようになったのである。義母が綾を大事にしていることが察せられた。洒落《しゃれ》っ気のある綾は、義母が用意してくれた野良着に、桜柄の布で作った腕貫《うでぬき》と前掛けを合わせ、悦に入っている。

マツは近所の小作の娘である。幼い頃の高熱が原因で、動作が鈍く物覚えも悪かったため、家族は労働力と見なさず、自由にさせていた。ある日、和が綾と田作りをしていると、いつの間にかマツが加わっており、それから毎日、自分の昼食を持って手伝いにくるようになった。綾を真似て、自分で縫った腕貫と前掛けを誇らしげに着けてきたときは、和も綾も感嘆の声を上げた。

体格のよいマツは、力仕事を進んでやってくれた。気立てもよく、和も綾も一緒にいるだけで気持ちが和んだ。また、マツが来るようになってから、小作たちが手伝ってくれることが増えた。その中に、マツが生き生きと働く様子に目を細める母親の姿もあった。

母親を真似てか、マツは和を「お嫁さん」と呼んだ。嫁入りに憧れているらしく、一日に一度は、「おら、祝言のときのお嫁さんさ見たけんど、きれいだったなえ。おらもあんな花嫁衣裳さ着てみてえもんだ」とうっとりと口にする。あるとき、大真面目に「なあ、お嫁さん、あの花嫁衣裳要らなんだら、おらにくれねえか」と言うので、和が「いいよ、あげるよ、マツさんに」と答えると、「いいのけえ？」と今にも嫁入りするかのような喜びようであった。

武家の慣習では、花嫁衣裳は母から娘へと大切に引き継がれるものだが、和はマツの真剣な願いを無下にはできなかった。それに、マツに譲ることはまったく惜しくない。マツのうれしそうな様子に、和も綾も顔がほころぶ。

綾は学校へは通っていなかったが、読み書きはでき、ときどき義母から物語本を買い与えられていた。読み終わると、田作りをしながらその内容をマツに聞かせた。「女学校に通いたいな」と言うのが口癖である。好奇心が旺盛で、母屋に出入りする役人や商人の会話に聞き耳を立てては、「来年、東京の上野公園でハクランカイというのを開くんだって。行ってみたいなあ」「薩摩でサイゴウさんて人が戦《いくさ》を起こしたらしいよ」といった話を聞かせてくれた。一日中田圃にいて、世の中の動きを一切知ることができない和にとって、綾の話は新鮮であった。

午前中の作業が終わると、三人であぜ道に座り、昼食を広げる。綾は「麦飯の方が、精がつく気がするよ」とマツが竹の皮に包んできた麦飯を食べ、マツが綾の白米の握り飯を食べた。

「白いご飯はうめえ」と喜んで食べるマツを見て、毎日米を作っている小作がなぜ滅多に白米を食べられないのか、和は理不尽に思う。

「この田圃で米が穫《と》れるようになったら、三人で白いご飯を炊いて食べましょう」

この提案にマツは「そりゃ楽しみだあ」と小躍りするほど喜び、それを見た綾が「何年先のことやら」とつぶやく。目の前に広がる「嫁田」はまだ、石や木の根を取り除いて平らにしただけで、このあとあぜ塗りをして灌漑の設備も作らなければならないのだ。

田打桜

田圃の形が整うまで、丸一年を要した。その間に、和は男の子を出産する。その子は、義父母によって「六郎」と名付けられた。和にとっては初めての子であったが、豊之進にとっては六人目の男児であった。

間もなく和は、豊之進から千代が縫ったという産着や襁褓《おしめ》を手渡される。妾との関係は清算するという条件で嫁いできたにもかかわらず、平然と別宅で暮らし続ける夫に堪忍袋の緒が切れた和は、「約束が違います!」と言って産着や襁褓を畳の上にぶちまけた。豊之進は顔をしかめて立ち去り、たまたま部屋の前を通りかかった義母は、「ああ、恐ろしや。物を投げたり、叫んだり。これが本当に家老の娘なのかね」とわざとらしく嘆息した。

和は子どもの頃からの両親の躾《しつけ》もあり、これまでできるだけ感情を抑えて生きてきた。しかし、それも限界であった。感情を押し殺し、波風立てずに生きていくことは、自分には難しい。

母や妹に心配をかけまいと、千代の存在を伝えたことはなかったが、さすがにこたえ、母哲宛てに「東京へ帰りたい」と手紙を書いた。しかし返書には、家柄がよいほど妾を置くのは当然で、それは昔も今も変わらない、大関家の娘として恥だけはさらさないでほしいということが、切々としたためられていた。

嫁が一方的に婚家から離縁されることが多かったため、離縁自体は珍しいことではなかったのだが、家の体面を重んじる哲にとっては、これ以上ないほどの不名誉なことであった。

和は千代からもらった産着や襁褓は使わずにいたが、それらをよく見ると、とても丁寧に縫われていることがわかった。上質な布と繊細な縫い目には、純粋な心遣いが感じられる。千代のことはあまり意識しないようにしていた和だが、初めてどんな女なのか確かめたくなった。別宅はそう遠くはないので、会おうと思えば、いつでも会える。しかし、いざとなると足が向かなかった。

義父母は六郎のために乳母を数人雇い、和は出産から二週間で「嫁田」に戻された。一年かけて田圃らしくなった「嫁田」は、和がいない数週間の間に、綾とマツ、そして近所の小作たちによって田打ちがされており、あとは田植えを待つばかりの状態となっていた。

「お嫁さん、おかえりなさい。赤んぼは元気け？」

マツが無邪気に尋ねると、和より先に綾が「丸々と太った可愛い子だよ。今度、連れてきてマツさんに見せてあげるよ」と答える。

そのとき気持ちのよい風が吹き、甘い香りが漂った。マツが「田打桜《たうちざくら》の匂いだ」と言いながらあたりを見まわし、「ほれ、あそこ」と指さす。その方向を見ても桜など咲いていないので、和がきょとんとしていると、綾が笑いながら、「この辺では、辛夷《こぶし》の花を『田打桜』って言うんだよ。ちょうど田打ちの時期に咲くからね」と教える。

和には、辛夷の花が「嫁田」の進捗を祝ってくれているように思われた。

田打ちが済んだと聞き、様子を見に来た義母は、使い物にならず放置していた痩せ地が、田圃らしい姿になっているので驚いた。すぐに小作を日雇いし、水張りと、馬鍬《まぐわ》を使った代《しろ》かきをさせる。その後、十分すぎるほどの量の苗代が運ばれてきた。

「いよいよ田植えかあ。秋には米が穫れるべ」とマツが勇む。しかし、田植えこそが最もきつい作業だった。相変わらず義母はその日の仕事量を命じるため、マツと綾を帰したあとも、和は一人で「嫁田」に残り、腰を曲げて苗を植え続けた。

ある夕暮れどき、和が一人で田植えをしていると、あぜ道に四〇前後の女が立っている。地味だが整った身なりをしており、この辺りの小作でないことは明らかだ。和と目が合うと、女は深々と頭を下げてから、踵《きびす》を返し足早に去っていった。

和は、女が千代だと確信した。いつか千代に会う機会があれば、悔しい思いをしないよう精一杯装うつもりであったが、このときの和は野良着姿で、下半身はもちろん、顔にまで泥がついていた。しかし、不思議と悔しさは感じなかった。

千代は戊辰戦争で家族を皆失ったという。再び一から築いた豊之進との家族は何があっても守りたいに違いない。それを脅かす存在が自分だとしたら。

義母が家格などにこだわらなければ、正妻として本宅で暮らしていたのは千代だったはずだ。それにもかかわらず、千代はあとからやって来た自分に礼を尽くしてくれている。和は千代を疎んでいた自分を恥じた。それにしてもなぜ、千代も自分もお互いにこんな思いをしなければならないのか。夕闇に消えていく千代の後ろ姿を見つめながら、和は理不尽な思いに駆られた。

明治一二（一八七九）年夏。和、綾、マツの米作りは三年目を迎えていたが、まだ一度も収穫できずにいた。もともと痩せ地だったということもあるが、米作りの経験がない三人は、天候不良や病虫害に対処できなかったのだ。人手が足りないため、作業の時期を逸してしまうこともあり、それも失敗の一因だった。一年目は苗が育たず、二年目は夏までは順調に生育したものの、一旦灌水を止めて田圃を乾かす「中干し」に失敗し、全滅してしまった。

三年目は小作たちの手も借り、なんとか無事に穂をつけるところまでこぎつけた。三人とも感無量である。綾があぜ道から「嫁田」に向かって「今年こそはちゃんと育ってね！」と叫び、和が「頼みますよ！」と続く。するとマツが「おらちの田圃は今年は駄目じゃって、父ちゃんが言っとった」とぽつりとつぶやく。今年は天候が悪く、稲の育ちが悪いと小作たちが話しているのを和も聞いていた。

「それなら、この田圃で穫れた米を持っていってよ。もともとこの田圃は勘定に入っていないんだから。今年こそ絶対に成功させましょうね」

和が言うと、マツがいつもの笑顔に戻る。

「お母さんがこの田圃はどうやってもまともな米は穫れないって言ってたけど、この分ならうまくいきそうだね」

綾は義母を「お母さん」と呼んでいる。和はこの田圃が痩せ地であることは百も承知であったが、義母が田圃を手伝ってくれている綾にまでそんなことを言っていると知り、腹が立つ。

「こないだうちに来てた呉服屋さんがお母さんと話しているのを聞いたんだけど、今年はコロリのせいで町も景気が悪いらしいよ」

江戸時代に日本へ上陸したコレラは、地域によって「トンコロリン」「鉄砲」などと呼ばれたが、頓死を意味する「コロリ」という呼び名が最もよく使われていた。綾は「最近魚屋さんが来ないのも、コロリのせいだ」と続ける。

この年、四国の松山から各地に広がったコレラが猛威をふるっていた。年末には全国の死者数が一〇万人を超える。防疫を目的に魚介類をはじめとする生鮮食品の販売を禁止した地域もあり、生活の糧を失った漁師たちが米問屋を襲うという事件が各地で発生していた。

和たちが暮らす栃木へは、東京から鬼怒川を帰帆する船乗りたちによってコレラが持ち込まれ、河岸場から内陸部へ徐々に感染が広がっていた。

「魚と言えば、今年も渡良瀬川で魚が何万匹も死んだみたいだよ。気味が悪いね」

「綾ちゃんは何でも知ってんだなえ」

マツが感心すると、綾の表情がやわらぐ。足尾銅山鉱毒事件が全国的に知られるようになるのはまだ先のことだが、地元ではすでに、渡良瀬川の魚の大量死が住民たちを不安にさせていた。そして、コレラの大流行による不景気は、三人の人生にも大きな影響を及ぼすことになる。

今年こそは米が収穫できると期待した三人であったが、「嫁田」に三人がそろったのはこの日が最後だった。まず、マツがいなくなった。心配した和と綾が家を訪ねると、母親が出てきて、マツは東京へ奉公に出したと言う。突然のことに驚き、東京のどこかと尋ねても、母親は悲し気に言葉を濁すだけだった。綾が泣きだし、慰めながら和も泣いた。

和は、マツは遊郭に売られたのだと悟った。当然ながら、それは母親の意志ではなかったに違いない。農家の嫁に発言権などない。

「あの子のためにもこれでいがったんだ。ここにいてもいいこたぁねえ」

自分に言い聞かせるようにつぶやいたマツの母親は、まだ四〇前後であるにもかかわらず、顔も手も皺が寄り、すでに腰も曲がり始めていた。

当時の農村の生活を知る『石ころのはるかな道』の著者伊藤まつをは、農家の嫁について、牛や馬以下の扱いでさんざん酷使され、「三度の粗食さえ満たすことができ」ず、「体をこわして長くわずらう身となったり、死んだりしていった」と述べている。「女工哀史」があるように、農村の嫁にも「哀史」があった。

女工はわずかとは言え賃金がもらえ、辛い境遇を慰め励まし合う仲間もいたが、農家の嫁たちは姑の手前、愚痴をもらすことさえはばかられた。「わが働きでわが着物も買う、三度の飯も睨まれずに食う」ことができる女工たちを「何んぼうええもんか」（『荷車の歌』）とうらやむ嫁もいた。

苦しい生活の中で「間引き」はなかば公然と行われ、それは特に女児が生まれた場合に多かった。子どもたちの男女比に、明らかに偏りの見られる村もあった。間引きを密告され、九年の懲役を終えて地主へ挨拶にきた小作の嫁が、監獄生活は農業の苦役がないばかりか、食事も麦の割合が少なく、月経の手当てのための「ボロ」も支給されるため、農村の生活より楽だったと報告したという話が残っている。常に妊娠、出産、授乳を繰り返していたため、今日に比べると月経の回数はかなり少なかったとはいえ、「ボロ」さえ手に入らない生活をしていたことがわかる。

貧しい小作の家に生まれた女は、産声を上げた途端に殺されるか、生き延びたところで工場か遊郭へ売られる運命であった。売られずに、同じ小作の家へ嫁いだところで、自分の産んだ子を間引き、その結果、監獄につながれることさえあったのだ。

それから一週間も経たないうちに、綾もいなくなる。和と綾の二人で、中干しをしている「嫁田」の草取りをし、日が暮れてきたので、和は先に綾を家に帰した。一時間ほど遅れて和が帰宅すると、台所で下女たちが落ち着かない様子だ。

普段綾と仲のよい下女が泣いているので、「何かあったの？」と尋ねると、しゃくり上げながら「綾さんがおばさんに無理矢理連れてかれた」と言う。事情が呑み込めないまま、慌てて外へ出るが、綾の姿は見えない。どこへ行くにしても、街道へ出る辻を通らねばならないので、そこを目指して和は必死に走った。野良仕事で足腰は鍛えられているが、走ることは滅多にないので、足が絡みそうになる。息を切らして辻までたどり着くと、街道を走り去る馬車の後ろ姿が、小さく見えた。

物言う嫁

秋。和は「嫁田」でひとり稲刈りをしていた。天候が今ひとつであったにもかかわらず、昨年まで稲が実らなかったことが嘘のような出来栄えである。綾とマツがいたら、どんなに楽しい収穫になったことだろう。三人で白米を炊き、一緒に握って頬張りたかった。マツも綾も、東京の遊郭へ売られたのであった。

一九世紀半ば以降、奴隷制が問題視されるなど、世界的に人身売買に対する批判が高まっていた。こうした動きを背景に、明治政府は「芸娼妓解放令」と呼ばれる一連の法令を出し、芸者や女郎を解放するという方針を示す。しかし、実質は女郎屋を「貸座敷」、女郎を「娼妓」と称し、これらを公認した。つまり、娼妓は座敷を借りて「自由意志」で売春をしているという建て前を打ち出したのである。そのため娼妓は、実際には身内に売られたにもかかわらず、自ら売春を行う「淫婦」「醜婦」と見なされるようになった。また、娼妓は毎週のように「検梅」と呼ばれる性病検査を強制された。検梅の「梅」は、梅毒の「梅」である。

樋口一葉の『たけくらべ』にも登場する流行り歌「厄介節」には、「わたしゃ父さん母さんに、一六、七になるまでも、蝶よ花よと育てられ、それが曲輪《くるわ》に身を売られ、月に三度の御規則で、検査なされる其時は、八千八声《はっせんやこえ》のほととぎす、血を吐くよりもまだ辛い」と検梅の辛さが歌われている。遊郭、特に新吉原（以下、吉原）からの上納金は、江戸幕府にとって大きな財源であったが、それは東京府にとっても同じであった。

和が人づてに聞いた話では、マツは両親から、家を助けるために遊郭へ行ってほしいと泣いて頼まれたという。マツのことだから、遊郭がどんなところか知らないまま、いつもの笑顔でうなずいたのではないだろうか。花嫁衣裳は渡せずじまいだ。

綾については、あの日、直接義母に尋ねた。綾を連れ去った「おばさん」とはいったい何者なのか、なぜ綾をやすやすと引き渡したのか。義母は野良着のまま息を切らして部屋へやってきた和に顔をしかめつつ、「おばさん」は綾の母親の妹で、今回のことは事前に義父から聞いていたと説明した。義父は実の娘であるにもかかわらず、綾には無関心で、連れて行かれたあとも気に留めていない。あの日も留守だった。

いずれにしても、叔母は綾を換金するために無理矢理連れて行ったのだ。義父が何と言おうと、綾から「お母さん」と慕われていた義母は、引き留めるべきではなかったのか。和が「綾さんのことをあんなに大事にしていたのに、なぜですか」と詰め寄ると、義母は和の態度に顔をしかめつつ、決然とこう言った。

「当主の子を大事にするのは当たり前です。私は妾の子だからといって粗末に扱うような愚か者ではありません。そんなことをしたら世間様から何を言われるか。それに、いずれこうなることはわかっていました。甘やかされてきただけに、遊郭での生活はさぞ身にこたえているでしょう」

まるで、遊郭での生活をより辛いものにするために、これまで甘やかしてきたかのように聞こえた。義父には複数の妾がいる。義母は我関せずという態度でいたが、実は忸怩《じくじ》たる思いを抱えていたのかもしれない。その捌《は》け口を綾に向けたのだろうか。知らずに義母を慕っていた綾が哀れだ。

「それにしても、こんなに物を言う嫁だと知っていたら、もらわなかったよ」

義母はそう言うと、憤然と和に背中を向けた。

和は東京にいた頃、遊郭の娼妓たちのひどい生活を何度も耳にした。食事は多くて日に二度。午後四時頃に、臭い南京米と水のような味噌汁を与えられ、翌朝まで何も食べることができない。楼主は、食べたければ客にねだれと教える。遊郭内の飲食代は市価より高く設定されているため、楼主にとって大きな利益となるのだ。稼ぎの少ない娼妓は、罰として数日間絶食ということもあるという。

また、客が眠っても娼妓は眠ってはいけないという決まりがあり、一時間ごとに「遣手《やりて》婆《ばば》」のいる部屋に行き、起きていることを証明しなければならない。これは心中を防止するためでもある。食い詰めて、娼妓を道連れに心中しようという客がいるからだ。客の枕を壁側に、娼妓の枕は入り口側に置き、湯巻の紐は使用しないという慣習は、無理心中を防ぐためにできたという。十分な栄養と睡眠が取れない状態で梅毒などの「花柳病」にかかれば、ひとたまりもない。年季が明ける前に亡くなる娼妓が多いのも、当然に思えた。

　和は一人で稲刈りをしながら、マツと綾のことが心配でならない。いったいどんな気持ちで毎日を過ごしているのだろう。体は大丈夫なのだろうか。自分よりも若い二人が辛い境遇にあるというのに、自分はなぜ何の益にもならない稲刈りをしているのか。この収穫を終えれば、米作りから解放され、正式に柴田家の嫁として扱われることになる。しかし、それは喜ばしいことなのか。柴田家の嫁になるということはつまり、義母と同じような人生を歩むということだ。

　義母は、大地主の妻として村人たちから敬われ、下女たちを指揮し、裕福な生活を送っている。誰もがうらやむ立場だ。しかし、幸せそうには見えない。幸せな人は、体面を保つためとはいえ、七年近く大事に育てた少女を平然と遊郭へ送り出したりはしないだろう。

　和は、稲を刈る手を止め、腰を伸ばしながら額の汗をぬぐった。茜色から紫色に変わろうとする空に、那須岳が黒く浮かび上がっている。小作たちは皆家へ帰り、辺りには誰もいない。田圃の向こう側に小さく見える家々からは、夕餉《ゆうげ》の炊煙が上がっている。美しい景色だと思う。しかし、ここに骨を埋《うず》める気にはなれない。

　和は野良着の上から腹に手を当てると、意を決したように鎌を投げ捨て、「嫁田」を後にした。もう二度とここに戻ってくるつもりはない。翌日、和は義母に二人目を妊娠したことを告げ、体調が思わしくないのでもう田圃へは出られないと宣言する。そして、六郎のときはここで出産したが、今度はどうしても実家で産みたいと主張した。

意外にも義母は里帰り出産に反対しなかった。それどころか、結婚以来一度も実家に帰っていない和に、六郎も連れて行き、母親に顔を見せてやるようにと言う。「物言う嫁」を懐柔しようとしたのだ。おかげで和は六郎と一緒に、柴田家が用意した人力車で上京することができた。

年が明け、明治一三（一八八〇）年春、和は女の子を出産。「心《しん》」と名付ける。離縁するつもりであることを明かすと、哲は世間体が悪いと大反対したものの、孫かわいさに同居を認めた。

柴田家に手紙で離縁の意思を伝えると、驚いた義父母が使用人を迎えに寄越した。和は翻意する気はないと言い張り、使いを追い返す。その後、離婚が成立したが、安心したのも束の間、ある日忽然と六郎が姿を消す。柴田家の使いが大事な跡取りを取り返しにきたのである。柴田家と大関家の間で六郎の奪い合いが始まり、最終的に六郎が和のもとに落ち着くまでに、一年を要した。

第二章　鹿鳴館

パン・ペルデュ

和《ちか》の実家がある辺りは「神田五軒町」（現千代田区外神田）と呼ばれている。かつて黒羽藩主の上屋敷をふくめ、五軒の大名屋敷が並んでいたからである。跡地には一旦、桑や茶が植え付けられたが、和が黒羽から出戻ってきた頃には人家が増えており、その中に敷地面積二〇〇〇坪に及ぶ、立派な屋敷があった。先祖代々、幕府の中国語の通訳「唐通事」として重用されてきた鄭《てい》家の屋敷である。

心を出産したあと和はすぐに職を求めたが、出自のよいことがかえって仇《あだ》となり、なかなか得ることができずにいた。しかし、六郎を無事柴田家から取り戻し、食い扶持も増えた以上、少しでも条件の良い仕事に就く必要があった。

あるとき鄭家が女中を募集していると聞きつけ、早速屋敷を訪ねた。鄭家にはすでに数人の女中がいたが、当主鄭永寧の次男永慶が結婚して同居することになり、人手が必要になったという。応対したのは永慶と妻の寿子《ひさこ》で、和が子どもたちを養うため今日からでも働きたいと訴えると、即採用してくれた。

母哲は、離縁しただけでも家の恥なのに、元家老の娘が女中になるとは情けないと言って嘆いたが、和の留守中、六郎と心の世話をすることは快諾する。二人は寂しい素振りを見せなかったが、和は後ろ髪を引かれる思いであった。

この少し前、弟の衛が、黒羽藩時代の知己の伝手《つて》で、栃木県の職員の仕事を得た。同時に縁談もまとまったため、一家で黒羽に戻るつもりであったが、和が東京で職を得たことで、哲と鈫《こく》はそのまま留まり、衛だけが帰郷し所帯を持つことになった。

鄭家の主《あるじ》永寧は、幕末は長崎で唐通事をしていたが、維新後は新政府の外交官となり、日清修好条規の締結にも関わった。永寧には三人の息子がおり、皆幼少期から英語や中国語を習得した。長男と三男は、父親と同じ外交官になるべく学んでいる。

次男の永慶は京都のフランス語学校で学んだあと、アメリカのイェール大学へ留学を果たしたものの、腎臓を患って帰国。治癒後は乞われて岡山の師範学校で教頭を務めていたが、帰京して大蔵省に職を得ていた。

和の仕事はおもに永慶、寿子夫妻の身のまわりの世話である。一度は無駄になったかと思われた花嫁修業が一気に報われた気がして、和は張り切った。永慶は大蔵省へ出仕するときも家でくつろいでいるときも、常に洋装なので、最初は洋服の扱いに戸惑ったが、それさえ慣れてしまえば仕事は楽だった。和は庭の掃き掃除や廊下の拭き掃除、針仕事などを進んで行った。一八歳の寿子は、和を姉のように慕い、そこに永慶が加わり、三人でトランプに興じたり、語らったりもした。そんなとき永慶は、決まってアメリカ仕込みのコーヒーを淹れてくれた。

「コーヒーの味は、その国の文化のバロメーターなんだよ」

永慶はコーヒー豆を買うため、わざわざ横浜まで出かけるほどの熱の入れようであった。日本人にはまだ、コーヒーを飲む習慣はなく、和も永慶に淹れてもらい初めて飲んだ。最初は苦さしか感じなかったが、すぐに香りも味も好きになった。

和が台所仕事をしているときに、永慶が寿子を連れてきて、「二人にパン・ペルデュの作り方を教えよう」と言って、手際よくおやつを作ってくれたこともあった。「パン・ペルデュ」とは、フレンチトーストのことである。

和はあまりのおいしさに感激し、子どもたちにも食べさせようと、鄭家でイギリスパンと卵、砂糖、牛乳を分けてもらい、自宅で再現した。以後、食材が手に入ることがあると、留守がちな和に代わり哲が作るようになる。それはいつも絶品で、子どもたちはどんなに不機嫌なときでも、哲が「さあ、パンべルジュを作ってあげますよ」と言うと、目を輝かせた。

和は、女性と一緒に台所に立つ永慶を最初は変わった人だと感じたが、すぐに慣れ、むしろその自由な生き方を好ましく思うようになった。この人は大蔵省という堅苦しそうな職場でうまくやれているのだろうかと心配になる。

永慶の書斎を掃除しているとき、和は書棚を埋め尽くしている外国語の本に目を奪われた。幼かった頃、黒羽藩主大関増裕から「大きくなったら、英語を教えて進ぜよう」と言われたことを思い出す。するとあるとき、思いもかけず永慶から「外国語に興味があるなら、英語を学びなよ」と勧められる。「これからは英語の時代だよ。英語を身につければ、女でも仕事はいくらでもある」と言われ、心が動いた。

永慶は、知り合いの植村正度《まさのり》が経営する新橋の英語塾を紹介してくれた。学費は負担になったが、英語が話せるようになりたいという一心で、和の塾通いが始まる。

牧師植村正久

和が通う英語塾の近く、かつて薩摩島津家の中屋敷があった場所に、巨大な西洋式建築物が着工した。外国の要人を接待するための社交場「鹿鳴館」である。

明治政府の外交上の最重要課題は、幕末に欧米諸国と結んだ不平等条約の改正であった。その第一歩として、明治四（一八七一）年に岩倉具視外務卿を全権とする遣外使節団が欧米へ出立し、日本との国力の差を痛感し帰国。続く寺島宗則外務卿は、アメリカと条約改正交渉を進めるも、イギリス、ドイツの反対にあい失敗に終わった。

新たに外務卿に就任した井上馨《かおる》は、欧米諸国と対等に交渉を進めるためには、日本も欧米並みの文明国であるということを示さなければならないと考え、欧化政策を推し進めた。その象徴ともいえるのが鹿鳴館である。和は、徐々に形になっていく鹿鳴館を塾の行き帰りに眺めながら、漠然とではあるが、英語の通訳になりたいと考えるようになっていた。

英語塾は多い日は五〇人ほど、少ない日でも三〇人ほどの生徒が集まった。和以外は全員が男性で、塾長の植村正度をはじめ、ほとんどがクリスチャンであった。正度の兄は牧師だという。

和がそのことを家で話すと、哲は「耶蘇《やそ》（キリスト教徒またはキリスト教）が大勢いる塾なんて、今すぐお辞めなさい」と血相を変えた。キリシタン禁制が解かれてから、すでに一〇年が経とうとしていたが、キリスト教が「邪教」と見なされた歴史はあまりに長く、その印象をぬぐえずにいた。クリスチャンと知るや、石を投げる者さえいた。

和もキリスト教に対しては、哲と大差ない印象を持っていたが、塾生たちが語る聖書の話やイエスの教えは、しっくりと心になじむのであった。もっとキリスト教について知りたいと考えた和は、正度の紹介でその兄、植村正久が牧師を務める下谷御徒町《したやおかちまち》（現台東区台東）の教会に足を運ぶようになる。

和が初めて教会を訪れたのは、日曜日の礼拝が終わり、正久が一人で祭壇に向かっているときであった。和が玄関を開けると、正久がふり返る。その顔を見て、和は思わず息を呑んだ。

「彼の面は屢々《しばしば》問題になる」（『植村正久と其の時代　第一巻』）と伝記に書かれるほど、正久は独特の仏頂面をしていた。

「植村の顔は少しも耶蘇顔でないではないか。耶蘇の人と言えば、痩せた、細長い、青白い、寂しそうな顔をしているものだが、植村は、まるで、相撲取の様に太ってゴッゴツした顔付でないか」（同右）とは、大隈重信の言である。もちろん、クリスチャンの顔が一様であるわけがなく、こうした見方は思い込みに過ぎないが、正久が印象的な顔立ちをしていたことがわかる。

和は正久と言葉を交わすうちに、その誠実な人柄を知り、信頼を置くようになる。仏頂面も、裏表のない性格の表れであった。正久が妻を「愚妻」ならぬ「賢妻」と呼ぶことにも好感を持った。

植村正久は、和と同じ一八五八年に、江戸に生まれた。明治の早い時期に入信したクリスチャンには、佐幕派の武家に生まれたがために不遇に陥り、学問で起死回生を図ろうとした若者たちが多い。彼らは西洋の学問を修めるための第一歩として英語を学び、その過程でキリスト教と出合った。植村兄弟も例外ではない。

旗本だった植村家は維新によって没落し、一旦、上総国山辺郡の旧領地で帰農する。その後、正久は両親とともに横浜へ移住。弟の正度は裕福な農家に、もう一人の弟、甲子次郎《かしじろう》も他家へ養子に出された。

甲子次郎については、「赤ん坊の時分、他家へ養子につかわしたるまま、絶えて往来がなかったところ、おもいもうけぬ罪を犯し、兄正久が第一回の洋行にて不在中、死刑の執行を受けている」（同右）という記録が残されているが、詳細はわからない。

　父は横浜で薪炭《しんたん》屋を始めるが、「士族の商法」でますます困窮した末に病死。商売を引き継いだ正久は、上総から薪炭を買い入れ、横浜で売った。漢方医の娘で教育熱心な母貞子は、着物や簪《かんざし》を売って費用を捻出し、正久を英語塾に通わせる。その後、正久はアメリカ人宣教師ブラウンが開いた塾へ移るが、苦しい生活は続いた。

　正久がたまたま手に入れた外国製の毛布を羽織って、得意然として塾へ行くと、ブラウンの娘から、「それは私共の国では、馬の着物にするものですよ」（同右）と笑われ、閉口したこともあった。

　正久は学費を稼ぐため、自分も自宅で塾を開き、その日ブラウン塾で学んだことをそのまま生徒たちに教えた。評判は良く、生徒も大勢集まったが、それでもブラウン塾の月謝はまかなえなかった。ブラウンは、塾の月謝をあえて高くすることで、熱心な生徒を集めようとしていたのである。

　あるとき正久は、古書店で有名なアメリカ人宣教師の伝記を手に入れた。ひと晩で読み終えてしまうほど感銘を受けた彼は、牧師となり一生を伝道に捧げる決意を固め、その思いを手紙につづる。そして、早朝にもかかわらずそれを携えてブラウンを訪ねた。手紙を読んだブラウンは、正久の手を握ると「涙をホロホロ流して『君今日から月謝は要らぬ』」（同右）と言ったという。

　和は正久の教会へ通ううちに、正久の母貞子とも親しくなる。あるとき彼女から、「孔子も釈迦も説き得ざりし一夫一婦の大倫をキリストによって明かにせられし」(『基督者列伝』)と教えられ、感動する。

「一夫一婦」が夫婦のあるべき形ならば、自分はかつてあれほど苦しまなくて済んだはずだ。和はキリスト教こそが自分を、そして女性たちを救う宗教であると信じた。そして、正久が麴町区(現千代田区)に設立したばかりの一番町教会で洗礼を受ける。

和がキリスト教に惹かれた理由にはもう一つ、讃美歌があった。讃美歌は、和が出合った初めての西洋音楽で、すっかり心を奪われた。オルガンの伴奏に合わせ、大勢で讃美歌を歌うと、悩みや疲れが吹き飛び、また頑張ろうという気持ちになれるのであった。

母哲は「女中になったと思ったら、今度はとうとう耶蘇になってしまった」と嘆いたが、和が教会で覚え、家で子どもたちに聴かせていた讃美歌を、いつの間にか鼻歌交じりに歌っているのであった。

鉄道馬車に乗って

明治一六(一八八三)年七月、鹿鳴館が竣工。建設中の様子を眺めながら、完成を心待ちにしていた和は、家族にも鹿鳴館を見せたくなり、女中の仕事が休みの日に、哲、鈁《こく》、六郎、心と連れ立って出かけた。

東京に戻ってきて以来、鄭家の女中仕事と英語塾通いで忙しく、家族と外出するのは初めてである。移動はほとんど徒歩で、急いでいるときは人力車を使う和だが、この日は、前年に上野と新橋を結んだ鉄道馬車を使うことにした。

普段は大人しい六郎も、初めての鉄道馬車にはしゃいでいる。三歳になる心は、和の膝の上で、窓から入ってくる風を受けて、気持ちよさそうに目をつぶっている。哲と鈁もいつになく楽しげだ。

新橋停車所で馬車を降り、五人で鹿鳴館まで歩いた。正面には、薩摩島津家の中屋敷時代から使われている黒門がそびえ立っている。門扉が開いていたので中を見ると、庭園が広がっており、植木職人たちが手入れをしていた。脚立の上で作業をしていた親方らしき人物が六郎と心に目を留め、「中へ入って見て行ってもいいよ」と笑顔で手招きする。

二人は顔を見合わせてから、歓声を上げて庭へ駆け出す。「いけませんよ」と言いながら哲が続き、和と鈁も付いていく。六郎は庭の中ほどの池で一旦足を止めたが、心は池には目もくれず、白亜の洋館の前まで一気に走り、ふり返って「おかあさまー」と和に手を振る。和たちきょうだいに「母上」と呼ばせていた哲は、「お母様」を下品だと嫌うが、和は相応な呼び方だと思っている。

五人で並んで建物を見上げる。正面玄関の上のベランダがいかにも西洋風で、今にも外国の貴婦人が現れそうだと和は思う。実は、多くの日本人が「西洋風」と信じた鹿鳴館は、正統な西洋建築ではなかった。設計者のジョサイア・コンドルによって、部分的にインド・イスラム様式が取り入れられており、ベランダの柱頭の飾りや手すりの文様もイスラム風であった。これらは西洋人たちの目には奇異に映り、酷評される。庭も、一見西洋式で左右対称の構成だが、伝統的な日本の木々が左右非対称に植えられていた。なにより、門は江戸時代からのものをそのまま使っているため、ちぐはぐな印象は否めない。しかし、そんなことは和たち家族には関係なかった。皆で一緒に珍しいもの、美しいものを見たというだけで満足だった。和は晩年、この日の六郎と心の笑顔を繰り返し夢に見ることになる。

五人は庭園を見物し終えると、また鉄道馬車に乗った。和は帰宅するつもりだったが、六郎が「動物園の熊が見たい」と言いだした。口数が少なく、わがままも言わない六郎にしては珍しいことであった。たまの外出で開放的な気分になったのだろう。心も六郎を真似て、意味もわからないのに「どうぶつえん！　どうぶつえん！」とおかしな節まわしで繰り返す。

「姉上、私も行きとうございます」

釖がにっこりと笑った。

「猿の動作がとても面白いと、近所でも評判ですよ」

哲も六郎に加勢した。もちろん反対する理由はない。五人は上野で下車した。前年に上野公園内に開園した動物園は、近所の子どもたちの間でも話題になっていたに違いない。和は、今日まで行きたいと言えずにいた六郎が不憫だった。忙しすぎて、子どもたちに我慢を強いてはいないか。しかし、食べていくためには働かなければならず、よりよい仕事に就くためには英語を学ぶ必要がある。実入りのよい仕事に就けば、子どもたちと一緒に過ごす時間が増える。一刻も早くそうなるためにも、今は親子ともに我慢のしどきなのだ。和は子どもたちが瞬く間に成長してしまうことに、気づいていなかった。

四カ月後の明治一六（一八八三）年一一月、外務卿井上馨夫妻が各国の外交官、在日外国人、皇族、華族や各界の著名人を招待する形で、鹿鳴館の開館式が盛大に行われた。玄関の上には、ガス灯に彩られた「鹿」「鳴」「館」の三文字が飾られ、夕闇によく映えたが、西洋人にはあまり評判がよくなかった。夜会に招かれたことのあるフランスの作家ピエール・ロチは、鹿鳴館を「温泉町のカジノのようだ」（『日本秋景　ピエール・ロチの日本印象記』）と評しているが、このあたりに原因があったのかもしれない。

この翌月、同じ鹿鳴館で、開館式を凌ぐほど盛大に執り行われたのが、陸軍卿大山巌と捨松夫妻の結婚披露宴である。こちらは西洋人にもおおむね好評だった。アメリカ人ジャーナリストのジョン・ドワイトは雑誌にこう書いている。

「若い伯爵夫人（引用者注・巌が伯爵となるのは翌年）の気苦労はさぞ大変であっただろう。しかし、夫人は厳しい目が見守る中で立派にそれらを遣り遂げたのである。（中略）『完璧なホステスぶり、今まで東京で開かれた一番素晴しい夜会』これが伯爵夫人に送られた賞賛の言葉であった」（『鹿鳴館の貴婦人　大山捨松』）

それもそのはずで、大山捨松は岩倉使節団に随行する形でアメリカへ留学した五人の女子留学生のうちの一人であった。アメリカで一一年間過ごし、前年に帰国したばかりで、誰よりも西洋文化に通じていたのである。

以後捨松は、流暢な英語を話し、ドレスを着こなし、ダンスができる稀有《けう》な日本人女性として、鹿鳴館になくてはならない存在となる。

鹿鳴館で夜会が行われる日は、遠くからでも窓の灯りがまぶしい。和は英語塾へ通う道すがら、黒門に馬車が吸い込まれていく様子を眺めた。大山夫妻の結婚披露宴の日も前を通り、格別ににぎやかだと感じた。塾へ到着すると、塾生たちがその話題で持ち切りである。

和にとって捨松と言えば、会津藩の家老、山川家の娘という印象が最も強い。和は、自分の人生は戊辰戦争を境に一変したと考えているが、捨松は自分などとは比較にならないほどの激変であったに違いない。黒羽藩が新政府側につき、長年友好関係にあった会津藩に刃を向けたことを思うと、後ろめたくもあった。

若い塾生たちは、会津藩出身の捨松が仇敵である薩摩藩出身の大山巌に嫁すことの可否を真剣に論じている。和は、捨松と巌の結婚の経緯《いきさつ》など知らないが、赤の他人である塾生たちがその可否を論じることは不作法だと感じた。そこへ塾長の植村正度が現れ、「The mouth of the foolish is near ruin.（愚かな者のむだ口は、今にも滅びをきたらせる）」と聖書の言葉で一喝した。

「看病婦」と「看護婦」

鹿鳴館開館からおよそ一年後。和が鄭家の庭で掃き掃除をしていると、主の鄭永寧がやってきて、「和さん。鹿鳴館で開かれる『婦人慈善市』の手伝いをしませんか」と声をかける。「井上外務卿夫人から、人手が足りないので適当な人がいたらぜひ呼んでほしいと頼まれてね」

「慈善市とは、どのようなものですか」

「英語では、チャリティーバザー。不用品、といってもそれなりに価値のあるものを持ち寄って販売し、その収益を寄付するんだよ。大山陸軍卿夫人を中心とした『婦人慈善会』の主催で、収益は有志共立東京病院に寄付され、附属の看護学校を作るために使われるそうだ」

有志共立東京病院（現東京慈恵会医科大学附属病院）は、明治一五（一八八二）年に海軍軍医の長、高木兼寛《かねひろ》が設立した日本初の民間施療（無償診療）病院である。

兼寛は、イギリスのセント・トーマス病院医学校（現キングス・カレッジ・ロンドン）へ留学した経験から、日本にも貧しい人たちを無料で治療する病院が必要だと考え、医師や実業家などの有志を募って病院経営を始めた。しかし、有志による支援や寄付金だけでは経営が立ち行かなくなる。そこへ手を差し伸べたのが「婦人慈善会」であった。同会は、大山捨松や、宮内卿伊藤博文の妻梅子、大蔵卿松方正義の妻満佐子ら上流階級の婦人たちが結成した慈善団体で、総裁は有栖川宮妃董子《ただこ》が務めていた。

セント・トーマス病院には、フローレンス・ナイチンゲールが「細心、節制、公平、忍耐」をモットーに開いた「ナイチンゲール看護学校」が併設され、「看護婦は人間的かつ規律的生活をするに適した『ホーム』で暮らすべきである」「看護婦は『訓練』を目的に組織された病院で、技術的な指導を受けるべきである」といった方針に基づく教育が行われていた。この看護教育は「ナイチンゲール方式」と呼ばれ、まずはイギリス国内に、そして海外へと広がっていく。

兼寛は有志共立東京病院設立に先立って、医学校「成医会講習所」を創設しており、ナイチンゲール方式の看護学校も作りたいと考えていたが、資金がなかった。すると、病院を視察にきた捨松が、資金を用立てると約束してくれたのである。

「私などが鹿鳴館に上がってもよろしいのでしょうか」

和が永寧に尋ねる。

「もちろん。慈善市には外国人も訪れる。和さんなら英語が話せるし、礼儀作法も申し分ない」

そこへ、息子の永慶が現れたので、永寧が「今、和さんに婦人慈善市のことを話していたんだ。おまえも寿子さんを連れて出かけるといい」と言う。

「僕はチャリティーには興味あるけど、鹿鳴館のような張りぼてには行きたくないね。外見だけ欧米を真似たところで、意味がない」

本場の西洋文化を知っている永慶は、政府が推し進める欧化政策を日頃から「表層的」だと批判していた。

「それに今は寿子がこれだから」

永慶は手で腹部に半円を描く。寿子が妊娠中なのだ。言い方は素《そ》っ気《け》ないが、永慶が子どもの誕生を心待ちにしていることは、傍目《はため》にもよくわかる。

「それなら、おまえだけでも行ったらどうだ。鹿鳴館はさておき、大山夫人が指揮するチャリティーバザーなら、本場のものに引けを取らないだろう」

「まあね。看護婦を育てるためにバザーを開くなんざ、張りぼての使い方としては上出来だ。さすがは捨松さんだよ。たしか彼女は、留学中にニューヘイブンの看護学校に通っていたはずだ」

永慶は捨松の次兄健次郎と同時期にイェール大学に留学しており、捨松とも面識があった。

「『看護婦』というのは、『看病婦』のことですか」

和は、戊辰戦争や西南の役の際、「看病婦」と呼ばれる女たちが、負傷した兵士の傷の手当てや、食事や下の世話をしたと聞いたことがある。東京へ戻ってきてからは、「コロリ」の出た家で、家族への感染を防ぐために看病婦を雇い、患者の世話をさせていると聞く。看病婦が感染して亡くなることも珍しくないようだ。いずれにしても、お金のために汚い仕事も厭わず行い、時には命まで差し出す卑しい職業として蔑まれている。

「似たようなものです」と永寧が言うと、父の言葉をさえぎるように「いや、違う」と永慶が否定した。

「高木院長や捨松さんが育てようとしている『看護婦』は、専門的な訓練を受けたトレインド・ナース（trained nurse）だ。ただ単に怪我人や病人の世話を焼くだけの『看病婦』とは違う」

そう言われても、和には違いがよくわからない。

「慈善市で大山夫人の脇を固めるのが、井上夫人や伊藤夫人、松方夫人ら鹿鳴館の常連たちだ。和さんの今後のためにも、知り合っておいて損はないだろう」

永寧が永慶に言う。

「さあ、どうだか。とりあえず和さんは、鹿鳴館で英語を試してくるといい。もうそろそろ英語塾に通い出してから三年になるだろう？」

「英語は何とかなると思いますが、どんな支度をしていけばいいのか……」

「支度？　いつもの着物で十分だよ。人間まで張りぼてになる必要はない」

そう言うと、永慶はにっこりと笑って去っていった。

婦人慈善市

明治一七（一八八四）年、六月半ば。三日間にわたって開催される「婦人慈善市」の準備のため、和は前々日の早朝から鹿鳴館に呼ばれた。

一年前、家族とともに来たとき植木職人たちが手入れをしていた中庭では、色とりどりの西洋バラが咲いている。西洋バラは「文明の花」と呼ばれ、開化の象徴とされていた。鹿鳴館のバラも「国の文明の程度が花卉《かき》栽培によって知られる」（『薔薇栽培新書』）という考えから、入念な手入れが施されていたが、この日、和にはバラを愛でる余裕はなかった。

初めて鹿鳴館の館内に足を踏み入れた和は、まず天井の高さに驚いた。すでに手伝いの女たちが大勢集まっている。洋装と和装の割合は一対九といったところか。やはり洋装は華やかだ。和もいつか鹿鳴館へ行くことがあればドレスを身に着けたいと思っていたが、永慶に言われたとおり着物にした。せめてもと、持っているなかで最も上等な着物を選んだ。

集合時間まで間があったので、手持無沙汰に廊下を進むと、本棚に本がぎっしりと詰まった書籍室や、玉突場があった。玄関ホールへ戻り、階段を上ると、正面に舞踏室がある。中をうかがうと、北側に暖炉が二つあり、その上に大きな鏡が取り付けられていた。天井の中央にはシャンデリアが吊るされている。ここがバザーの会場になるのだろう。そう思ったとき、舞踏室に「皆様、本日は早朝からお集まりいただき、ありがとうございます」という独特なイントネーションの声が響きわたった。

館内に散らばっていた一〇〇人以上の手伝いの女たちが集まってくると、声の主が「大山捨松でございます」と名乗る。洋装が板についているせいか、あるいはイントネーションのせいか、顔まで西洋人に見える。

捨松を取り巻いていた婦人慈善会の幹部たちが順番に名乗り、最後に捨松が、「私ども婦人慈善会は、これまで募金活動を行って有志共立東京病院を支援してきました。ですが、看護学校を建てるためには、それだけでは到底足りません。明日からの慈善市で、一つでも多く、少しでも高く品物が売れるよう、皆様のお力をお貸しください」と高らかに言い、会場の設営が始まった。

捨松の指示のもと、手伝いの女たちがテーブルを移動して十数列の陳列棚を作る。すぐに皆汗だくとなり、和は上等な着物を選んだことを後悔した。陳列棚を毛氈《もうせん》で覆ってから生花で飾り、そこに、普段鹿鳴館に出入りしている上流階級の家々から持ち込まれた陶器、漆器、銅器、人形、手袋、帽子、簪《かんざし》、扇子、襟巻、造花、竹細工など総数三〇〇〇点に及ぶ品物を一つ一つ並べていく。

陳列中にも、新たな品物が次々と持ち込まれる。外国人からの持ち込みがあると、英語とフランス語が話せる捨松が対応した。それがどういう品物なのかを聞き取り、良し悪しを定め、だいたいの値段を決めなければならないからだ。しかし、全体の指揮を取らなければならない捨松がたびたび持ち場を離れると、作業が滞る。そこで和は、思い切って捨松に声をかけた。

「少しですが英語が話せます。英語の対応は私に任せてください」

捨松は一瞬意外な顔をしたが、「That would be great. Thanks.（それはありがたいです）」と言って微笑《ほほえ》んだ。和は俄然張り切り、以後外国人の対応はすべて引き受けた。フランス人や中国人もやって来たが、彼らのほとんどが英語を話すことができた。和は自分の英語が通用することが心底うれしく、英語を学ぶことを勧めてくれた永慶に感謝した。

「婦人慈善市」は新聞で告知され、上流階級の女性たちが商売を行うということで話題になったこともあり、三日間で一万二〇〇〇人もの人々が訪れる。

アメリカでチャリティーバザーを経験している捨松は、政府高官がやってくると、「学校建設にご協力ください」と言い値で品物を買わせ、「これはバザーですので」とおつりも渡さない。婦人慈善会の幹部たちもそのやり方を真似、自分の夫がやってくると、次々と高いものを買わせた。髭をたくわえた偉そうな男たちが、妻の前でたじたじとなっている姿が、周囲の笑みを誘う。

和は、会場の隅の衣紋掛けに、美しい白無垢が掛けられていることに気づく。西洋人の女性客が気に入り、値段の交渉をしているようだ。白無垢姿での嫁入りを夢見ていたマツは、今頃どうしているだろう。混みあう会場の中に、ついマツと綾の姿を探してしまう。

陳列棚に整然と並んでいた品物は次々と売れ、バザーは盛況のうちに終わった。和も土産として、鄭家に紅茶とコーヒー豆、哲と鈎に美しい刺繡の入った手提げ、子どもたちに洋菓子、そして植村正久に革製のブックカバーを購入し、帰宅した。英語塾へも何か土産を買おうかと考えたがやめた。塾生の中には自由民権運動に関わっている者もおり、鹿鳴館の建設費や日々の経費を「国費の無駄」と断じている。土産など持っていっても喜ばないだろう。

大山捨松からの誘い

翌日も鹿鳴館へ行き、一日がかりでバザーの片付けを終えた和は、舞踏室のベランダに出てみた。以前、家族で見物した広い庭が一望できる。そこへ捨松がやってきた。

「あなたが手伝ってくれて、とても助かりました。お名前を教えてください」

「大関和と申します」

「オオゼキチカさん」

捨松は一音ずつ確認するように発音した。

「英語はどこで習ったのですか」

「この近くの植村英語塾です」

「女性の生徒もいるのですね」

「私一人です」

「そうですか」

捨松が曖昧な表情を浮かべたので、和は「素敵なお庭ですね。以前、家族と来たことがあります」と話題を変えた。

「ずいぶんおかしな庭です。日本のものと西洋のもの、それ以外のものがごたまぜです。でも、それこそが文明開化なのかもしれません」

和は、西洋文化を象徴しているような捨松が、「ごたまぜ」を悪く思っていないことが意外であった。

「建物もおかしなところばかりです。でも、入れ物は関係ありません。そこで何ができるかです」

多忙な捨松が、ゆっくりとたたずんでいるので、和はふと浮かんだ疑問を口にした。

「捨松様は、アメリカで看護学校へ通われたとうかがっています。なぜ看護を学ぼうと思われたのですか」

「傷ついている人が目の前にいたら、必ず助けたいからです」

捨松は迷わずそう答えると、話を続けた。

「私は八歳のときに、戊辰戦争を経験しています」

和はもちろん知っているが、その話題にはあまり踏み込みたくない。自分が黒羽藩出身だと知ったら、捨松はどんな顔をするだろう。

「私たち会津藩士の家族は、ひと月の間鶴ヶ城に籠り、敵と戦いました。毎日引っ切りなしに砲弾が飛んできて、親しい人たちが次々に亡くなりました」

和は胸が痛む。

「和さんは新島八重さんをご存知ですか？」

「鶴ヶ城の籠城戦で、銃を構えて応戦した勇ましい方ですよね。私の国元でも語り草になっています」

新島（旧姓山本）八重は会津藩の砲術師範の娘で、スペンサー銃で新政府軍を迎撃し、敵のみならず味方も驚かせたという逸話の持ち主である。

「八重さんほど強くはないけれど、女も子どももみんな命懸《が》けで戦いました。鉄砲の玉を鋳造したり、飛んできた砲弾に濡れ布団をかぶせて爆発を防いだりして、城を守ろうとしたのです。兄嫁は、濡れ布団をかけた砲弾が爆発してしまい、苦しみながら息を引き取りました。男も女も子どもも、本当に大勢の人が怪我を負い、ろくな手当ても受けないまま亡くなったのです」

捨松は日本語で話すことがまどろっこしくなったのか、途中から英語に替えた。

「アメリカへ渡ってからも、ふとしたきっかけで、傷つき横たわる故郷の人々の姿が脳裏によみがえりました。あの時、自分が大人で、怪我の手当てをする術を持っていれば、何人かは救うことができたのではないかと今でも思います。ですから、アメリカで看護を専門的に学べる学校があると知ったとき、矢も盾もたまらず、入学させてもらったのです」

捨松は、名門ヴァッサー大学を卒業生代表に選ばれるほどの優秀な成績で卒業したあと、帰国までの二カ月間、ニューヘイブン病院付属コネチカット看護学校に学び、病院実習も行った。寄宿していたベーコン家の親類が同校の創立者であったため、特別に入学を許可されたのである。

「短い間でしたが、得るものは多かったです。日本にもトレインド・ナースが必要だと痛感しました」

捨松が看護学校設立に意欲を燃やす理由が、戊辰戦争の鶴ヶ城籠城戦にあったとは。和は捨松の横顔をじっと見つめる。長い留学期間を経て、洋装の似合う陸軍卿夫人となっても、捨松は会津を忘れていなかった。

「和さん、ご出身はどちらですか」

「黒羽です」

捨松が質問に丁寧に答えてくれたので、和も正直に答えた。

「父は家老でした。面目もございません」と続ける。

申し訳なさそうに言う和を見て、捨松が吹き出した。そして日本語に戻り、こう言った。

「会津と黒羽が敵対したことと、私とあなたのことは、まったく関係ありません。そんなことを気にしていたら、新しい人間関係は築けません。例えば私たち夫婦はどうなるでしょう。夫の巌は鶴ヶ城攻撃のとき、新政府軍の砲兵隊長を務めていたのですよ。私は、飛んできた砲弾を拾い集める役目をしていました。だから、巌から結婚の申し込みがあったとき、家族は大反対しました。特に陸軍に勤めている長兄は巌の部下なので、周りから『出世のために敵《かたき》に妹を差し出した』と言われるのがいやだったようです。でも、私は巌と会ってみて、結婚するならこの人しかいないと思いました」

捨松はいたずらっぽく肩をすくめてから、「だって私、日本語が苦手でしょう。彼となら フランス語で会話ができるのです。初対面のときは、私が会津弁、彼は薩摩弁なので、まったく話が通じませんでした」と言って愉快そうに笑う。

大山巌はヨーロッパ留学の経験があり、フランス語が話せた。もちろん、捨松は会話の可否で巌を選んだわけではない。和は、激戦の会津から出立し、アメリカへ渡り、最終的に巌に出会えた捨松の奇跡のような人生を羨ましく思った。

数日後、和は鄭永寧をとおして、捨松から思いがけない誘いを受けた。鹿鳴館で通訳をしないかというのだ。所属は婦人慈善会で、給与もそこから出る。どうやら通訳の仕事は二の次で、昼間、婦人慈善会の会員たちに英語を教えることがおもな仕事のようだ。

給金も高く、和にとってこれ以上ないほどのよい話だが、引き受ければ鄭家の女中を辞めなければならない。慣れ親しんだ鄭家を去るのは、後ろ髪を引かれる思いだ。和の気持ちを察して、永寧が言う。

「私たちも、今までどおり和さんにいてもらえたらどんなに助かるか。でもせっかくの機会だから、あなたの本領を発揮しなさい」

和は、永寧の厚情を胸に刻み、二年間働いた鄭家を辞すことにした。

「和さんには、寿子のお産や子育てを手伝ってほしかったな。まさか鹿鳴館に和さんを取られるとはね。またいつでもコーヒーを飲みに来てよ」

永慶は、和が去ることを惜しんだ。すでに臨月の寿子は、今まで世話になった礼だと言って、砂糖や小麦粉など、洋菓子の材料をたくさん持たせてくれた。和の転職を機に、大関家は神田五軒町から、三田へ転居したため、鄭家とは距離的にも離れることになった。

和の新しい仕事を最も喜んだのは、哲である。

「家老の娘が女中だなんて、落ちぶれ果てたものだと思いましたが、これで父上の墓前にもよい報告ができます」

「鹿鳴館には母上のお嫌いな耶蘇がたくさんいますよ」と和が言うと、「娘が耶蘇になってしまったのに、嫌いも何もないですよ」と笑った。

鹿鳴館は夜会が多いので、英語塾は辞めざるをえなかったが、師の植村正度もこの転職を喜んでくれた。こうして和は、相変わらず子どもたちの世話を哲に頼み、ほとんど毎日鹿鳴館へ通うことになる。しかし半年ほどで仕事に嫌気が差してしまう。

昼間、婦人慈善会のいずれかの会員宅で行う英語講師の仕事は、問題なかった。上流階級の婦人たちは気まぐれで、数人しか集まらない日もあったが、それでも給与をもらえるのはありがたい。

問題は、通訳の仕事の方だった。借り物のドレスを身に着けて舞踏会に参加すると、聞こえてくるのは、にわか仕立ての日本人「紳士」「淑女」を「猿真似」とあざける西洋人たちの会話であった。そんなとき和は、英語が理解できることが恨めしかった。鹿鳴館の外観を「温泉町のカジノ」と評した前出のピエール・ロチは、「猿真似」どころか、日本人は「猿に非常によく似ている」（『日本秋景　ピエール・ロチの日本印象記』）と記している。

和にとって、西洋人たちが日本人を「猿真似」とあざけることは、自分が英語を話すことを「猿真似」と言われているも同然であった。捨松と言葉を交わすことがあれば気分も晴れるのだが、捨松は妊娠による体調不良や出産のため、長期間鹿鳴館に現れないこともある。和は鬱々としてくると、植村正久の教会へ出かけ、ひたすら愚痴を聞いてもらった。正久は和の気が済むまで、気長につき合ってくれるのであった。

リディア・バラの決意

鹿鳴館勤めも三年目に入ったある日、教会で礼拝が終わり、和が帰ろうとすると、正久が大事な話があるので残ってほしいと言う。二人は教会堂の中央の通路をはさんで、向かい合う形で左右の長椅子に腰かける。正久が手にしている聖書には、和が婦人慈善市で買ったブックカバーが掛けられていた。残暑であったが、ほかに誰もいない教会堂の中は、涼しく感じられる。

正久はコホンと咳払いをすると、いつもの仏頂面で、「大関さん。あなた看護婦になりませんか」と言った。

「看護婦」と聞いて和が思い出すのは、鄭家で永寧、永慶父子と交わした会話である。永寧は、看護婦は従来の「看病婦」と大差ないと言い、永慶は「専門的な訓練を受けたトレインド・ナースだ」と言った。

「この教会の経営に協力してくれている宣教師のマリア・トゥルーさんを知っていますね？」

「はい。お話ししたことはありませんが」

礼拝には時々、宣教師がやってくるのだが、その中に身なりのよい四〇代とおぼしき女性がいた。

「一五、六歳のお嬢さんと一緒に来られる方ですよね」

「そうです。お嬢さんはアニーさんといって、マリアさんがアメリカにいた頃、亡き御夫君と孤児院を訪れた際に出会い、家族になったと聞いています。マリアさんが伝道のため初めて日本に来たとき、アニーさんはまだ三歳くらいだったと思いますよ」

仲睦まじい母子に血のつながりがないことが、和には意外だった。

「そのマリアさんが、アメリカの伝道協会から資金を得て、ご自身が経営している桜井女学校に付属の看護学校を作ろうとしているのです。どうですか、一期生として入学してみませんか。教師は外国から招く予定ですが、あなたなら英語の授業にもついていける」

いったいどんなことを学ぶのか見当もつかないが、英語で授業を受けるということが、和にはとてつもなく魅力的に感じられた。しかし、和には看護婦になりたいという気持ちは微《み》塵《じん》もない。捨松と出会い、看護婦が必要な職業だということはわかったが、世間では、お金のためには命を差し出すことも厭わない賤業と見なされている。いかに学校へ通い、専門知識や技能を身につけたところで、その印象はぬぐえないだろう。

正久は和の思惑など知らず、話を続ける。

「もともとこの計画は、昔横浜で伝道していたリディア・バラさんという宣教師が始めたものなのです。リディアさんは、貧民救済の活動をしているときに、看護婦の必要性を痛感し、看護学校を作るための寄付を募りにアメリカへ渡ったのですが、病に倒れてしまいました。それを知った宣教師仲間のマリアさんが、計画を引き継いだのです」

リディア・バラは、日本政府がキリシタン禁制を解いた明治六（一八七三）年に来日した宣教師である。開国以来、大勢の西洋人が日本へやってきて近代化に貢献する一方で、開港場となった横浜では「混血児」が置き去りにされ、あからさまな差別を受けていた。こうした状況を憂い、解決を図ろうとアメリカの女性宣教師たちが相次いで来日。リディアもその中の一人であった。

日本でキリスト教に基づいた女子教育を行いたいと考えていたリディアは、宣教師たちが設立した「アメリカン・ミッション・ホーム」（「共立女学校」を経て現「横浜共立学園」）の教師となる。来日の二年後には、アメリカ人宣教師ジョン・バラと結婚し、夫婦で「バラ塾」を開講。向学心に燃える日本の若者たちに英語を教えた。

この塾は、ローマ字を考案したことでも有名なアメリカ人宣教師ジェームス・カーティス・ヘボンから受け継いだもので、明治一三（一八八〇）年には東京築地へ移転し「築地大学校」と改称した。やがて、明治学院大学へと発展する。ちなみにヘボンの塾から女子生徒を受け継いだのが、フェリス・セミナリー（現フェリス女学院）である。

実は、リディアが最初に看護学校の設立計画を相談したのは、ヘボンであった。日本の気候が合わず肺を患ったリディアは、医師でもあるヘボンの診察を定期的に受けていた。リディアが、病に苦しむ日本の貧民層を救うためにも看護婦を養成する必要があるのではないかとヘボンに問いかけると、彼は、「この国の女たちは、基本的な教育も受けていません。体格も貧相で、とても看護婦が務まるとは思えません。医者も男ばかりです」と反対した。

アメリカでは三〇年以上前に女子医科大学が創設され、すでに多数の女医が活躍していた。

ヘボンはさらにこう続けた。

「そもそもこの国は、看護婦を養える文化のレベルに達していません」

当たり前のように言って肩をすくめたヘボンに、リディアは決然とこう返した。

「永らく病床にあって、病中のたよりとするものは看護婦です。病人の世話、体温器の扱い、飲薬便器一切の世話をする看護婦こそは、病人にとって唯一の味方です。その看護婦が日本にないとは、何たる心細いことでしょう。医術がいかに開けても、看護婦のない国は、病人の不幸です。よろしい、私が看護婦を養成しましょう、そして伝道の助けにいたしましょう」（『明治百話　上』）

リディアは宣言どおり、体調が小康状態となるとアメリカへ渡り、看護学校設立の寄付を募るため、各地を遊説してまわった。しかし無理がたたり、フィラデルフィアで客死する。

マリア・トゥルー

リディア・バラの看護学校設立計画を引き継いだのが、マリア・トゥルーであった。

正久は、「看護学校設立の目途は立ったようですが、資金集めが難航しているようで、当初の計画よりも小規模な学校になりそうだとマリアさんがおっしゃっていました」と続ける。

資金集めに奔走するマリアの前に立ちはだかったのも、ヘボンであった。彼は、看護学校設立には莫大な費用がかかるとし、具体的な数字を挙げて反対した。リディアの遺志に共感したフィラデルフィア女性外国伝道協会が資金を提供しようとした際には、日本にいる男性宣教師たちで話し合ったとして、次のような手紙をアメリカの教会幹部に送っている。

「私共は、五人ばかりの委員会を開き、知恵を絞り、満場一致の結論に到達しました。それは、この国では看護婦の教育のための訓練学校は、人びとの文化からは時期尚早なものであり、彼らの生活習慣にはまったく合わないということです。そのために資金を使うことは無用です。（中略）そうして用意したところで、大きな家に住んでいる一部の裕福な人たち以外、一体、誰が看護婦を雇うというのでしょう。小さな家、たくさんの人が住み、寝起きしているような彼らの生活様式の中では、家族以外の看病人は考えられません。私の考えでは、訓練を受けた看護婦を雇うのは非常に高い文明の縮図であり、金持だけが出来るぜいたくだといえます」（『女たちの約束』）

この内容を知ったフィラデルフィア女性外国伝道協会は、負けじと日本にいる男性宣教師へ手紙を書いた。

「彼（引用者注・ヘボン）の手紙は日本では看護婦の必要性はほとんどなく、女性に病人の世話をする方法を教えることなどは時期尚早であり、理想にすぎないという証明には、ほとんどなっておりません。（中略）私共は、現在この国（引用者注・アメリカ）やイギリスの大都市にあるような医師や数多くの看護婦の訓練のためのスタッフを備えた大病院などを期待しているのではありません。（中略）私共は、単に数人の女性たちに一般的な衛生学の基礎や、大変初歩的な病人の世話――私共が母から教えられたり、祖母から受け継いだりした程度の原理であって、日本では何も知られていないものの基本を教える程度の期待をしているにすぎないのです」（同右）

そして、具体的な経費を計算し、それがヘボンの試算よりもかなり少ないということを証明した。彼女たちは、目指す看護学校が小規模であると強調することによって、ヘボンたちの反対意見をかわそうとしたのである。

少ない経費で学校を設立し、なおかつ各所への申請手続きを簡略化するため、マリアは自身が経営する桜井女学校（現女子学院）の付属施設として看護学校を作ることを思いつく。桜井女学校の教室を借りるか、あるいは敷地内に教室を増設する形にすれば、経費を大幅に削減できる。

正久の熱心な説得は続く。

「学生の募集人数も五、六人を想定しているようです。最初は小さな学校でも、少数精鋭で実力のある看護婦を輩出すれば、自ずと大きくなるでしょう。そのためには、優秀な学生を集めねばなりません。大関さん、あなたの力を貸してくれませんか」

和は戸惑った。リディアやマリア、そして正久の思いは伝わってくる。しかし、看護婦の何たるかがよくわからない。そもそも、鹿鳴館の仕事に嫌気が差しているとはいえ、辞めるつもりはない。開館前から憧れていた場所で、大山捨松に抜擢《ばってき》され、得意の英語を活かして働いていることに、少なくとも当初は誇りを感じていた。母哲は今も誇りに思ってくれている。鹿鳴館外交が成功すれば、日本悲願の条約改正を達成できるかもしれないのだ。その一助となっているという自負がある。いかに仕事が虚《むな》しかろうと、鹿鳴館で条約改正に寄与しているという名誉は捨てがたい。

相手がほかならぬ植村正久なので、和はこうした心のうちを率直に明かした。このときのことを和は、のちにこう回想している。

「先生は『君は信者になりたいと云いながらいまだ名誉を望むか、名誉を望むのは罪の一つ、我々信者のする事は神の御前に善をなす、これ第一の勤めなり。人は賤《いやし》み誹《そし》るとも神の御前に正しければこれ為《な》すべきの勤《つとめ》ならずや。これまで我国の看護婦（引用者注・看病婦のこと）は無学無識、看護の方法を知らず、看護婦と云うは名のみにて病人の小使《こづかい》に過ぎず。されば世人はこれを卑しみ下等の業と見なさるるも世界の偉人と云わるる彼《か》のフロレンスナイチンゲール嬢を見よ。智慧も財産も何一つ欠くる物なき富有《ふゆう》の身を以て、最大慈善の事業として看護婦と成《な》って起《た》ちし以来、世界各国婦人慈善の大事業としてこれを歓迎し、また文明の花として開明国に咲き匂うに非ずや。決して俗《いや》しむ業《わざ》ならず、そは兎《と》も角《かく》も吾人は父神の喜びたまう業を撰《えら》みて御聖意をなすを良《よし》とす。地上に於《お》いて疾《やまい》ある人ほど不幸の者あらじ、その病人を真心もて親切に看護し、天父《てんぷ》の慈愛をあらわすはこれに勝る伝道なし、天父の恩沢《おんたく》を口に説き以て人に感じを与うるよりその言行にあらわして天父の深き御恩沢を悟らしめざるべからず』と引き続き彼のクレミヤ《ママ》戦争当於《とうじ》に於けるナイチンゲール嬢の活動につき、懇々《こんこん》と説明して下さいました」（『婦人新報』第二四号）

三〇年以上前に起きたクリミア戦争の際、野戦病院において傷病者の看護を行い、看護婦の必要性を社会に知らしめたイギリスのナイチンゲールの評判は、日本にも届いていた。しかし和にとってそれは、自分とは無縁の遠い世界の話であった。

「職業に貴賤はありません。名誉にとらわれて虚しい日々を送るより、真に人の助けとなる仕事を為し、神の教えを広める方が有意義だと思いませんか」

正久は礼拝時の説教のように、ゆっくりと明瞭に語った。

和は、自分がこだわっていた名誉や体面といったものが、急につまらないものに感じられた。しかし、正久の話には引っかかる部分もあった。職業に貴賤はないと言いながら、従来の看病婦に対しずいぶんな言い草である。これこそが看病婦に対する世間一般の視線なのだ。まずはこの視線に耐えることが一番の試練のような気がした。そしてもう一つ、経済的な問題がある。すると、和の思いを察した正久が「卒業後、看護婦として働くことを約束すれば、学費は免除されます」と言う。

学費は免除されても、その間の収入は絶たれてしまう。逡巡する和に、正久が言った。

「急いで決める必要はありません。開校まで、まだ間があります」

「その前に、マリア・トゥルーさんに直接お会いして、看護学校ではどのようなことを学び、看護婦になってからはどのような仕事をするのか、うかがいたいのですが」

「たしかに、ごもっとも。そのあたりの説明なくして、大事な選択はできませんな」

和が看護学校へ入ることを前向きに検討していると感じた正久は、うれしそうに言う。

「では、私からマリアさんに連絡をしておきます」

「お願いします。でも、まだ決めたわけではありません。お話をうかがうだけです。では」

去ろうとする和に、正久が大真面目な顔で「これは神の思し召しですよ」と念を押す。正久の仏頂面は仮面のように厚いため、それが本気なのか冗談なのか、和には判断がつきかねた。

横浜の貧民窟

一週間後、和はマリアを含む五人の女性宣教師たちと、横浜の貧民窟にいた。正久から連絡を受けたマリアが、宣教師仲間と定期的に行っている貧民救済活動に和を誘ったのだ。マリアの脇には、ブロンドをお下げ髪にし、麦わら帽子をかぶったアニーが立っている。和は、まだ幼いアニーを連れて、初めてこの横浜に降り立ったときのマリアの心中を思った。自分が黒羽を出て東京へ向かったときとは比較にならないほど不安であったに違いない。

当のマリアは、近くの教会から馬車で運んできた山ほどの焼き立てのパンを複数の手提げ籠《かご》にてきぱきと詰め、仲間たちへ渡している。和も早朝から、教会の厨房でパン作りを手伝った。これから家々をまわり、必要とする家庭に置いてくるらしい。マリアは和にも、手提げ籠を渡すと、「正午にまたここに集まってください」と英語で告げた。時刻は横浜町会所の時計台の鐘が教えてくれる。

宣教師たちは籠を提げ、散って行った。どの方向へ行ったものかと和があたりを見まわすと、ひと目で「混血児」とわかる三、四歳の女の子と目が合った。パンの匂いに誘われてやってきたようだ。和が微笑むと女の子も笑い、近づいてきた。籠のパンを一つ手渡すと、女の子は大事そうに小脇に抱えながら、もう一方の手で和の手を引く。和がマリアを見るとうなずいたので、そのまま女の子に付いていくことにした。

痩せているせいで小さく見えるが、もしかしたら心と同じ六歳くらいかもしれない。しばらく歩くと、朽ち果てた掘っ立て小屋が現れた。女の子が中へ入れとうながす。上から筵《むしろ》を垂らしただけの粗末な入り口から中を覗くと、外が明るすぎるのか、真っ暗で何も見えない。

和が「失礼いたします」と言いながら、女の子に続いて中へ入ると、母親と思われる女が出かけようとするところだった。小屋に似つかわしくない派手な着物を身に着けている。女は、突然入ってきた和に驚いた様子であったが、すぐに目をそらし、そのまま出て行ってしまった。

小屋は六畳ほどの広さで、土間に筵が敷かれただけの粗末な作りであった。片隅で父親とおぼしきやせ細った男が、背を向けて寝ている。この家は母親の稼ぎで支えられているようだ。女の子のほかにも子どもが二人いて、パンを分け合ってうれしそうに食べている。和は慌てて籠からパンを取り出し、一つずつ与えた。子どもたちの衣服は、もう長い間洗濯していないようだ。

女の子は湯呑に水を汲んできて、筵に腰を下ろした和に手渡した。パンのお礼に、もてなしてくれているのだろう。和は、筵から体を伝って湯呑に跳び込んだ数匹のノミを物ともせず、おいしそうに水を飲み干した。その様子を見て、女の子は満足気だ。

「お父様は、ご病気？」

和が尋ねると、女の子はうなずいた。父親のかたわらには、薄いお粥がわずかに残ったお椀が転がっている。薬どころか十分な栄養も取ることができないのだろう。貧困が病を招き、病が貧困に拍車をかけている。

正午の鐘を聞き、集合場所へ戻った和は、マリアにこう伝えた。

「パンだけでは不十分です」

「そのとおりです。ここに必要なのは、十分な栄養と清潔な環境、そして女性たちの雇用です。それらをすべて満たすことができるのが、看護婦という職業です」

和は深くうなずいた。自分が英語を学んできたのは、今日こうしてマリアと言葉を交わすためだったのではないかとさえ思った。

このあと和は、父方の親族の一人に、看護婦を目指すことについて最後の相談を持ちかけている。彼は、「天職を定むる事についての大切な相談速答はしかねるが、君が天使と仰がるる植村牧師のお勧めは天父の御聖意ならずや」（『婦人新報』第二四号）と答え、和は看護婦になる決意を固めた。早速、植村正久に報告すべく、自宅へ向かう。

「牧師の命に従いましょうと心定めて銀座通りに出ました折は、夜もいたく更けて俥《くるま》一台もございません故、急ぎて数寄屋見附を入り草むらなりし日比谷の原を左に右に御堀端を唯一人通る者なき真の暗《やみ》も慈愛の神の御手に引かれつつ桜田門、半蔵門も通り過ぎ、上六番町植村先生の御宅へ参りましたのは午前一時と覚えております」（同右）

深夜に息せき切って訪ねてきた和に、正久は驚いたに違いない。

翌日、鹿鳴館で大山捨松に会うことができた和は、看護学校に入学するため、数カ月後には英語講師と通訳の仕事を辞めなければならないと告げた。すると捨松は、看護婦になるなら自分が設立に協力した有志共立東京病院看護婦教育所に入るよう勧める。同校は一年前に開校し、すでに学生が学んでいた。規模も大きく、設備も整っているという。

しかし和は、リディアやマリアの思いが込められた看護学校で学びたかった。丁重に断ると、捨松は「わかりました。どこで学ぼうと、あなたならきっと立派な看護婦になれます。応援しています」と背中を押してくれた。

鄭永慶の最期

さて、和に英語を学ぶことを勧めた鄭永慶のその後である。

和が鹿鳴館で働くために鄭家を辞して間もなく、妻寿子が男児を出産した。しかし二年後、寿子は二二歳の若さで病没。寿子の実家のたっての願いで、妹が後妻に入るが、男児を二人出産したあと、寿子と同じ二二歳で亡くなってしまう。この間に、鄭家の広大な屋敷が火災で焼失した。

失意の永慶を支えたのが、庶民や学生が本物の西洋文化を味わいながら交流を図るサロンを作るという夢であった。永慶の言う「本物の西洋文化」とは、コーヒーのことである。

永慶は大蔵省を辞めると、借金をして屋敷跡地に壮麗な洋館を建て、『可否茶館《かひーちゃかん》』と名付けて営業を始めた。これが日本で最初の喫茶店と言われている。二階の喫茶室では、コーヒーのほかにパンやカステラ、パン・ペルデュなどが供された。一階には玉突台、クリケット、トランプなどで遊べる遊戯室があり、誰もがいつでも手紙が書けるように硯と便箋、封筒なども常備された。このほか、更衣室、シャワー室、内外の新聞や雑誌、和漢洋書、書画を集めた図書室もあり、中庭をはさんだ茶亭では、囲碁や将棋、詩吟や歌会も行うことができた。

『可否茶館』について永慶は、弟にこう語っている。

「いまにごらんよ、あんなろくでもない鹿鳴館が栄えるもんか。いかに大きな社交殿堂といっても、国民のために何の役にたつというんだ。なんでもかんでも、うわべばかりの毛唐の真似をしても、ほんとうの西洋文化のよさを識《し》ってはいないのだ。（中略）あの鹿鳴館でランチキ騒ぎをしている大半の連中は、テンデ、西欧の文明文化なんてものはわかってないではないか。僕が建てた『可否茶館』のほうが、どのくらい世の中の人の憩いの場所になるかしれんよ」（『珈琲　ものがたり』）

永慶の予見どおり、鹿鳴館は間もなく終焉を迎える。欧化政策を行いながら、不平等条約の改正交渉を進めていた井上馨であったが、領事裁判権の撤廃と関税自主権の一部回復を認めさせる代わりに、外国人の内地雑居と外国人判事任用を認めるという改正案が明らかになると、政府内外から批判が相次いだ。

馨は本格的な改正までの一時的な案と考えていたのだが、国粋主義が台頭しつつあるなか、押し通すことはできなかった。明治二〇（一八八七）年、馨は外務大臣を辞任。役目を終えた鹿鳴館は、宮内省に払い下げられ、第二次世界大戦中の昭和一五（一九四〇）年に解体される。

一方、永慶の『可否茶館』も短命に終わった。玉突きもできれば、新聞、雑誌、和漢洋書が好きなだけ読めるとあって、特に帝国大学生が大勢集まり、サロンの様相を呈したものの、コーヒーを飲まずに遊んで帰るだけの学生も少なからずおり、経営が行きづまった。

永慶は起死回生の策として相場に手を出すも失敗。父永寧名義の土地を担保に借金を重ね、結局返せなくなってしまった。自殺を考えたが思いとどまり、「西村鶴吉」という偽名を使い、アメリカへ密航する。シアトルで皿洗いなどをしながら生活していたが、明治二八（一八九五）年に三七歳で客死した。『可否茶館』の開業から七年後、密航から三年後のことであった。

第三章　桜井看護学校

「東の慈恵」「西の同志社」

鹿鳴館時代が幕を下ろした明治二〇（一八八七）年。和《ちか》は麴町区（現千代田区）の桜井女学校付属看護婦養成所（以下、桜井看護学校）へ入学した。新入生は和を含めて八人であった。学校は全寮制で、修学年数は二年。一年目に教室での座学、二年目に病院実習を行う。

母体となった桜井女学校は、明治初期に女子教育者の桜井チカが設立したミッションスクールである。チカが函館女子師範学校の教師として赴任してしまい、廃校の危機にあったところをマリア・トゥルーがアメリカの伝道協会から資金を調達して立て直し、実質的な経営者となっていた。付属の看護学校の経営もマリアが行い、校長も桜井女学校と同じ矢嶋楫子《かじこ》が務めることになった。楫子は新栄《しんさかえ》女学校の校長も務めており、この前年、「万国キリスト教婦人禁酒同盟」の支部として設立された「東京キリスト教婦人矯風会」（以下、婦人矯風会）の会長にもなっていた。飲酒するのはおもに男性で、酒に酔って家庭内暴力に及ぶことが少なからずあったため、禁酒運動は女性解放運動とも結びついていた。婦人矯風会は、禁酒禁煙、一夫一婦制、公娼制度廃止（廃娼）などを目標に掲げ、精力的に運動を行っていく。

大山捨松ら婦人慈善会の協力により設立された有志共立東京病院看護婦教育所はこの年、母体の病院が皇后から「慈恵」の名を賜り「東京慈恵医院」（以下、慈恵医院）と改称したのに合わせ、「東京慈恵医院看護婦教育所」（以下、慈恵看護婦教育所）と名を改める。また、関西でも同志社英学校（現同志社大学）を創設した新島譲によって、同志社病院と京都看病婦学校が設立され、「東の慈恵」「西の同志社」と呼ばれるようになる。新島譲の妻としてその事業を支えたのは、会津鶴ヶ城籠城戦で銃を構えて戦った八重であった。鶴ヶ城で、大勢の人たちが傷つき死んでいく姿を目の当たりにした二人の女性が、東西それぞれの看護学校創設に関わったのである。

この時期に看護学校が相次いで設立された背景には、江戸時代と変わらぬコレラ、天然痘、赤痢といった伝染病の流行があった。桜井看護学校開校の前年には、全国的にコレラが大流行し、東京府は「伝染病予防法」に基づき、本所、駒込、大久保、広尾に、コレラ患者を隔離する「避病院」を設置している。

このうち、いち早く常設となる駒込病院には、同年中に二四六〇人が入院し、うち一八五九人が死亡した。また、男女の「看病人」も感染し、八月、九月の二カ月の間に、四病院合わせて三〇人以上が命を落としている。府民の中には、東京なまりも手伝って、避病院を「死病院」と思い込んでいる者さえいた。伝染病を抑え、看病人までもが亡くなるという悲劇を繰り返さないためにも、専門的な訓練を受けた「看護婦」が必要とされたのである。

和が看護学校に入るにあたり、哲は予想どおり「せっかく鹿鳴館の仕事に就けたというのに、看護婦に身をやつすとは」と言って反対した。「男女七歳にして席を同じうせず」を地で生きてきた哲にとって、見知らぬ男に付き添って看護をするなど、下賤極まりない行為であった。しかし和が、会津藩出身の大山捨松と新島八重が看護学校の設立に関わった話を聞かせると、もう何も言わなかった。

戊辰戦争後、苦難の道のりを歩まねばならなかった会津の女たちに、元黒羽藩家老の妻として、思うところがあったのだろう。看護学校が全寮制だと知ると、これまでどおり六郎と心の世話を快く引き受けてくれた。妹の釛は三年前、栃木の烏山町《からすやま》（現那須烏山市）に嫁いだので、実家では哲と六郎、心の三人が暮らすことになる。

校長矢嶋楫子

桜井看護学校の校舎は二階建ての洋館であった。慈恵看護婦教育所と比べると、小さな学び舎であったが、和は鹿鳴館で捨松が言った「入れ物は関係ありません。そこで何ができるかです」という言葉を思い出していた。

入学式は一階の教室で行われ、横一列に並んだ八人の新入生たちと向かい合う形で、マリア・トゥルーと校長の矢嶋楫子、教師の峯尾纓《えい》が並んだ。もう一人、かつて桜井女学校で英語を教えていた宣教師のアグネス・ヴェッチが、看護学の専門家として着任する予定になっている。スコットランド出身のアグネスは、エジンバラ王立救貧院病院看護学校の卒業生で、ナイチンゲール方式の看護教育ができる稀有な人材であった。香港で伝道中であることを知ったマリアが一年間という期限付きで拝み倒したのだが、すぐには来日できなかった。それまでの繋ぎのような形で、桜井女学校に在籍中の峯尾纓が英語の能力を買われて採用されたのである。

まずマリアが英語で歓迎の言葉を述べ、自分のことは「マリア」とファーストネームを呼び捨てして構わないと言った。目上の人物を呼び捨てにする習慣のない和たち新入生は戸惑った。次に、纓が流暢な英語で挨拶した。最後に楫子が「ご存知のとおり、あなた方の学費と寮費はアメリカの伝道協会から出ています。当然ながら本気で学ばない者は、ここにいる資格がありません。即刻、やめてもらいます」と言い、ただでさえ緊張している新入生たちをおののかせた。

楫子の厳しさの裏には、困難な半生があった。江戸末期に肥後国熊本藩の村役人の家に、一男七女の六女として生まれた楫子は、女児の誕生が続いたことを疎まれ、出生後しばらく名前をつけてもらえなかった。見かねた一〇歳年上の三女によって、「かつ」と名付けられる。男尊女卑の激しい土地柄で、夫が食事を終えるまで妻は食事をしてはならず、洗濯用の盥《たらい》はもちろん、物干し竿も男女別にするのが当たり前であった。姉たちは仲がよかったが、かつはなぜかその輪に入れてもらえなかった。かつの下にもう一人女児が誕生するが、その子は末っ子として家族の愛を一身に集めたという。

二五歳のとき、長兄の計らいで隣村の武家の後妻に入る。夫には酒乱の噂があったため、かつはこの結婚に乗り気ではなかったが、結婚とは家同士、男同士で決めるものであり、異議を唱えることなどできなかった。噂どおり夫は酔うと刀を抜いて振りまわした。かつは「生《な》さぬ仲」の三人の子どもたちとの軋轢《あつれき》に苦しみながら、自身も一男二女を産み、夫の暴力にも耐え続けたが、一〇年目に精神的、身体的衰弱が原因で失明寸前まで追い詰められる。

あるとき酔った夫が、赤ん坊に小刀を投げ、とっさにかばったかつの腕に刃が突き刺さった。このままでは殺されると思ったかつは、赤ん坊を抱き、数町ほどの距離にある実家へ逃げ帰る。これまでも何度も実家へ逃げ、その都度使いの者に連れ戻されたが、このときばかりはかたくなに戻らなかった。

かつは離縁の覚悟を伝えるため、髪を根元から切り落とし、使いの者に頼んで夫へ届けさせた。夫は、「女の命」と言われる髪を切り落としたこと、そして離縁を伝えられたことに仰天する。これはかつの家族も世間も同じだった。当時は女から離縁を言い出すということは不道徳の極みであり、親類縁者の誰一人、かつに同情する者はいなかった。法的に妻からの離婚請求が認められるのは、この五年後、明治六（一八七三）年のことである。

赤ん坊の「達子」を連れ、姉たちの家を転々としたかつは、明治五（一八七二）年、過労で倒れた兄の看病をするため、達子を里子に出し、一人上京する。兄は妻子を熊本に残し、東京で大参事兼左院議員となっていた。大参事とは、現在の副知事のことである。

かつはこの上京を機に手に職を付け、婚家に置いてきた二人の子と達子を引き取ろうと考えていた。東京行きの蒸気船に乗るべく、長崎港へやってきたかつは、「この多くの大船を動かすは、それは楫である。自分も今後、この楫を以って我が生活の羅針としよう」（『矢嶋楫子伝』）という意志を込め、「かつ」から「楫子」へ改名する。

兄の治癒後も、楫子は兄の屋敷の手伝いをしながら教員を養成する教育伝習所に学び、四〇歳で小学校の教員となる。熱心な指導が評判となり、築地にあるミッションスクール、新栄女学校の校長に迎えられた。同校を経営していたのがマリア・トゥルーで、これが二人の最初の出会いであった。

マリアは、ミッションスクールであっても、日本人の教育には日本人が当たるべきだと考えており、適任者を探していた。当時、楫子はまだクリスチャンではなく、英語もまったく話せなかったが、マリアは楫子こそ校長にふさわしいと確信する。そして、桜井チカが去った桜井女学校の校長も楫子に任せた。

入学式で楫子の挨拶を聞いた和は、この人が校長では、さぞかし校則も厳しいに違いないと思った。当時、全寮制の女学校がいくつかあったが、いずれも「外出は月に一度までとする」「門限は七時を厳守すること」「髪飾りはつけぬこと」「着物は絣か縞物とすること」といった校則をもうけていた。しかし意外なことに、桜井女学校にも看護学校にも、校則は一つもなかった。その代わり、楫子は生徒たちにこう言った。

「あなたがたには聖書があります。自分で自分を治めなさい」

楫子は、人は規則では縛れないと考えていたのである。桜井女学校で教師たちから、校則は必要だと迫られた際には、「アダムとイブは、エデンの園のたった一つのきまりさえ守ることができませんでした。人間は、一旦誘惑に負けてしまえば、たちまち規則を犯すものなのです。どうして二〇も三〇もの規則を守ることができますか」と説いたという。楫子は、試験の際の監督もなくしてしまった。人目がなくても罪を犯さない人間を育てようとしたのである。


一見厳しい楫子が生徒たちから慕われていたのは、その本質に慈悲の心があったからであろう。桜井女学校で、家業が傾き退学せざるをえなくなったと泣く生徒に、「中身は入れなくていいから、これからも月謝袋をお出しなさい。誰にも内緒ですよ」と伝え、以後は空の月謝袋を受け取り、受領印を押して返した。これには生徒の親も痛み入り、奮起して家業を立て直し、再び月謝を払えるまでになったという。こうした「特別対応」をしてもらった生徒は、一人や二人ではなかった。

断髪の新入生

入学式の間、和は楫子の存在感に圧倒されつつ、一方で自分の隣に立つ長身の新入生が気になっていた。漆黒の直毛をあごのあたりで断髪し、前髪は眉毛のあたりで切りそろえている。女性の断髪は珍しく、独特の雰囲気を漂わせていた。

維新後、明治政府は男性を想定して「断髪令」を発令したのだが、女性の間でも断髪が流行り始めた。結髪《けっぱつ》料がかからず、小まめに洗髪ができ、夜も髪型の崩れを気にせず熟睡できるため、合理的なのだ。しかし、世間は女性の断髪を良しとせず、東京府は「女子断髪禁止令」を出した。男性のザンギリ頭は文明開化の象徴として歓迎されたが、女性の断髪は「女らしさ」を損なうものとして嫌われたのである。その後、欧化政策の影響で西洋風に髪を束ねる「束髪」の女性は増えたものの、一旦禁止された断髪にする女性はあまりいなかった。

和自身は、鹿鳴館での洋装をきっかけに、日本髪から束髪へ髪型を変えていた。看護学校の制服が洋服だということもあり、和以外の新入生たちもほとんどが束髪にしている。隣の新入生の一人堂々とした断髪は、合理性や意志の強さを表しているように和には感じられた。その人は、新入生同士の自己紹介で、「鈴木雅《まさ》」と名乗った。

看護学校の寮は二人部屋で、二八歳の和と二九歳の雅が同室となった。二人以外の学生は、皆二〇歳前後であった。和は年齢が近い雅に親近感を覚え、二人きりになると開口一番、

「鈴木さん、ご家族は？」と尋ねた。すると雅は、「大関さんこそ、ご家族は？」と聞き返す。

「私は一〇歳の息子と七歳の娘がいて、母に面倒を見てもらっています」

雅が興味なさそうに「そうですか」と言うので、何か説明が足りなかっただろうかと考え、

「夫はおりません」と付け加える。

「私も似たようなものです」

雅はそれだけ言うと、荷物の整理を始めた。出会ったばかりで家族のことを問うたのは不躾《ぶしつけ》だったかもしれないが、それにしても愛想がなさすぎる。和はうまくやっていけるだろうかと不安になる。

翌日から教室での座学が始まった。看護学を担当するアグネス・ヴェッチがまだ赴任していないため、皆でナイチンゲールの著書『Notes on Nursing』を翻訳することにした。一八五九年に出版された同書は、「看護とは何か」をテーマに書かれた世界初の書物であり、ナイチンゲールの知名度も手伝って、刊行後一カ月で一万五千部も売れた。翌年には、看護婦を対象に専門的な記述を増やした改訂版が出版され、看護のバイブルとして普及する。

八人の学生を前に、英語教師の峯尾纓が指導を始める。

「まず、この本の著者であるフローレンス・ナイチンゲールについて、ご説明します」

纓自身、にわか仕込みではあったが、授業の導入として調べてきたことを読み上げる。

「ナイチンゲールはイギリスの看護婦です。クリミア戦争のとき、三八人からなる篤志看護団を結成し、短期間のうちに野戦病院における死亡率を四三パーセントから二パーセントにまで激減させることに成功しました。これによって看護婦の必要性を世に知らしめました。夜間、ランプを手に全長六キロもある野戦病院の病棟を巡回し、眠れない患者、苦しむ患者に寄り添う姿は、『ランプの貴婦人』『クリミアの天使』と呼ばれました」

学生たちは、ひと言も聞きもらすまいと、和紙を綴《と》じた手製のノートに小筆を走らせる。

纓が読み終えると、一人の学生が「クリミア戦争とはどのような戦争ですか」と尋ねた。二〇歳の桜川里以《りい》である。父は著名な儒学者で、築地にある海岸女学校（現青山学院）で漢籍を教えている。長兄が植村正久と知己であることから、看護学校の開校を知り、入学を決めた。

世界情勢はあまり得意ではない纓が言いよどむと、鈴木雅が助け舟を出した。

「クリミア戦争は今から三〇年ほど前、暖かい地域に領土を広げたいロシアが、オスマン帝国の領土に侵入したために起きた戦争です。おもな戦場が黒海のクリミア半島でした。イギリスはオスマン帝国に味方して参戦したのですが、野戦病院ではコレラが猛威をふるい、兵士たちが大勢亡くなったのです」

「鈴木さん、ありがとうございます。ほかにご存知のことがあれば、ぜひ教えてください」

纓は謙虚だった。雅は「では」と話を続ける。

「ナイチンゲールは裕福な家に生まれ、何不自由なく育ちました。唯一、不自由だったのは、結婚こそが女性の幸せだと信じる両親から、学ぶこと、働くことを反対されたことです」

すると雅の隣に座っていた一八歳の広瀬梅が、「どこの国も同じじゃなぁ」と口をはさむ。

広瀬梅の苦学

広瀬梅は若いながら、なかなかの苦労人であった。生まれは、岡山県東南条《とうなんじょう》郡勝部《かつべ》（現津山市勝部）の庄屋の家である。自由民権運動に参加し、のちに県会議長を務めることになる父は、地元では開明的な人物とされていたが、女に学問は要らないという考えの持ち主で、梅を裁縫塾にしか通わせてくれなかった。

教師になりたかった梅は、姉に旅費と当面の生活費を工面してもらい、家出同然に上京。女子高等師範学校を目指す。しかし、すぐに生活費が底をつき、困っていたところ、牛込教会の信者が「女子高等師範に入るよりも良き学校を紹介してやる」（『女子学院五十年史』）と言って、矢嶋楫子に引き合わせてくれた。楫子は逆境にあっても学ぶことを諦めない梅を見込んで、給費生として桜井女学校に受け入れた。

同校で聖書の授業を受けた梅は、「飢えたる者に食、渇きたる者に水のように、真に胸を打たれたのでございます」（同右）と後年語っている。教師に限らず、人の役に立つ仕事がしたいと考えるようになった梅は、看護学校設立に際し、看護婦こそ自分を活かす道だと信じ、入学を決めたのであった。

「ナイチンゲールにとって幸いだったのは、彼女の活動に理解を示すようになった父親が金銭的な援助をしてくれたことです」

雅の話に聞き入る和、纓、里以、梅、ほか四人の学生たちは、ナイチンゲールの父親が彼女の生活費や学費を援助してくれたのだろうと考えた。しかし雅はこう続けた。

「ナイチンゲールが経営困難に陥ったロンドンの病院を再建しようとしたとき、父親は、毎年五〇〇ポンドを彼女に与えると約束してくれたのです」

五〇〇ポンドという金額がどの程度のものなのか誰もわからず、お互い顔を見合わせていると、雅が「大の男が一年間必死に働いても稼ぐことの難しい金額です」と説明する。

「ナイチンゲールの家は相当なお大尽《だいじん》様なのですね」

里以が驚くと、纓が「ですがそのくらいないと、病院の再建はできないのでしょう」と言い、皆が納得する。一人だけ納得がいかないのが梅である。

「ナイチンゲールさんは、お金には困っとらんかったんじゃなあ。家族の理解とお金がありゃあ学問も事業もできて当たり前じゃあ」

実際、ナイチンゲールの業績は、実家からの潤沢な資金や上流階級の人脈に支えられた部分が大きい。ナイチンゲールの父親は、資産家の叔父から莫大な財産を相続しており、彼女の母方の祖父は大地主で、政治家でもあった。両親は新婚旅行に四年を費やし、「城」と呼んだ方がふさわしい屋敷や別荘をいくつも所有するような暮らしぶりであった。

「でも、なかなかそういうお金の使い方はできないものです」

纓が言い、皆がうなずく。

「ナイチンゲールはあり余るお金を有効に使いました。例えば、病院を建て直すとき、すべての階に温水用の管《くだ》を引き、すぐにお湯を使えるようにしたのです」

雅にそう言われても、普段、井戸を使っている学生たちは、すぐには意味が呑み込めない。すると雅は立ち上がり、纓に「失礼します」と言うと、黒板にチョークで建物と配管を図示し、「ここをお湯がとおるのです」と説明した。

「お湯を沸かさなくても、自然に管から出てくるのですか?」

それまでほかの学生たちの自由闊達なやり取りを黙って聞いていた和も、思わず口をはさんだ。そんな仕組みがあったら、家事はどれほど楽になることか。

「そうです。お湯が使いやすくなることで、清潔な環境を保ちやすくなります。看護の基本は清潔を保つことです。ナイチンゲールが野戦病院で死亡者を減らすことに成功したのも、徹底して衛生にこだわった結果です」

「エイセイというのは何でしょう」

里以が尋ねると、雅は黒板に「衛生」と書いた。

「汚れのないきれいな状態のことです」

「hygiene」を「衛生」と訳したのは、岩倉使節団の一員として欧米の衛生行政を視察し、初代内務省衛生局長となった長与専斎《ながよせんさい》である。政府は富国強兵を達成するためには、衛生環境を整え、国民の健康を管理することが必須だと考え、すでに半官半民の「大日本私立衛生会」を組織していた。しかし「衛生」という概念も、それが伝染病の予防に不可欠だという認識も、まだ一般には普及していなかった。

「きれいな状態を保つことで野戦病院の死亡者が減ったんじゃろうか? 怪我の手当てがうまかったけんじゃないんか? それなら掃除さえ行き届けばええいうことじゃな。看護の勉強やこ必要ないんじゃろうか」

梅が不満気に言う。

「もちろん怪我の手当てなどの技術も必要です。でも、衛生を保つということは思っている以上に大切ですし、簡単なことではありません」

「そのためにも、専門的に衛生学や解剖学、生理学を学ばなければなりません。包帯を巻くだけが看護ではないのです」

雅の言葉を纓が補足する。怪我の手当てなどの技術よりもむしろ学科に関心のある梅は、やる気をみなぎらせた。


『看護覚え書』


学生たちは皆、ナイチンゲールのことだけでなく、看護それ自体についても詳しい鈴木雅に興味を抱いた。そこで纓が尋ねる。

「鈴木さんは、どうして看護についてお詳しいのですか」

「こちらの学校に入学を決めた時点で、ナイチンゲールの著作を何冊か読んだのです。勉強のためでしたが、ナイチンゲールの意外な人となりに魅せられてしまいました」

「どのように意外だったのですか」と和が問う。

「『クリミアの天使』と呼ばれているくらいですから、てっきり慈母のような女性かと思っていたのですが、むしろ理論と実務の人だと感じました。統計学に長《た》けていて、野戦病院での経験をまとめたデータは、英国陸軍の改革に役立てられました。天使というより、学者、あるいは有能な政治家といった印象です」

すると里以が、「貴婦人とか天使とか、言われてみたいものです」とうっとりと言う。

「鈴木さんは、ナイチンゲールさんの著作をどうやって手に入れたんじゃろうか？」

梅が尋ねると、「通っていた学校の先生からお借りしました。その先生は、イギリスのナイチンゲール看護学校を見学したことがあり、ナイチンゲールと言葉も交わしたそうです」

と答えた。

「鈴木さんは、横浜のフェリス・セミナリーで学んでいらしたのです。私などよりずっと英語が堪能なのですよ」

纓が説明した。教師に抜擢されたものの、看護の知識は皆無で不安に感じていた纓は、雅がナイチンゲールの著作を原書で読んでいると知り、心強い。他方、和は教師である纓よりも英語が堪能だという雅に対し、劣等感を覚えずにはいられない。そもそも、この年齢で一から看護婦を目指すなど、無謀ではないだろうか。和は、看護学校へ入ることを勧めた植村正久を恨みたくなった。すると、和の胸の内を見透かしたかのように雅がこう言った。

「ナイチンゲールが看護婦になったのは、三〇歳のときです。七〇歳近い今も、仕事を続けています。彼女の生き方は、使命のある者に年齢など関係ないということを教えてくれます」

和は、自分が年齢を言い訳にしようとしたことを恥じた。

「では、鈴木さんのお力をお借りしながら、『Notes on Nursing』の翻訳を進めてまいりましょう。まず、書名はどう訳しましょうか」

「内容を知らないと考えづらいと思うので、書名は最後に訳すことにいたしませんか」と雅が提案し、皆が賛成した。

　こうして纓と八人の学生たちの翻訳作業が始まった。雅はすでに『Notes on Nursing』を読んだことがあり、内容を理解していたが、日本語に変換して表記する作業は思っていたよりも難しかった。訳語に行きづまると、皆で辞書を引いたりマリアを呼んできたりして、和《わ》気藹々《きあいあい》と進めた。半分ほど訳したところで、誰からともなく、『Notes on Nursing』を『看護覚え書』と呼ぶようになっていた。

　同書には含蓄のある言葉がたくさん詰まっており、人生の指南書のようであった。訳し終えたときには、皆すっかりナイチンゲールに傾倒し、看護婦になることに一抹の迷いもなかった。同書の「おわりに」にはこう書いてあった。

「あなた方は、自分が十分な仕事を成し遂げたときに、『女性にしてはお見事です』などと言われることを望んでいないであろう。ましてや『見事だけれども、やるべきではなかった。なぜなら、それは女性にふさわしい仕事ではないからだ』と言われるからといって、仕事をすることをためらうこともないだろう。あなた方は、『女性にふわさしく』あろうとなかろうと、とにかく良い仕事をしたいと願っているのだ。『女性にしてはお見事です』と褒められたところで、その仕事が優れたものになるわけでもないし、男性の仕事とされていることを女性がしたからといって、その仕事の価値が下がるわけでもない。どうかあなた方は、こうしたたわ言に耳を貸さず、誠心誠意、神に与えられた仕事を全うしてほしい」

女が働くことが特別視されていた時代、看護婦という新しい職業に就こうとしている学生たちに、この言葉がどれほど勇気を与えたかしれない。

火屋磨き

学生たちは、マリアがアメリカから取り寄せた「生理学」や「解剖学」などの専門書を次々と翻訳していった。書籍とともに、薬液等を入れるガラス製のイルリガートル、蒸気吸入器、水枕、氷嚢《ひょうのう》といった看護用具も取り寄せられ、一つ一つ使い方を習得していく。あるとき、梅が丁寧な梱包を解くと、中から持ち手のついた琺瑯《ほうろう》製の器が現れた。

「これはなんじゃろ。食器じゃろうか」

梅が持ち手を握って持ち上げ、皆でためつすがめつ眺める。

「食器にしては大きすぎませんか」

「たしかに」

「でも食器ではないとしたら、いったい何でしょう」

ああでもないこうでもないと皆で言い合っていると、廊下をマリアが通りかかったので、「グッドタイミング！　マリア」と梅が呼びとめる。入学式で言われたとおり、学生たちはマリアを呼び捨てにしていたが、当人のいないところでは律儀に「マリア先生」と呼んでいた。

梅が器を指して「What's this?」と尋ねると、マリアはにこやかに教室に入ってきて、「患者の衛生を保つための必需品です。しっかりと使い方をマスターしてください」と英語で説き、動作で使い方を示した。それは寝ている患者に使用する差し込み式の便器であった。

桜井看護学校の学生たちには、勉強以外にもやるべきことがたくさんあった。朝の掃除、三度の食事の準備とあと片付け、ランプの火屋《ほや》磨きなどである。八人で分担したが、若い学生たちの中には、炊事をまったくしたことがない者もおり、薪に火をつけることができなかったり、ご飯をうまく炊けなかったりした。自ずと女中経験のある和の出番となった。和は頼りにされることがうれしく、食事の準備とあと片付けはほとんど毎日行った。

「あなたが一人でやってしまったら、皆のためになりません」と言いながら、いつも手伝ってくれるのは雅であった。

ある晩、和と雅の二人で食堂の床に座り込み、ランプの火屋を磨いていると、雅がおもむろに「『博愛社』が『日本赤十字社』と名前を改めたことを知っていますか」と問う。

「はい。新聞で読みました」

一〇年前、新政府の方針に反発した九州の不平士族たちが起こした西南の役では、反乱軍側、政府軍側ともに多数の傷病者が出た。その状況を憂えた元老院議官の佐野常民《つねたみ》が中心となって設立したのが、博愛社である。

常民は、幕末に佐賀藩を代表してパリ万博へ派遣された際、戦傷病者の保護を目的に創設された赤十字の展示を見学し、創設者であるアンリ・デュナンの「傷ついた兵士はもはや兵士ではない、人間である。人間同士として尊い生命を救わなければならない」という言葉に感銘を受け、日本にも赤十字のような組織が必要だと考えたのだ。

博愛社は赤十字の精神に基づき、西南の役で敵味方の区別なく兵士たちの救護活動に当たった。一年前、戦時における傷病者および捕虜の待遇改善について定めたジュネーブ条約に日本が加盟したため、社名を日本赤十字社（日赤）と改称すると同時に、上流階級の女性たちから成る「篤志看護婦人会」を発足。本社と同じ麴町にあった「博愛病院」も「日本赤十字社病院」と改められ、渋谷では新病院の建設が着工した。間もなく、看護婦の養成も始まる。

「博愛社には初め、男性の看病人しかいなかったようですが、戦場では現地の女性たちもずいぶん負傷兵の看護に活躍したようです。以前は、看病婦なんて患者の血や膿を扱う不潔な仕事だと思い込んでいましたが、こうして看護の勉強を始めてみますと、誰かがやらねばならない仕事だと感じます。とはいえ、闇雲《やみくも》に看護するのでは、救える命も救えません。やはり専門的な勉強が不可欠ですね」

和は言い終えて、磨き終えた火屋に汚れが残っていないか目を凝らす。

「大関さんは、西南の役の頃、何をなさっていましたか」

雅は日赤の話ではなく、西南の役の話がしたいのだろうか。

「ちょうどその年に、息子を産みました。でも、栃木におりましたから、西南の役は身に迫る話ではありませんでした」

和は「嫁田」を耕していた頃、綾が「薩摩でサイゴウさんて人が戦を起こしたらしいよ」と話してくれたことを思い出す。

「そうですか。ご自分のお産に比べれば、ほかのことなど小さなことですね」

たしかに、あの頃は別宅で暮らす夫のことで頭がいっぱいで、世の中のことなど関心の外だった。あのまま黒羽で暮らしていたら、自分は今も夫や義母の言動にいちいち煩悶《はんもん》していたに違いない。思い切って飛び出して本当によかった。しかし、それは実家が受け入れてくれ、運よく勤め先も見つかったから言えることなのだろう。

ふと見ると、雅はとうにきれいになっている火屋をいつまでも磨いている。何か話したいことがあるようだと感じ、和は水を向ける。

「鈴木さんは西南の役の頃、何をされていたのですか」

「私にはその頃、縁談がありました」

雅は、磨き上げた火屋を静かに床に置く。

「でも、どうしても英語を学びたかったので、二年間だけ学業をさせてくれたら、その後はどんな縁談でも受け入れると両親に頼み、静岡から出てきて、横浜のフェリス・セミナリーの寮へ入りました」

和は、雅が静岡出身であることを初めて知った。

「では、鈴木さんも西南の役とはあまり関わりがありませんね」

「ええ。でも、のちに夫になる人が陸軍の少佐で、大隊長として鹿児島へ出征したのです。そのとき大腿部に銃弾を受け、大怪我を負いました」

和は驚いて火屋を拭く手を止めた。

「フェリスで十分に英語を学び満足した私は、帰郷して結婚しました。夫は西南の役で出世したので、私にはもったいないくらいの良い縁談でした。娘と息子が生まれて、忙しいながらも楽しい毎日でした」

この話はどこへ行きつくのだろうと和は落ち着かない。

「でも、夫は銃創が原因で床に就くようになり、四年前に亡くなりました。私は欧米のトレインド・ナースの存在を知っていたので、もし私に看護の技術があれば、夫は最後の時間をもっと安らかに過ごせたのではないかと悔やみました。それに、夫の恩給で生活は成り立ちますが、自立したいという気持ちもありました」

「それで看護学校へ？」

「はい。卒業し、看護婦として自立するまでは、子どもたちに会わない覚悟で静岡を出てきました。でも、子どもたちと離れて暮らすのは思っていたより辛かったので、話題にしてほしくなくて言わないようにしていました。あなたには悪いことをしました」

和は、雅の素直な告白がうれしい。

「それはご明察。私に話していたら、きっと毎日のように話題にしていましたよ」

和が大真面目に言うので、雅が声を立てて笑う。

「大関さんのお子さんは、たしか息子さんが一〇歳でお嬢さんが七歳でしたね」

「はい」

入学式の日、和が伝えたことを雅は覚えていた。

「うちは、娘が八歳、息子が六歳です。今度、大関さんのお子さんに会わせてくださいな」

「もちろんです」

二人は学校中のランプの火屋をきれいに磨き終えていた。部屋へ戻り、布団を敷きながら、和が尋ねる。

「ところで鈴木さんは、なぜ英語を学びたいと思ったのですか」

「子どもの頃、近所の廃屋で遊んでいるとき、外国語の本を何冊か見つけ、一冊失敬したのです。何かの呪文のようで面白くて、毎日のように眺め、いつか読めるようになりたいと思っていました」

そう言うと雅は、自分の柳行李《やなぎごうり》の中から、変色し、端が反りあがった一冊の本を取り出し、「この本が私の人生を決めたと思うと、手放すことができず、こうしてずっと持ち続けています」と言いながら和に手渡す。両手で受け取り、表紙を見た和は、「これは……？」と首をかしげる。

「英語ではなく、オランダ語でした」

二人は顔を見合わせて大笑いした。たまたま部屋の前を通った広瀬梅と桜川里以が怪訝《けげん》な顔をする。和はともかく、雅が大笑いしている姿を初めて見たのである。

以後、ランプの火屋磨きは、和と雅の仕事となった。二人がその時間を楽しみにしていることを知ったほかの学生たちが遠慮したのである。また、和は毎週末、実家へ帰っていたのだが、その際、雅を誘うようになった。

六郎や心と接するときの雅は、普段とは打って変わって朗らかで、二人から「お雅ちゃん」と呼ばれ、なつかれる。哲も雅をすっかり気に入り、得意のパン・ペルデュでもてなした。初めてパン・ペルデュを食べた雅は、いつか故郷の子どもたちにも食べさせてやりたいと、哲に作り方を教わる。その後も、雅は大関家を訪れるたび、哲とともに台所に立ち、楽しそうに料理に勤《いそ》しんだ。哲の中にあった看護婦に対する偏見は霧消し、むしろその卵たちを応援したいと思うようになっていた。

「不義の子」

ある日の夕方、和は看護学校の教室で一人、予習として看護学の専門書の「小児の病気」の章を翻訳していた。皆で翻訳するのも楽しいが、一人で集中して挑むのもまた楽しい。すると、廊下を通りかかった校長の矢嶋楫子が足を止め、教室に入ってきた。「熱心ですね」と言いながら、和の帳面に目を落とす。

「大関さんはお子さんがいるのでしたね」

「はい。二人おります」

「今は離れて暮らしていて寂しいかもしれませんが、少しの辛抱ですよ。看護婦になれば、女一人でも十分に子どもたちを養えます」

「早くそのようになりたいと思っております」

「看護それ自体によって救える命もあれば、看護婦という職業を確立し、女性の経済的な自立を図ることで、間接的に救える命もあります。ナイチンゲールも、They're a lady, be independent. Stand up by your foot.と言っています」

「『女性よ自立しなさい。自分の足で立ちなさい』」

和は日本語に訳しながら、横浜の貧民窟で出会った女の子を思い出していた。

楫子は、和から少し離れた席に腰を下ろすと、「私の夫は酒乱で、ずいぶんひどい目に遭いました。でも小学校の教員になることができたので、一度は離れ離れになった娘を引き取り、一緒に暮らせるようになりました。教師のように、女が自立できる職業がもっと必要です」

楫子は桜井女学校校長となったあと、熊本に置いてきた達子を呼び寄せ、もう一人、上練馬村の農家から「妙子」という娘を養女として引き取り、三人で学校の寄宿舎で暮らしていた。婚家から抱いて逃げたときは赤ん坊だった達子は、すでに二〇歳になっていた。妙子は一〇歳で、二人とも桜井女学校に通い、楫子を「先生」と呼んでいる。

楫子が、「当時は女からの離縁は許されなかったので、ずいぶん後ろ指を指されました」としみじみと言うので、和は「私も離縁いたしました」と伝える。

「そうでしたか。でも、夫がいないからこそできる仕事もあります。ナイチンゲールもそうです」

これまで「寡婦」ということで肩身の狭い思いをしてきたが、むしろそれが有利であるかのような楫子の言葉に、和は勇気づけられた。

看護学校の和気藹々、丁々発止の翻訳作業が面白いと評判になり、桜井女学校の学生たちも何人か加わるようになる。その中に、楫子の娘、達子と妙子もいた。二人とも愛らしく、和は、心も成長したらこんなふうに学ぶのだろうかと想像した。二人は、血はつながっていないはずだが、顔立ちがよく似ており、しぐさも似ていた。姉妹として暮らしていると、こうも似てくるものなのかと和は不思議な気持ちになる。

あるとき寮の部屋で、雅が声をひそめながら「和さんは思っていることがすぐに顔に出るから、気をつけなさい。妙子さんが矢嶋先生の実の娘であることは、公然の秘密です」と言うので、和は耳を疑った。

矢嶋楫子は、小学校の教員をしている頃、兄の屋敷に寄宿する一〇歳年下の妻子ある書生との間に、一子をもうけていたのである。妊娠したことを姉たちに告げると、堕胎をするよう強く勧められたが、聞く耳を持たなかった。小学校には病気と偽って休暇を取り、伝手《つて》を頼って上練馬村の農家へ身を寄せ出産。四四歳であったが、四度目のお産は軽く、赤ん坊をそのまま農家に預け、何食わぬ顔で小学校の教師を続けた。桜井女学校の校長になり生活が安定すると、農家から妙子を引き取ったが、妙子自身は楫子が実の母であるとは知らず、養母だと信じている。

もちろん、このあたりの詳しい事情までは雅も知らない。しかし、楫子と妙子が実の母子であることは、雅のみならず、まわりの者たちのほとんどが、知るともなく知っていた。

「たしかに妙子さんは達子さんとよく似ていますが、だからといって妙子さんが矢嶋先生の実のお子さんとは限らないでしょう」

和はむきになる。

「ではなぜ、さほど裕福でもない矢嶋先生が、親戚でもない農家の娘さんを養女にするのですか？　何かご事情があって預けていた実の娘を引き取ったと考えるのが自然です」

「それは雅さんの憶測ですよね。矢嶋先生ご自身が明かしていないことを陰で云々するのはよくないことです」

「私もできれば云々したくないです。でも、和さんがあまりに露骨にお二人を眺めるから忠告したまでです」

「露骨も何も、二人は実の姉妹ではないのですから、構わないでしょう」

そう言い捨てると、和は部屋を出た。おそらく雅の言うとおりなのだろう。雅は憶測で物を言う人間ではない。「公然の秘密」を自分だけが知らなかったのだ。もし雅が忠告してくれなければ、達子と妙子を前に、要らぬことを言ってしまったかもしれない。

それにしても、楫子が周囲を、そして何より妙子を欺いているということに違和感をぬぐえない。クリスチャンとしても楫子を尊敬していた和は、裏切られたような気がした。考えながら寮の廊下を一周し、部屋に戻った和は、思い切って雅にこう尋ねた。

「さきほどのお話はつまり、矢嶋先生が不義の子を産んだということですか？　そんなことを神はお許しになるのでしょうか」と尋ねた。

「和さんは、聖書のヨハネ伝第八章の『姦淫《かんいん》の女』の話を知っていますか」

「はい。読んだこともありますし、教会の説教で聞いたこともあります」

和は以前、植村正久が説教したときのことを思い出す。イエスが民衆に教えを説いていると、彼を敵視し、捕らえたいと考えている律法学者やパリサイ人たちが、姦淫の罪を犯した女を連れてきた。彼らはイエスに、モーセの律法に従うならば、姦淫した女を石で打ち殺さなければならないが、あなたはどうしたいかと尋ねる。イエスは女を赦《ゆる》すだろうと考えたのだ。イエスが女を赦せば、律法に反した者として捕らえることができる。逆に、石打ちの刑をさせるのならば、偽善者として糾弾することができる。彼らが「さあ、答えられたい。ゆるしか、石打ちか」と迫ると、イエスは民衆に向かってこう言った。

「汝《なんじ》らのうち、罪なき者、まず石を投げ打て」

すると、民衆は一人また一人とその場を去っていく。律法学者やパリサイ人たちもいなくなり、イエスと女だけが残った。イエスは女に言った。

「われも汝を罰せじ。行け。この後ふたたび罪を犯すな」

説教の最後、正久はたしか、「イエス様は民衆に、罪のない人間など一人もいないということを伝えたかったのですね。姦淫の女に対する非難の視線を自分自身に向けるよう導いたのです。私たちは皆、かのパリサイ人たちのようでもありますし、姦淫の女のようでもあります。聖書は、姦淫の女がその後、どのように生きたかについて記していません。皆さんそれぞれに答えを出していただきたい」といったことを話したと記憶している。

「矢嶋先生が『姦淫の女』で、それは責められることではないということですか」

「矢嶋先生の場合が『姦淫』にあたるのかさえわかりませんが、少なくとも私たちに責める資格などありません。先生はクリスチャンですから、当然この話をご存知です。誰よりも深く考えていらっしゃるのではないかしら」

　和はどうにも割り切れない。楫子のしたことは、自分が信じる一夫一婦制の正しさに反するものに感じられた。しかし、イエスは楫子のような行いを責める人間を戒めたのだ。和には、イエスの教えがわからなくなることがしばしばある。

「矢嶋先生はそんな秘密を抱えたまま、受洗したのですか」

「そういうことになりますが、秘密になさっているのは、おそらく妙子さんのためです。矢嶋先生はむしろ、ご自分のしたことを告白したいと思っていらっしゃるはずです。でもそんなことをすれば、妙子さんが後ろ指を指されます。だから隠しているのですよ。その方がどんなに苦しいか」

　雅はそう言うと、手ぬぐいなどを手早く風呂敷に包み、「湯殿へ行きます」と出て行ってしまった。残された和は、楫子という人がわからなくなった。その生き方を否定せず、キリストの教えとともに呑み込める雅は、やはり器が大きいのだろうか。

同年秋、桜井看護学校に、ナイチンゲール方式の看護教育を行うべくアグネス・ヴェッチが赴任する。アグネス不在の間、学生たちと専門書の翻訳に取り組んだ峯尾纓は、アメリカ留学へと旅立った。纓はこの先、植村正久、内村鑑三、松村介石とともに「キリスト教界の四村」と呼ばれる田村直臣の妻となる。

すでに慈恵看護婦教育所はメアリー・リードを、京都看病婦学校はリンダ・リチャーズをそれぞれアメリカから招き、ナイチンゲール方式の看護教育を始めていた。

同時期、これまで大勢の「看病婦」を使っていた帝国大学医科大学附属第一医院（現東京大学医学部附属病院。以下「第一医院」）が、トレインド・ナースを養成することを決定。アグネスが桜井看護学校に勤務するため来日したことを知ると、看護教師として招聘したため、彼女は桜井看護学校と第一医院の教師を兼ねることになった。

すかさずマリア・トゥルーが第一医院に交渉し、実習病院を持っていない桜井看護学校の学生たちも、同院の看護学生らとともに、実習をさせてもらえることになった。その間、学生の中で群を抜いて英語ができる雅が、アグネスの通訳を務めることも決まった。

和と一緒に入学した八人の学生のうち、二人はすでに退学していた。和と雅、広瀬梅、桜井里以、小池民《たみ》、池田子《ね》尾《お》の六人は、桜井看護学校の寮を出て、第一医院に近い駒込西片町（現文京区西片）の借家を寄宿舎とし、アグネスとともに一年間、共同生活を送る。教師や学友たちと共同生活を送りながら人格を磨くことも、ナイチンゲール方式の一環であった。四〇代前半のアグネスは、和と雅にとっては年の離れた姉、若い学生たちにとっては母親のような存在となる。

和は桜井看護学校の寮を出ると同時に、心を桜井女学校へ入学させた。幼児教育から高等教育まで行う同校は、生徒数三〇〇人を超え、京浜間において最大規模の学校へと成長していた。

病院実習

和たちが実習を行うことになった第一医院は、戊辰戦争時に新政府が横浜に設けた軍陣病院に始まる。当初は男性の看病人を置いていたが、「傷者は血気熾《さかん》なる武士なりしかば荒々しくして医（引用者注・医者）の言を用いず。当事者は大にその措置に窮し、然らば婦人を以て看護せしめ温言婉語《おんげんえんご》、痒き所に手の届く世話を」（『日本赤十字社発達史』）させたところ、大人しく言うことを聞くようになったという。

軍陣病院はその後、下谷和泉橋（現台東区上野）、さらに本郷へと移った。当時の病院規則には、看病婦は四〇歳以上と定められている。大勢の男性兵士の中で若い女性が働くことを懸念したためである。「山仲（山中）伝四郎」という人物が、看病婦を集めていたようだが、史料を見る限り、彼女たちの評判はあまりよくない。『明治女性史』の著者村上信彦は、日本医科大学の学長を務めた塩田広重の次のような言を紹介している。

「明治初年東大附属病院に入院患者ができた頃、看護婦（引用者注・看病婦のこと）を雇うにも看護婦になり手がなかったので、やむを得ず吉原の遣手婆さんを連れてきて和泉橋の第一病院の看護にあてた。これが最初であったが、その後それが習慣となって、われわれが病院に入った頃にもなお一室に、一人二人の看護婦はこの程度の婦人が先輩として振舞っていた。私の頃には遣手あがりの看護婦が六十五歳か七十歳ぐらいで長煙管《ながぎせる》をふかしながら、若い看護婦の取締りに当っていた」(『明治女性史』中巻後編)

当初の看病婦たちを「莫連《ばくれん》」すなわち「すれっからし」、あるいは「出戻りか然《さ》もなくばあばづれのしたたか者と思われる様な者ばかりであった」(『職業婦人調査』)などと記す史料も複数存在する。しかし、もちろん例外もいた。明治二(一八六九)年に採用された杉本かねは、看病婦の長として活躍し、第一医院の責任者であった佐藤尚中《たかなか》が新政府との軋轢で退任すると、彼が設立した順天堂医院へ移り、尚中とその息子進の二代にわたって医院を支えた。かねは夫に先立たれ、二児を育てる母親であった。

第一医院での実習初日、アグネスと桜井看護学校の六人は、スタンドカラーの紺のロングドレスの上に、胸当てのある白いエプロンをかけ、動きやすい編み上げ靴を履いて意気揚々と寄宿舎を出た。エプロンは各人が見様見真似で縫ったので、それぞれ少しずつ形が異なっていたが、ナイチンゲール看護学校の制服を模した姿に、六人とも身が引き締まる思いだ。

和と雅が並んで歩いていると、広瀬梅が「第一医院の看病婦は、おばあさんばかりじゃそうですよ」と横に並ぶ。そこに桜川里以、小池民、池田子尾も加わり、「吉原から連れてきた遣手婆なんでしょう」「学科の勉強は一切されていないようね」「それで看護の仕事が務まるのかしら」と口々に言う。

「吉原の遣手婆を連れてきたなんて、いつの時代の話ですか。口を慎みなさい」

雅が呆れて言い、和が「現場での経験は彼女たちの方が上ですよ。すでに病院で働いているのですから」とたしなめる。

梅たち四人が先に行ってしまうと、雅が「梅さんたちに口を慎めと言っておきながら何ですが、古参の看病婦たちからやっかまれるかもしれません。気を付けましょう」と小声で言うので、和は苦笑する。二人は速足でアグネスと四人に追いつき、皆で胸を張って第一医院の門をくぐった。

病棟は、外側から見ると何の変哲もなかったが、中に入ると天井が高く開放的で、白い壁はいかにも清潔であった。皆で病院長室へ向かって歩いていると、苦し気なうめき声が聞こえる。足を止め、近くの病室をのぞくと、一つのベッドを七、八人の看病婦が取り囲んでいた。ベッドの上には一〇歳くらいの少年が横たわっており、よく見ると布紐で手足を縛られている。少年は腰にできた大きな瘤から膿を絞り出す処置を受けている最中であった。少年が泣こうがわめこうが、医師の命令とばかりに看病婦たちは手を緩めようとしない。

和はいきなりの凄惨な光景に肝を抜かれた。それは和が思い描いていた、弱っている患者たちを優しくいたわるという看護婦像とは隔たっていた。見かねたアグネスが進み出て、やめるように指示する。

そろいの筒袖の着物に草履を履き、前掛けをつけた中年の看病婦たちは、アグネスが今日から実習を担当する教師だと悟り、指示に従った。そしてアグネスの後ろにいる桜井看護学校の学生たちを一瞥《いちべつ》した。

和たち六人は、第一医院の看護学生たち二二人とともに、「看病の要旨」「薬餌《やくじ》用法」「包帯術」「病褥用器具扱法」「患者運搬法」「患者拭洗及浴方」「消毒法」「汚物扱方」「屍体扱方」の九項目について学ぶ。アグネスのほか、第一医院の医師三浦謹之助、芳賀栄次郎、馬島永徳、瀬尾《せのお》原始らが指導に当たった。いずれも最新の西洋医学を学んだ医師たちである。授業や学生たちについて、和はこう語っている。

「当時はもちろん教科書様のものは全然無く、ただ両先生（引用者注・馬島永徳と瀬尾原始）の口授を筆記し、夜間勤務の閑《ひま》を偸《ぬす》みて浄書等をなし、漸《よう》く試験に応ずるくらいのことに過ぎず。しかも大多数の人達は一般に基礎となるべき普通学の素養きわめて乏しかりしが故に、筆記に際して諸先生方は先ず文字を教え、次にその字義を説く等の煩《はん》あり。教ゆる人および習う者の苦心は、到底今日より想像することも能《あた》わざる程のものなり」（『東京帝国大学医学部附属医院綜覧』）

第一医院では、八〇人以上の看病婦が働いており、実習では彼女たちと一緒に行動することもあったが、押しなべて患者の扱いがぞんざいであった。

「器械出し」の名人

外科病棟で実習を行うことになった和は、ある日、乳がん手術を終えたばかりの患者から、痛みがひどくて不安なので、ひと晩付き添ってほしいと泣きながら頼まれる。同情した和は、病院の事務局に許可を取り、付き添った。患者は安心したのか、痛みはあったものの眠りについた。月明かりの病室で和は、ランプを片手に全長六キロの野戦病院の病棟を巡回したというナイチンゲールの姿を思い浮かべる。

翌日、和は医局に呼び出され、医師たちから大目玉を食らう。家族以外の付き添いは禁止されていたからだ。桜井看護学校の学生たちは、実習生の身でありながら勝手な行動が多いという告げ口もあったようだ。

和は、事務局ではなく、医局の許可を取るべきだったという点は認め、謝罪したが、家族が付き添えない場合、手術直後の患者が一人で不安な夜を過ごさなくても済むように、規則の改善が必要だと訴えた。そもそも、桜井看護学校の学生たちが「勝手な行動」に出ざるをえないのは、第一医院の看病婦たちの看護が手抜きだからだ。アグネスが指導するナイチンゲール方式を忠実に実践することが「勝手な行動」と取られてしまうのであれば、どう実習をしたらよいのかわからない。

和はこの際、言うべきことはすべて言ってしまおうと覚悟を決めた。男性医師らに囲まれながら、第一医院に来て以来目にしてきた看護上の問題点を一つ一つ挙げていった。実習初日に遭遇した泣きわめく少年を緊縛しての処置や、物言わぬ患者には要求がないとばかりに無視する態度、患者の清潔の軽視など、話し出すときりがなかった。

女が物を言うことに驚いた医師もいたが、中には聴く耳を持つ医師もいた。患者の立場で言うべきことを言う和の噂は、外科の責任者である教授佐藤三吉の耳にも届く。彼は門下生たちに、「大関は僕の友人である」(『穂高高原』)と語っていることから、和の職掌以上に人格を重んじていたことがわかる。

三吉の采配であったか、和は乳がん手術のため入院してきた三宮《さんのみや》八重野の看護に抜擢される。八重野は、華族で外交官の三宮義胤《よしたね》の妻である。義胤がイギリス滞在中に出会い、結婚したアリシア・レイノアが「八重野」と改名したのだ。

八重野の手術は、いわゆる「御雇《おやとい》外国人」であるドイツ人医師ユリウス・スクリバが行った。手術室に入り、見学していた和の目を引いたのは、スクリバに手術器具を手渡している年配の看病婦の見事な手さばきであった。手術の流れを読み、的確に状況を判断し、医師の集中を乱さないように器具を手渡す。この「器械出し」が下手だと手術が滞り、患者の負担が増す。一見簡単そうだが、患者の命を左右する重要な役割である。

和は、植村正久の「これまで我国の看護婦は無学無識、看護の方法を知らず、看護婦と云うは名のみにて病人の小使に過ぎず」という言葉に表れているような従来の看病婦に対する認識が、すべての看病婦に当てはまるわけではないことを知った。数は少ないかもしれないが、現場で学んだ熟練の看病婦もいるのだ。和は、正式な看護学校で学んだ自分たちこそが真の看護婦だという思い上がりを恥じた。手術が終わると、早速この熟練看病婦に器械出しの教えを乞う。彼女は快く引き受けてくれた。

吉村セイというこの看病婦は、戊辰戦争で軍人だった夫を失い、第一医院が横浜で軍陣病院として開かれた頃から、二〇年にわたって働いてきたという。セイは、仕事の合間を見つけては、和に器械出しのほか、戦場など医療機器や薬のない場所で大怪我を負った場合の応急処置など、自身が持つ知識や技能を惜しみなく教えてくれた。いつの間にか、雅や梅もセイから看護術を教わるようになり、それを見守るアグネスがいた。アグネスにもセイから学ぶことが少なからずあったのだ。

セイが熱心に後進の指導をしたのは、目前に引退を控えていたからでもある。長年、病院に住み込んで働いてきたが、六〇歳を過ぎ、もう十分に働いたと思うようになったので、山梨の弟一家の元に身を寄せ、余生を過ごすのだという。セイを尊敬し、母親のように慕うようになった梅が、「まだまだ働けるのに、もってえねえです」と言うと、セイは「皆さんたちのような若くて優秀な看護婦が育つのですから、安心して田舎に帰ります」と穏やかに答えた。

セイが病院を去る日、第一医院の医師や看病婦、桜井看護学校の学生たちが、見送りのため玄関前に集まった。旅支度をしたセイが、風呂敷包み一つしか持っていないので、梅が「荷物はそれっきりですか」と問うと、セイは「私の全財産は、着る物と洗面道具だけです」と恥ずかしそうに答え、「では」と深々と頭を下げ、去っていった。

セイには子どもが三人いたが、夫が亡くなったとき、セイだけが婚家を追い出された。婚家は裕福であったが、それでもセイは給金のほとんどを子どもたちへ送り続けた。

一歩ずつ遠ざかっていくセイの背中を見つめながら、梅が「セイさんのような看護婦になりてえ」とつぶやき、和がうなずく。長い看病婦生活の中で、セイが手に入れた物品は風呂敷包み一つ分に過ぎなかったが、その手はどれだけ多くの患者を救ったのだろう。和たちは、セイの余生に幸多かれと祈った。

花魁心中騒動

三宮八重野が乳がんの手術を受けた日から、和は八重野の病室に泊まり込みで看護を行った。これは八重野の要望で、当然医局も許可した。病室は特別仕様で、自宅から銀器が持ち込まれ、皇后の名代が見舞いに訪れることもあった。

手術から一週間が過ぎ、夜中の付き添いが必要でなくなると、和は毎朝三時に起き、病院に近い春木町の教会（現弓町本郷教会）で八重野の回復を祈り、午前六時から午後八時まで八重野に付き添うという生活を続ける。まだ暗い時間に教会へ出かけていく和を案じ、同行する梅の姿もあった。

毎日へとへとに疲れている和を見て、雅が「毎朝の礼拝をやめるべきです」と忠告する。

「和さんは、今後、担当患者が変わっても、毎朝その方のために祈るのですか？　それとも、八重野様が『高貴な方』だから特別にお祈りしているのですか？」

「八重野様を特別扱いしているわけではありません。自分にできることはすべてやりたいだけです」

「でも、疲れて失敗でもしたら、元も子もありませんよ」

和は返す言葉がなかった。翌未明、目を覚ました雅は、隣の布団でぐっすりと眠る和を目にし、安心して再び眠りについた。

その日、和たちが病院へ到着すると間もなく、根津遊郭の花魁《おいらん》が、第一医院に担ぎ込まれてきた。客と心中しようと剃刀で喉を切ったものの、死にきれなかったのである。「遊郭」と聞いて咄嗟に綾とマツを思い浮かべた和は、もしやという思いに駆られ、慌てて処置室へと走った。すでに医師らはもとより、実習指導をしていたアグネスも蘇生に協力し、花魁は一命を取り留めていた。和は胸を撫でおろしながらも、綾とマツを思い、気持ちが沈んだ。

夜、和と雅、アグネスが寄宿舎へ帰ると、先に帰宅した四人の学生が夕食の準備を終え、食卓についていた。そこに和たちが加わり、皆で祈りを捧げてから箸を取る。当初はナイフとフォークで食事をしていたアグネスも、すっかり箸を使いこなすようになっていた。

祈りが終わるのを待っていたかのように、広瀬梅が「今日の心中事件にゃあ驚いた。相手の男は帝大の学生で、のうなったらしいで」とおしゃべりの口火を切る。

桜川里以、小池民、池田子尾も待ってましたとばかりに「根津の『八幡楼』という有名な女郎屋の花魁みたいよ。なぜか内科の笠原先生がお詳しかったわ」「笠原先生はしょっちゅう遊郭へお出かけなんよ。医学生たちにも、月に二回は遊郭で遊ぶようにと勧めとるわ」

「根津遊郭の客は、帝大生ばかりだそうよ。学業の邪魔になるからと、文部省が移転を検討しているとか」「違うわよ。もともと根津遊郭は期限つきで作られたのよ。移転はもう決定していて、近々、洲崎《すさき》へ移るのよ」「そんならまた心中未遂が起きたとしても、第一医院に運び込まれるこたあねえわね」などとにぎやかに話し出した。

するとは雅が、「どんな理由で入院してきたのであろうと患者は患者です。そういう余計な話は慎むべきです」と一喝する。若い学生たちが一瞬で黙った様子を見て、日本語がわからないアグネスも状況を察し、ナイチンゲールの『看護覚え書』の一節を口にした。そこにいる全員が英語を理解できたが、念のため雅が訳す。

「『看護婦は他人の噂をふれ歩くような人間であってはならない。作り話をしてはならない。受持ちの病人に関して質問をする権限を持つ人以外から質問を受けても、何も答えてはならない。言うまでもないが、看護婦はあくまでも真面目でかつ正直でなければならない』。皆で一緒に訳しましたよね？　忘れたのですか？」

梅が気まずそうに、「申し訳ありませんでした」と謝り、ほかの三人もうなだれる。

「花魁を見たのも初めてじゃし、男の人と心中というのもなんだか夢みたいな話じゃけん、ついしゃべってみとうなったんじゃ」と正直に語る梅に、雅はにこりともせずに「心中なんて、きれいごとではありませんよ。それに、自ら命を絶つことは信仰に反します」と言った。

「遊郭は心中事件が多いというから、お女郎さんたちにこそ、キリストの教えが必要なのかもしれませんね」と桜川里以が言い、「信仰以前に、自分で自分の命を絶つなんて、ああいう境遇の方のすることは、到底理解できません」「病院には生きたくても生きられない人が大勢いるというのに」と民と子尾が続ける。

和は黙って皆のやり取りを聞いていたが、静かに箸を置くと、こう言った。

「生きたくても生きられない人がいることと、自ら命を絶つ人がいることは、別の話ではありませんか。それに、遊郭での心中事件は、客の身勝手による無理心中も多いと聞きます」

「つまり客に殺されるということじゃろうか……」と眉をひそめる梅に、「甘美な妄想は吹き飛びましたか」と雅がチクリと言う。

二人に構わず和は続ける。

「私は、自分がいつ『ああいう境遇』になってもおかしくなかったと思っています。よほどの恵まれた環境に生まれない限り、女の人生など紙一重ですよ」

自分も離縁したあと帰る実家がなければ、子どもたちを抱えて路頭に迷っていただろう。生きるために苦界《くがい》に身を沈めていたかもしれない。いや、帰るところがなければ、不本意ながら結婚生活を続けていただろう。もちろん、妾と暮らす夫にかしずき、養われる生活も誇れた境遇ではない。いずれにしても紙一重だ。綾とマツと紙一重で、自分は今ここにいる。

すると今度は雅が箸を置き、あらたまった様子でこう言った。

「私は、婦人矯風会が行っている公娼制度廃止運動を支持していますが、会員の方々の中には、娼妓たちを『醜業婦』『醜婦』などと見下し、自分とは別次元の人間だと思っている方も少なからずいるようです」

和、雅以外の学生たちがうつむきがちに顔を見合わせる。そこにいる全員が、矢嶋楫子率いる婦人矯風会に入会しており、和と雅以外の四人は、娼妓を「醜業婦」と表記する婦人矯風会の方針に疑問を持たずにきたからだ。

二年前に発足した婦人矯風会は、一夫一婦制の請願運動に力を入れていたが、一夫一婦制を阻害するのが公娼制度や娼妓の存在だと主張していた。娼妓たちの立場で廃娼を唱える者もいたが、「社会悪」である「醜業婦」を一掃すべきだという考えが主流であった。雅は続ける。

「率直に言って、鼻持ちならないと感じています。〝哀れな娼妓〟を遊郭から救い出そうという殊勝なお考えの方もいるようですが、現場を知らずにただお題目のように廃娼を唱えても、それは偽善です」

若い学生たちは、雅の過激な発言におののき、もはやひと言も口をきかない。

「それに、単に制度を廃止しても、救われない人もいます。弱い立場の人たちは一層追いやられ、私娼としてより劣悪な環境で働かざるをえなくなります。運動をするなら、そこまで考えてするべきです」

雅は再び箸を取ったが、梅、里以、民、子尾、そして和もうなだれる。アグネスだけが途切れることなく黙々と箸を動かしていた。食事を終えた雅が食器を下げに台所へ立つと、小池民がおずおずと「婦人矯風会の廃娼運動は間違っているんでしょうか」と和に尋ねる。

「廃娼運動は間違っていません。雅さんは、それに携わる人たちの心の持ちようについて言いたかったのですよ」

言いながら和は、自分の心の持ちようを顧みる。

矢嶋楫子を敬慕する小池民と池田子尾、広瀬梅は、この先、看護婦にはならず、婦人矯風会で廃娼運動に関わっていくことになる。彼女たちはこの日の雅の言葉を胸に刻み、娼妓たちを「姉妹」と呼び、彼女たちを遊郭から救い出そうという立場で廃娼を訴えていく。


「泣キチン蛙」


気まずい夕食を終え、部屋に戻った和は、外出の準備をして寄宿舎を出た。向かう先は、植村正久がいる麴町の一番町教会である。ちょうど通りかかった空の俥に乗る。夜に多い「朦朧《もうろう》」のようだ。人力車夫にもいくつか階層があり、最下層の「朦朧」と呼ばれる車夫たちは、貸し俥屋から安い俥を借りて営業する。安い俥は古く傷んでいるため、それが目立たない夜間に走ることが多い。和は、俥の良し悪しなどどうでもよかった。幸いだったのは、一車夫が一番町教会の場所を知っていたことだ。俥は上り下りの多い道を颯爽《さっそう》と走り抜け、一五分ほどで教会まで運んでくれた。教会の扉の鍵は、いつも開いている。和は迷わず中へ入った。すると、いつもと同じ牧師服に身を包み、復活祭の準備をしていた正久が、こちらをふり返る。

「大関さん、あなたはいつも唐突にやってきますね」

正久の相変わらずの仏頂面を目にした途端、昼間、花魁が病院に担ぎ込まれてきたときから抱え込んでいた思いがあふれ出し、涙がこぼれる。

正久にうながされ、長椅子に腰かけた和は、昼間の心中未遂事件のこと、結婚していた頃、自分を助けてくれた綾とマツの二人がその花魁と重なり、どうしているのか気になって仕方がないこと、二人のために何もできない自分が歯がゆいことなどを取り留めなく話した。そうする間も堰《せき》を切ったように涙があふれる。

正久は和が落ち着くのを待つと、こう言った。

「今、あなたが綾さんとマツさんにできることは、祈ることです。そして、二人にしてあげたいと思うことを、入院してきたお女郎さんにして差し上げなさい」

和は「はい」と返事をすると、すぐに祭壇に向かい、綾とマツを思い浮かべながら神の加護を祈る。二人との再会も強く願った。正久も隣に並んで両手を組む。祈り終えると、和は正久に礼を言い、教会をあとにした。正久は玄関に立ったまま、その後ろ姿を見送った。

後年、正久の三女環《たまき》は、こう記している。

「大関ちか女史は傑出した婦人であったが、よく泣かれた。繁々来られては堰を切って落とされる。すると大関さんを愛敬していた父は慰めるのか揶揄《からか》うのか分からぬ調子で『あなたはナイチンゲールなんでしょう、それじゃ宛然《えんぜん》『泣キチン蛙』ではないか』などといっていた」（『植村正久と其の時代　第二巻』）

和が「朦朧」を拾って寄宿舎へ帰ると、玄関の前に提灯の灯りが見えた。誰か立っているようだ。目を凝らすと、それは雅だった。

「矢嶋先生のご方針で、ここでの生活にも規則はありませんが、こんな時間に出かけるなら、行き先くらい告げていくべきです」

憤然として言ってから、雅は和のまぶたが腫れていることに気づく。和は、言葉はきついものの、雅が自分を心配して待っていてくれたことがありがたい。数日前に桜が開花し、春らしくなったとはいえ、夜はまだ冷える。

「そうすべきでした。すみません。急に思い立って、植村牧師を訪ねたのです」

一階の食堂には、まだ誰かいるようだ。和は、腫れたまぶたをほかの学生に見られたくなかったので、外で立ち止まったまま、雅に綾とマツのことを話した。

「辛いときにあなたを支えてくれた人たちなのですね」

「そうです。だからさきほどは、つい感情的になってしまいました」

雅はくすりと笑ってから「和さんは常に感情的ですよ」と言った。

「雅さんは、廃娼運動に関わったことがあるのですか」

先刻の口ぶりから、おそらく雅は「現場」を知っているのだろう。

「フェリス・セミナリーにいた頃、逃げてきた娼妓たちをかくまっていました」

雅はそう言うと、右手で左の着物の袖をめくり、左腕の上腕にある古傷を見せ、小さく笑う。それは三寸ほどの長さで、刀傷のように見えた。和は、これまでも着替えのときなどに、その傷跡を見たことがあったが、傷ができた経緯について聞いたことはなかった。

そのとき食堂の明かりが消えた。雅が袖を直しながらドアを開け、中へと入っていくので和も続く。結局、聞きそびれてしまった。

娼妓は前借金《ぜんしゃくきん》があるため、年季が明けるまでは遊郭を出ることができない。結髪料や衣装代、客が取れないときの罰金などにより、借金は増え続ける仕組みとなっているため、年季には際限がなかった。日々の生活の辛さに耐えかねて逃亡を試みたところで追手に捕まり、半殺しの目に遭うのが落ちである。しかし、それでも命懸けで逃亡を図る娼妓が後を絶たなかった。横浜では、アメリカ人宣教師たちが逃げてきた娼妓をかくまうこともあったが、血気盛んな追手は暴力も厭わなかった。鈴木雅は語学を活かし、宣教師たちの活動を手伝っていたと考えられる。その際、暴力沙汰に巻き込まれたこともあったのだろう。

翌日、和が三宮八重野の病室へ行くと、八重野が自分の見舞いにもらい受けた果物や洋菓子を籠いっぱいに詰めているところであった。「花魁の心中未遂事件」の話は病院中に広まっており、八重野の耳にも入っていた。

八重野は和に、籠と日本語の新約聖書を手渡し、花魁のところへ持っていくようにと命じる。和が大部屋を訪ねると、花魁は一番奥のベッドの上で正座をし、窓の外を眺めていた。ベッドの名札には、「山本キク」とある。和の気配に振り向いたキクは、昨日の濃い化粧の顔とは打って変わってあどけなかった。首に包帯を巻かれた姿が痛々しい。

和は名乗ってから、「この病院に入院中の三宮八重野様からのお見舞いです」と言って、ベッド脇の小さなテーブルに籠と新約聖書を置いた。キクは聖書を手に取ると、ぱらぱらとめくり、「これは何ですか」と尋ねた。

「イエス・キリストの教えが書かれた本です。どこから読んでもいいのですよ」

そう言ってから和は、聖書にしおりがはさんであることに気づく。

「ちょっとよろしいですか」と言って、キクから聖書を受け取ると、しおりのページを開く。そこは「マタイによる福音書」第六章で、文頭にペンで小さな丸印が付けられている行があった。和は声に出して読む。

「明日のことを思い煩うな、明日は明日みずから思い煩わん。一日の苦労は一日にて足れり」

キクがきょとんとしているので、「余計なことを心配しないで、目の前のことだけ考えなさい、ということだと思います」と付け足す。キクはその日から熱心に聖書を読み始め、傷も順調に回復した。和はキクについて、「八幡楼の主人の俠気《きょうき》で、証文を巻いて貰い、自由の体となって」(『明治百話　上』)退院していったと語っている。

病院の玄関でキクを見送った和と雅は、言葉少なであった。キクは、両親と兄夫婦のいる田舎へ帰ると言っていたが、そこに居場所はあるのだろうか。年季が明け、晴れて自由の身となっても、行き場がなく、結局身を売る生活に戻る者が少なくない。

「遊郭を出た人たちが安心して暮らせる場所と、自立するための職業が必要ですね」と雅が言う。

「そうですね。女が手に職をつけて自立することが当たり前になれば、遊郭に売られることもありません。親も娘を売らずに済みます」

和は、黒羽でマツがいなくなり、綾と一緒にマツの家を訪ねたときの母親の悲し気な顔が忘れられない。

「看護婦という職業が専門化され、広く必要とされるようになれば、女性たちの自立の助けとなりますよね」

和が念を押すように、雅に尋ねる。

「最初のトレインド・ナースとなる私たちの頑張り次第でしょうね。ではまたのちほど」

雅は内科病棟へ去っていった。和も踵を返し、外科病棟へと向かう。正久に、綾とマツにしてあげたいと思うことを、キクにしてあげるようにと言われたが、結局何もできなかった。この先、自分にできることがあるとしたら、雅の言うように、トレインド・ナースとして世間に認められるような働きをすることだ。和は、患者で混雑する外科の待合室を横切りながら、祈るように両手を組み、気合を入れた。

トレインド・ナースの誕生

明治二一（一八八八）年一〇月二六日、桜井看護学校の六人は、第一医院の看護学生二二人とともに一年間の実習課程を終え、修了試験にも合格することができた。同年二月には慈恵看護婦教育所が、六月には京都看病婦学校が最初の卒業生を出していることから、この年は日本におけるトレインド・ナース誕生の年といえる。

修了式は、帝国大学学長、第一医院院長、医師たち、およびマリア・トゥルー、矢嶋楫子をはじめとする桜井女学校の関係者も参列し、盛大に行われた。

修了証は壇上で一人ずつ受け取った。和は着席すると、感慨深く修了証を見つめる。黒羽の婚家を出てから九年。これで子どもたちと一緒に暮らしながら、安定した収入を得ることができる。看護学校に入ることを決心したあの日、横浜の貧民窟で出会った女の子や、綾とマツの顔も浮かんだ。これからやっと、本当にやりたいことができる。ふと隣に座る雅の修了証に目をやると、何やら英語で加筆されている。

「I consider her give to fitted to teach a class of nurse.（彼女が看護学を教えるのにふさわしい人物であることをここに認めます）」

アグネスが雅に寄せたメッセージであった。和は、雅が正当に評価されていることがうれしかった。このときアグネスが修了証に加筆したのは、二八人の修了生の中でただ一人、鈴木雅だけである。アグネスは、いつもそばで通訳を務めてくれた雅の英語力、そして指導力や人格にも一目置いていた。自身の第一医院との契約期間は一年であったため、雅を看護教師の後継者にしたいと考えていたのだ。

修了式を終え、アグネス、マリア、楫子、和たち六人の学生が寄宿舎へ帰ると、庭で写真屋が待ち構えていた。マリアと楫子の計らいである。二人は、アグネスと学生たちに花束を贈ると、写真に収まるようにうながした。

まずアグネスを中心に和と雅が座る。和の隣には梅が寄り添う。雅の隣に民が座り、後ろに子尾が立つ。民と子尾はたびたび雅から厳しいことを言われ、その場では反感を覚えつつも雅を尊敬してやまなかった。おっとりとした里以は、写真屋にうながされるままにアグネスの後ろに立つ。このとき撮影された桜井看護学校卒業生たちの写真は、日本の看護史の貴重な一枚として今に伝わる。

撮影が済むと、皆で食卓を囲んだ。手の込んだ和洋折衷料理が並んでいる。梅が「これぇな豪勢な料理、見たことがねぇ」と歓声を上げると、「もう帰りましたが、達子と妙子が作ったのですよ。私たちからのせめてものお祝いです」と楫子が言う。

「食事をしながら、今後のことをお話ししましょう」

マリアが皆に席につくようにとうながし、食前の祈りを捧げる。

実はこの日、アメリカの伝道協会からマリアのもとに、桜井看護学校の廃止を伝える手紙が届いていた。マリアは、その返信にこう書いている。

「お手紙が届いた日は、看護婦養成上特筆すべき日でございました。六人の第一期生が二年の課程を修了し、日本の最大の病院における卒業の年の実習では、大変な便宜を与えられました。（中略）この日、彼女たちは私の部屋に集まり、感謝の祈りを捧げ、今後の進路を決めるための話し合いをいたしました。この六人の女性たちに対し、採用の申し込みが一〇件ございました。病院勤務が八件と個人の看護が二件です。（中略）いずれにしても、私共が神のみわざを誉め称えておりましたときに、あなたのお手紙が届き、看護婦学校の閉鎖を知らされたのでございました」（『女たちの約束』）

伝道協会が看護学校を存続するのが難しいと考えた最大の理由は、併設の病院、つまり実習を行える病院がないということであった。一期生は、アグネスと抱き合わせる形で第一医院で実習を行うことができたが、アグネスは香港で伝道中の身で、一年のみの契約なのだ。今後は期待できない。同時期に創設された慈恵看護婦教育所は病院附属の学校であり、京都看病婦学校は、系列の同志社病院で実習を行うことができた。

マリアは、看護学校創設に反対する勢力をかわすため、あえて学校を小規模にしたのだが、実習病院がないことは看護学校としては致命的であった。しかし彼女は諦めない。この先、実習病院を持つ看護学校を設立するために奔走するのだ。

マリアはにぎやかな食事の席で、第一医院から雅と里以を内科の看病婦取締に、和を外科の看病婦取締にと打診されていることを告げる。「看病婦取締」とは「看護婦取締」「看護婦長」と同義で、今日の「看護師長」にあたる。雅はすでに知っていたのか、マリアとアグネスを交互に見ながら「I would be glad to accept it.（謹んでお受けします）」と冷静だ。

和はこの先、看護婦として働けるとは思っていたが、第一医院の看病婦取締と聞き、荷が重い。隣に座る里以がそれを察し、「大丈夫ですよ。鈴木さんがいますから」と耳元で囁く。たしかにそのとおりだ。実習で慣れ親しんだ第一医院で、雅と里以と一緒に働けるなら、これ以上心強いことはない。

続けて楫子が、「梅さん、民さん、子尾さんには婦人矯風会の仕事を手伝ってもらうことになりました。看護の知識は、矯風会の仕事にも必ず役立ちます」と皆を見渡しながら話すと、いつものように雅がアグネスのために通訳する。

「うちは、勉強がしとうて上京したんじゃけど、一番困っとるとき助けてくれたんが、牛込教会の信者さんと矢嶋先生じゃった。看護婦として患者さんを助けたいいう気持ちもあるんじゃけど、それ以前にクリスチャンとして、特に困っとる女の人たちを助けたいんじゃ」

梅が言うと、マリアとアグネス、楫子が大きくうなずく。

「私たち三人は、特に廃娼運動に力を入れていきたいと思っています」

民が雅を見て言うと、雅もまっすぐに民を見ながら言う。

「公娼制度をなくすことは至難の業でしょうね。だからこそやり甲斐のある仕事だと言えます。日本の女性の地位の低さは、ひとえにこの制度のためだと言ってもいいでしょう」

すると楫子が「鈴木さんのおっしゃるとおりです」と乗り出す。「公娼制度は遊郭の女たちだけの問題ではありません。金で女を買うことができる、それを政府が公認しているということが、この国の女性観に決定的な影響を与えているのです。富のある男が妾を囲うことが誉れとされるのも、女は金で買えるという考えがあるからです」

妾の存在に苦しめられた和の胸に、楫子の言葉が響く。

「政府は男には遊郭を用意しながら、女が不貞を働けば姦通罪に問うのですから、これ以上の不公平はありません」

雅が言い放つ。明治一三（一八八〇）年に制定された姦通罪の処罰対象は、夫のいる妻と、その不貞相手の男に限られていた。妻のいる男が不貞を働いても、相手の女に夫がいない限り、罰せられない。つまり男が罰せられるのは、夫がいる女の「不貞相手」となった場合だけなのだ。

「ほんとにこの世は、男性にばかり都合ようできとる」

梅がため息まじりに言う。

「私は看護婦として働くことで、女が生きやすい世の中を作っていきます。職業は違いますが、目指す方向は同じです」

雅が民と子尾、梅を見つめながら言うと、三人はうれしそうにうなずいた。縁あってつどい、この先は二度とそろうことのない九人の女たちが、よりよい未来を思い描きながら、最後の食卓を囲んだ。

二週間後、まずアグネスが香港へと旅立った。アグネスを見送ると、婦人矯風会で働く梅、民、子尾の三人が、以前暮らしていた桜井看護学校の寮へと移っていった。里以は第一医院のすぐ近くに借家を求め、雅も徒歩で通える小石川の傳通院《でんづういん》の近くに家を借り、静岡から娘「みつ」と息子「良二」を呼び寄せ、同居を始める。二年ぶりの母子の再会であった。

和も第一医院にほど近い団子坂に家を借り、家族と同居する。六郎は一一歳、心は八歳になっていた。ほとんど毎週末、顔を合わせてはいたが、毎晩一緒に寝られる幸せは格別であった。看病婦取締の給金は鹿鳴館の通訳の給金には及ばないが、母も裁縫塾を続けており、家族四人が暮らすには十分である。和はこの生活が長く続くことを祈った。

第四章　医科大学附属第一医院

「白衣の天使」

大関和《ちか》は、看護学校修了と同時に第一医院の外科の看病婦取締に、鈴木雅と桜川里以は内科の看病婦取締になった。三人は先達《せんだつ》に学ぼうと、芝区愛宕《あたご》下にある慈恵医院で看護婦取締を務める松浦里子《さとこ》を訪ねた。

同院は、高木兼寛が設立した有志共立東京病院が改称したものである。イギリス留学時代に女性医師が活躍する姿を目にした兼寛は、「日本の女子に果たして医学をこなすだけの力があるかどうかを実験するために」（『吉岡弥生伝』）、「当時女子教育では最高と称せられた竹橋女学校中の二才媛、本多銓《せん》、松浦さとの二人を成医会（引用者注・医学校「成医会講習所」）に入学せしめ、多数の海軍軍医学校生徒と共に勉学せしめた」（「日本女医五十年史」）のであった。

当時の日本では、女に医者は務まらないと信じられていた。女子には、現在の医師国家試験にあたる医術開業試験の受験資格がなく、受験のために通わなければならない医学校も、女子の入学を認めていなかった。高木が設立した成医会講習所も男子のための医学校であったが、「実験」のため竹橋女学校から松浦里子と本多銈子を引き抜き、入学させたのである。

もともと真面目で優秀だった二人は、必死で勉強した。なにしろ自分たちの結果次第で、「日本の女子に果たして医学をこなすだけの力があるかどうか」が見極められてしまうのだ。

しかし、勉強以上にたいへんだったのは、女が自分たちと対等に学ぶことを面白く思わない男子学生たちからの嫌がらせであった。解剖学の授業では、里子と銈子だけ骨格標本を見せてもらえなかったため、夜ひそかに墓地に忍び込み、提灯の灯りを頼りに頭蓋骨や大腿骨などを拾い集め、持ち帰って勉強した。

海軍軍医の最高位にあった兼寛の働きかけもあり、明治一七（一八八四）年に女子にも医術開業試験の受験資格が認められる。二人が医学校に入ってからまだ日が浅かったが、里子は果敢にも試験に挑む。結果は不合格であった。このときの東京会場の受験者総数は八〇〇人で、うち女子は里子をふくめ四人。最終的な合格者は二七人で、女子の合格者は荻野吟子《ぎんこ》だけであった。

銈子と比べると控え目な里子が、まだ十分な準備もできていない段階で、この狭き門に挑んだのは、すでに健康に不安を覚えていたからではないだろうか。間もなく里子は結核と診断される。無理をさせたことに自責の念もあったのか、兼寛は里子を慈恵医院で療養させた。病状が回復すると、里子は同院で看護婦補として働くようになり、明治二〇（一八八七）年に、二六歳で看護婦取締となった。

同時に、鈴木雅や荻野吟子らとともに、女性たちに衛生知識を普及させることを目的とした「大日本婦人衛生会」（以下、婦人衛生会）を設立している。和、雅、里以が里子を訪ねたのは、その翌年のことであり、当然ながら雅と里子には面識があった。里子の人となりをよく知る雅が、訪問を提案したのである。

里子は訪ねてきた三人を温かく迎えた。このときの印象を和はこう記している。

「姉（引用者注・年上の女性を指す呼称）は容貌秀麗動静粛性温和にして言語正しく、一見以て一方の長たる態度を顕し、その風采たるや今尚眼前に彷彿として、実に敬慕の念、禁ずる能わざるなり。姉の妾《わらわ》（引用者注・女性の謙称）に面接せられし時は、紺地紬に藍と白縦縞の筒袖を美に着し、白の前掛及び皮帯を着け、頭には白帽を戴《いただ》かれぬ」（『高木兼寛の医学』）

今に伝わる里子の写真は、和の描写どおりの制服姿で、柔和な表情をしている。「白衣の天使」という言葉はナイチンゲールに由来するが、日本におけるそのイメージの端緒は、里子のこの写真だと思えてならない。ちなみにナイチンゲールは「天使」について、「花をまき散らしながら歩く者ではなく、人を健康へと導くために、人が忌み嫌う仕事を感謝されることなくやりこなす者」と説いている。

里子はまず三人を病棟へと導く。その間、隣を歩く雅に「巌本さんが『婦人衛生雑誌』の発行を引き受けてくださいました」と告げる。

「そうですか。私たち素人が発行するよりも、かえってよいものができるかもしれません。とはいえ、女が編集や印刷をしてはいけないなんて、政府はいったい何を考えているのでしょう」

雅がため息まじりに言う。里子と雅は、婦人衛生会において機関紙を発行する担当となったのだが、新聞紙条例が改正され、女性が出版に携わることが禁じられる。困っていたところ、『女学雑誌』を発行していた巌本善治が助け船を出してくれたのだ。『女学雑誌』は日本初の本格的女性雑誌で、キリスト教精神に基づいて女性解放を唱えていた。執筆陣には、植村正久や、峯尾纓の夫となる田村直臣もいた。

里子に続いて病棟に入った三人は、まずその広さに目を見張った。まるで教会のように天井が高く、奥行がある。教会と異なるのは、窓がいくつもあり、明るい点である。ベッドは左右に一五台ずつ、壁に頭を向ける形で等間隔に配置されており、一台ごとに縦長の窓が割り当てられている。外光を反射する白い寝具は、いかにも清潔そうだ。

「この病棟は、院長の高木がイギリスのセント・トーマス病院の『ナイチンゲール病棟』にならって造りました。換気がしやすく、看護婦の目がよく届き、患者同士の間隔を十分に取るというナイチンゲールの理想が体現されています。一つ一つのベッドはカーテンで仕切ることができますが、普段はほとんど開け放たれていて、中央のナースステーションから、すべてのベッドが見渡せるようになっています」

「患者さんと看護婦が、常にお互いの存在を確認できるというのは、安心できていいですね。徹底して患者中心の空間を作ろうとしたナイチンゲールの精神が表れています」

雅が言うと、和が「医療の対象は『病める臓器、病める人体』ではなく、『病める人間、悩める人間』である」というナイチンゲールの言葉を唱える。

「私もその言葉が好きです」

里子はにこやかにうなずくと、三人を部屋の中央にあるナースステーションまで導く。その脇には長椅子が置かれており、軽症の患者たちの憩いの場となっているようだ。さらに奥へ進むと大きなベランダがあり、その左側に厠《かわや》、右側には洗面所と浴室があった。いずれも十分に広く、清潔に保たれている。設備にも人手にも、潤沢な資金が投じられていることが察せられた。

「何もかもが行き届いていて、すばらしいですね」

里以が感心し、里子が「婦人慈善会のご支援の賜物です」と応じる。すると、雅が「里以さん、なんでしたら第一医院の看病婦取締は辞退して、こちらで働いたらいかがですか」とからかい、里子が「歓迎しますよ」と笑う。

入り口へと戻る途中、数人の医師が回診を行っていた。医師の脇には必ず看護婦が控えている。

「第一医院もそうですが、やはり医師の手助けをするのが看護婦の仕事なのでしょうか」

里以が問うと、「院長の高木は、よく『医師と看護婦は車の両輪の如し』と申しています。

どちらも欠けてはならないということです」と里子が優しく諭すように答える。

「ナイチンゲールも『看護婦はどこまでも看護婦であり、医師でもなければその助手でもない』と書いていますよ」

和が言う。ナイチンゲールは、医師による治療は一過性のもので、看護婦の仕事は持続性と多様性をともなうものだととらえ、明確な分担制を主張していた。

「私たちは、トレインド・ナースとして、看護婦にしかできない仕事をしましょう」

雅があらたまった口調で言う。

里子は病棟の案内を終えると、三人に看護婦取締の仕事内容を丁寧に説き、看護婦たちの勤務形態や、交替の仕方等を具体的に教えてくれた。和はこう記している。

「見るに難く、学ぶに人なきの時に於て、姉より授けられたる一片の恵みは、今更悼懐《とうかい》するも感謝の念に堪えざるなり。姉の徳たるや、叱責すべき時に於てこれを忍び、却って自分を責め、以て影に陽に当人をしてその非を悟らしめしと云う」（『高木兼寛の医学』）

里子は、慈恵看護婦教育所の教師も務め、和たちが桜井看護学校を修了した同じ年に、最初の卒業生を送り出している。教え子たちを叱責せず、自ずから非を悟らしめるという接し方には、里子のクリスチャンとしての精神が表れていた。

松浦里子と本多銓子

慈恵医院からの帰り道、三人は夕焼けの愛宕山を見上げながら、理想の看護婦像を語り合った。和と里以の理想像は、とりもなおさず、会ってきたばかりの里子であった。

「私は、献身的に患者さんたちを看護すると誓うわ」

和が真っすぐに前を向いて宣言し、里以が「私もです」と同調する。すると雅が、「看護婦はあくまで技術を売りにすべきではありませんか。精神性を言い出したら切りがありません」と言う。

「私は看護婦以前に、クリスチャンとして患者さんに献身したいのです」

高揚した気分に水を差された和が憮然として言う。

「献身が看護婦の評価につながるでしょうか」

「評価？　雅さんは人様から評価されるために仕事をするのですか？」

「評価が報酬につながるのですよね」

和は一瞬言葉を失ってから、「献身をお金に換算するなんて、雅さんらしくない」と呆れたように言う。

「看護婦として自立するためには、それなりの報酬が必要です。確かな技術があれば、評価を得やすい。でも、献身といった曖昧なものは評価されづらいです。報酬には反映されない献身が、当たり前のように求められるようになったら、看護婦にとって負担ではありませんか」

「私は、看護婦が患者さんに献身するのは当たり前で、負担だとは思いません」

里以がおずおずと口をはさむ。一方、和は黙ってしまった。報酬につながらない献身が当たり前になってしまうと、女性の自立という目的からは遠ざかるという雅の意見にも一理ある。少し考えてからこう言った。

「私たちはトレインド・ナースなのですから、技術で患者さんに奉仕するのは当たり前です。その上で、ナイチンゲールや松浦さんのような慈愛の精神も忘れずにいたいのです」

「あとに続く方々のことを考えると、私たち最初のトレインド・ナースが安易な習慣や制度を作らないように気を付けなければなりません」

雅の言葉の意味がわからず、和と里以は黙って顔を見合わせた。雅は構わず、「とりあえず一生懸命やるべきことをやり、その中で改良を加えていきましょう」と言うと、先に行ってしまった。

松浦里子は、和たちが訪問した三年後、結核のため三〇歳で早世する。高木兼寛は青山墓地に土地を求め、里子を手厚く葬った。現在、同じ場所に五基の石碑が並んでいるが、いずれも病に感染するなどして殉職した看護婦たちを悼み、兼寛が立てたものである。五基のうち、最も古いものの碑面に、「故松浦里子之墓」と刻まれている。

ところで、里子とともに兼寛に見いだされ、医学を学んだ本多銈子は、どんな人生を歩んだのだろうか。銈子は里子が看護婦取締となった翌年、医術開業試験に合格し、四人目の公許女医となる。同時に、幕臣であった本多家を継ぐため養子を迎え、芝新堀町の自宅で開業した。

「薬価は上中下三等に分かち、患者の分限により随意に納めしめ、往診は遠近にかかわらず車代を受けず、且つ貧困者には博く施療をなすよし」と当時の新聞で評されている。生活に困っている患者がいると、自分の着物を恵んでしまうため、箪笥《たんす》はいつも空であったという。

しばらくすると、竹橋女学校時代の友人、岡見京《けい》がアメリカで医師免許を取得して帰国。五人目の公許女医となり、婦人科主任として慈恵医院に就職した。銈子は京に乞われ、自身の診療の合間に手伝いに出かけるようになる。

ちょうどその頃、里子が同院で看護婦取締を務めていた。おそらく銈子は、里子が無理をしていることに気がついたのではないだろうか。里子の仕事も手伝い、看護婦教育所の授業も代講している。

里子が亡くなったあとも、銈子は自宅で開業しながら慈恵医院の京を助け、乞われれば横浜のフェリス和英女学校（フェリス・セミナリーの後身）で英語も教えた。しかし子どもが一人、二人、三人と増えると、育児と仕事との両立が難しくなり、泣く泣く仕事を諦めた。そして再び医業に携わることなく腎臓病を発し、床についたまま五八歳で亡くなる。

銈子は後輩の女医に会うたび、「この状態では再び医者として立つ事は望めないかもしれないが、あなたは私と二人分やって下さい。二人分働けるように祈っている」（「日本女医五十年史」）と口にしていたという。

鈴子自身、亡くなった里子の分も頑張らなければいけないと考え、乞われるままに多くの仕事を抱え込み、体を壊してしまったのではないだろうか。「日本の女子に果たして医学をこなすだけの力があるかどうか」という兼寛の「実験」を一人で背負ってしまったともいえる。

「実験」に対し、鈴子は十分な結果を示したわけだが、鈴子と里子のあと、成医会講習所は女子学生を受け入れていない。女子がいることで学校の風紀が乱れることを恐れたからだと考えられる。というのも、同時期に女子に門戸を開いた医学校「済生学舎」では、男子学生から女子学生への嫌がらせや暴行事件などが後を絶たず、学校側は女子学生を強制的に退校させることで解決を図っているからだ。

里子と鈴子の人生を翻弄した「実験」とは、いったい何だったのだろうか。

「我朝のナイチンゲールとならん」

和が第一医院の看病婦取締として働くようになって間もなく、一七歳の相馬愛蔵が入院してきた。愛蔵は先々、日本初のクリームパンを発売し、「新宿中村屋」の創業者となる人物である。

信濃国安曇郡の豪農の家に生まれた愛蔵は、東京専門学校（現早稲田大学）に入学するため上京したものの、寮の先輩から疥癬《かいせん》をうつされてしまった。疥癬はヒゼンダニが皮膚に寄生することにより発症する皮膚病で、強い痒みをともなうため患者は眠ることもできず、心身ともに消耗する。現代では飲み薬も処方されるが、当時は硫黄を主成分とした軟膏をひたすら塗り続けるほかに治療法がなかった。

愛蔵の妻となる文筆家の相馬黒光《こっこう》は、このときのことをのちに随筆『穂高高原』に記している。

「理解ある兄の許しによってようやく上京し、入学を目の前にして心もはやる矢先である。他にわるいところがあるではなし、思わぬ病院入りになってその焦燥は誰の目にも知れた。ことに疥癬の治療は、特別な臭気を持つきわめて不愉快な薬を皮膚一面に擦り込むのであったから、看護婦たちもいやがり、顔をそむけてようやく処置した。その時の看護婦長（引用者注・看病婦取締）は大関和子女史であった。（中略）愛蔵は年少のことでもあるのでとりわけ婦長の世話になった。そして入学を目前にして退院を急ぐ旨を訴えると婦長は大いに同情し、それではと看護婦たちに一日三回塗り薬を命じ、一回でもいやなところを看護婦にはまことに気の毒であったが、お蔭でめきめき快くなり、一週間ほどで退院することが出来た」

和は、看病婦たちが嫌がる薬塗りを率先して行った。愛蔵は薬のきつい匂いや、傷んだ皮膚に触れさせることが申し訳ないという思いから、小声で「すみません」と繰り返す。

すると和は「私の父は、黒羽藩の硫黄製造掛だったので、年中硫黄の匂いがしていたのですよ。だから少しも嫌な匂いではありません。むしろ懐かしい匂いです。早く治して、学生生活を送ってくださいな」と励ました。愛蔵は和の献身に涙し、いつか恩に報いようと誓う。

相馬黒光は、和をこう評している。

「女史は人も知る通り性格のきっぱりとした野州生れで、正しと信ずるところにはいささかの躊躇もなく、言うよりも早く実行がある。自ずからその誠実はあらわれて患者の信頼は深く、年頃も器量の引き立つ三十歳前後、まことに花も実もあるというかちょうど絶頂の時であったので、大関婦長が入って来ると患者の顔が明るくなるとさえいわれていた」

当時の雑誌も和の評判を伝えている。

「その容貌の端麗なるのみならず、志操《しそう》すこぶる正しくことに仁心深く（中略）患者に接する懇切いたらざるなく日夜精神を尽して部下の看護婦を奨励せられ、いかなる困難なる場合といえどもこれを人に委《ゆだ》ねず自身に担当して徹夜眠ることなく熱心従事せらるる有様は、見る者感ぜざるはなしと殊に患者の貧困なる者には金銭を恵みて入費の助《たすけ》となすなど、いつも自身が給料の全額を自分の手に収入せしことはなく、大半患者のために消費せらるる様子なりと云う」（『東京婦人矯風会雑誌』第二七号）

和だけでなく、雅や里以もトレインド・ナースの本領を発揮した。

「それぞれ婦長となって第一線に立ったが、今まで乱雑に流れていた旧看護婦たちは、英国式のりゅうとした看護服を著《き》、医者とまちがうほどの知識を有する大関さん達の監督を受けてはたまったものではないというので、不平満々でなかなか命令を聞こうともしない。そこで大関さん達は（中略）フロレンス・ナイチンゲール嬢を例に引き、大いに天職の崇高なるゆえんを説き、不平分子を心腹させたが、若い彼女等、ひまを見ては神の教えを説いたのが当局の忌緯《きい》にふれ、伝道は一切まかりならぬと叱られた」（『東京日日新聞』一九三二年五月二五日）

そもそもヨーロッパにおける看護活動は、中世の修道院で始まっており、看護の仕事とキリスト教の教えには親和性があった。だからこそ和は、信仰を説くことがよりよい看護につながると考えたのだが、医局から禁じられる。

いずれにしても「新鮮な知識、人類愛に輝く瞳——そして純白のユニフォームに、わが国看護婦の輝ける先駆者としての意気を示したばかりでなく、当時の最先端女性として職業戦線をさっそうと行」（同右）く和たちトレインド・ナースに憧れる若い看病婦たちは、少なくなかった。和の指示で愛蔵の薬塗りを手伝った二〇歳の武藤ミネもその一人であった。

あるときミネが、自分も正式に看護を学びたいと和に申し出る。

「私は、田舎の妹や弟の学費を仕送りするだめにここで働いてます。だけんど今のままじゃあ何も身に付げっこどができず、年取ったら使い捨てです。一生、看護婦として誇りを持って働き続けっために、専門的な知識や技能を身に付けてえです」

第一医院の看護教育は、アグネスの帰国により中断したままであった。患者や病院にとっても、トレインド・ナースが育つことはよいことであるはずだ。和は早速、医師瀬尾原始や芳賀栄次郎に講習の再開を提案した。すると彼らが学長へ話を通し、希望する看病婦たちを対象に、医師や看病婦取締が講義や実習指導などの「看護講習」を行うことが決まった。するとミネたち若い看病婦ばかりか、年輩の看病婦たちからも歓喜の声が上がった。長い間「無知」「賤業」などと蔑まれながら、過酷な仕事に耐えてきた彼女たちこそ、心底、看護を学びたかったのだ。

同じ頃、矢嶋楫子が交通事故に遭い、第一医院に入院してきた。「一夫一婦制」を要望する建白書を元老院に提出すべく、署名活動に奔走している最中、走行中の人力車から転落して頭を打ったのである。一年後には帝国議会が開かれるため、以後は国会への請願となるが、この時点では建白書という形を取らねばならなかった。

入院中に和の働く姿を目にした楫子は、看護婦が和の天職だと確信したという。

やがて「第一医院には親切で技術も確かな看護婦がいる」と評判になり、和について「他日二十世紀のナイチンゲールになろう」（『女学雑誌』第二五〇号）、「異日、我朝のナイチンゲールとならん」（『東京婦人矯風会雑誌』第二七号）などと、ナイチンゲールになぞらえる者も出てくる。

和は、外交官でフランス語通訳の長田銈太郎《おさだけいたろう》の看護を担当したこともあった。銈太郎は「生来の癇癪持《かんしゃくもち》」で、和にもきつく当たるが、途中で態度を改めた。このときのことを和自身が語っている。

「長田さんが『君は生まれはどこか』、『栃木県です』、『ナニ栃木県だ、栃木県はどこだ』、『那須郡黒羽です』、『那須郡黒羽だ、あすこには旧幕時代、若年寄に大関肥後守《ママ》の家来に、大関弾右衛門という人があったが、知っているか』、『ハイその娘です』、『ナニ弾右衛門殿の娘だ、道理で大関姓を名乗っておると思った。そうか、御家老弾右衛門殿に、仏蘭西人との通訳をしてあげたことがあった。ソノ娘御が看護婦になったのか。ソレにしても不思議の廻り合せというものであるのう』といわれた。

ソレからはいくらか寛大になられ、昔話をしたり、そうした仁《ひと》の娘が看護婦となって働いていることに同情も伴ない、(中略)茨々《とげとげ》しいことがなくなりました」(『明治百話 上』)

銈太郎は、和に最期を看取らせた。

医師との軋轢

看病婦取締となって一年が経つ頃には、医療界で和の名前を知らぬ者はいないというほど、その奮闘が知れ渡り、有力者の手術の際に声がかかるようになる。これは、実習生時代に吉村セイから伝授された器械出しの技術が買われたことに加え、和が担当する患者たちの術後の経過がいずれも良好だったためである。抗生物質がなかった当時、術後の管理こそトレインド・ナースの腕の見せどころであった。

技術もさることながら、相馬黒光が記したように「きっぱりとした野州生れで、正しと信ずるところにはいささかの躊躇もなく、言うよりも早く実行がある」という和の人柄も信頼を集めたようだ。中には元家老の娘という出自を重視した者もいただろう。

和は、実習生時代から顔なじみの若い医師たちとも連携し、毎日快活に働いた。黒光は和についてこうも記している。

「看護婦としてなかなか美人であったから、田代義徳、芳賀栄次郎、三輪徳寛、入沢達吉等の諸名家が医大在学の青年時代、しばしばほほ笑ましい話題を供せられたという。もとより女史の純潔はそれら若人の間にあってさらに不安なく、またそれほどこの人の信仰はひたむきであったと見られる」（『穂高高原』）

医師たちから好意を寄せられても、和はあまりに無頓着であった。中には、プライドを傷つけられたと感じる医師もいた。

終業後、雅、里以と帰宅する途中、里以が「大関さんは、もう結婚はしないのですか。今なら将来有望なドクターを選り取り見取りではありませんか。うらやましいくらいです」と言うと、「私は結婚相手を見つけるために看護婦になったのではありません」とにべもない。

すると雅が里以に「そうですよ、結婚しなくても生きていけるのが看護婦です」と言ってから、今度は和に向き直り「医師たちと必要以上に親しくなることはありませんが、看病婦取締にとって彼らとの連携は必須です。あまり素気《すげ》ない態度を取っていると、取締の任を解かれますよ」と真剣な顔で忠告する。

「では、仕事とは関係のない話に乗ったり、食事の誘いを受けたりしなければならないのですか？」

「そうは言ってません。もう少し医師を立てた方が無難だと言っているのです」

雅と和が無言のまま鋭い視線を交わす。

「大関さん。鈴木さんのおっしゃるとおりですよ。病院の仕事に限らず、女が男を立てるのは当たり前です。そうでないと世の中はうまくまわりません」

里以が肩を持ってくれたにもかかわらず、雅は余計に不機嫌な表情になる。里以は頓着せずに「そもそも大関さんは、どんな男性が好みなのですか」と結婚の話題に戻る。

当時、読書が好きな若い女性たちの間で、欧米の恋愛小説が人気を博していた。翻訳書は滅多に手に入らなかったが、里以は原書も読めたので、休みの日には恋愛小説に没頭し、自分もいつか恋愛結婚がしたいと夢見ていた。しかし武家の教育を受け、その慣習のもとに嫁いだ和には、恋愛という概念自体がなかった。

「好みの男性？　そうですね。信仰の話ができることが最低条件でしょうか」

和が馬鹿正直に答えると、雅がため息まじりに「信仰の話は桜井女学校の関係者でとどめておいた方がいいです。ほとんどの日本人にとってキリスト教はいまだに異教、いえ邪教なのですよ。そんなに信仰の話がしたければ、植村牧師のところへお行きなさい」と言う。

鹿鳴館時代が終わり、国粋主義的な風潮が高まるなかで、世間ではキリスト教に対する風当たりが増していた。医師たちの中には、和がクリスチャンだというだけで、毛嫌う者もいた。

それから日を置かずして、雅の心配が的中する出来事が起こる。外科の看病婦取締である和が、内科の看病婦のだらしない髪型を注意したところ、内科の医局に呼び出され、医師たちから「我内科看護《ママ》婦に、かれこれ言うは甚だ失敬なり、甚だ無礼なり」（『中外医事新報』一一七九号）と責められたのだ。内科の当直日誌には、こう記されている。

「本日、局員顔揃にて外科看病婦長（？）大関女を叱責詰問す。その訳は彼の女猥《みだ》りに、自己の意見を以て、内科の一看護《ママ》婦に命令的の勧告を為せしを以てなり」（同右）

　騒ぎを耳にして駆け付けた雅は、医師たちにではなく、あえて和に「内科の看病婦取締である私が注意すべきところを至らずに申し訳ありません」と頭を下げたのだが、医師たちは、看病婦を管理するのは自分たちだと主張する。彼らの多くが、一般の看病婦たちはもちろん、看病婦取締も医師の手足に過ぎないと考えていた。

　さらに二週間後、看護講習を担当するはずの瀬尾原始が教室に現れないため、和が医局に行き、手の空いている別の医師に代講を頼んだところ、不興を買ってしまう。当直日誌にはこうある。

「外科看病婦大関は大に弱り、本科に来りて度々歎願して曰《いわ》く、本日瀬尾氏は八時よりと通知ありたれども、今以て来たらず、看病婦どもは待ちくたびれ、誠に困ります。暫時《ざんじ》解剖学の復習でも（でもとは何事ぞ）御講義を願えたくとの懇願（人の来ぬ間の埋め合せとは難有千万なり）、許容すべきの限にあらざれば、その旨を諭すに、彼唯々《いい》として帰り去れり」（同右）

　この日誌を書いた医師は、和が困っているにもかかわらず、「でもとは何事ぞ」「人の来ぬ間の埋め合せとは難有千万なり」と言葉尻をとらえて臍《へそ》を曲げ、少しも和に協力しようとしない。すべての医師がこうだったとは限らないが、和はさぞ仕事がやりづらかったに違いない。この医師は以後、和を無視するようになる。

「求めよ、さらば与えられん」

第一医院では大勢の看病婦が働いていたが、仕事の絶対量が多いため、休憩時間の確保や交替がうまくいっていなかった。看護講習を受けながら働く、真面目でやる気のある看病婦ほど疲れがたまり、一人また一人と講習から抜けていった。

しかし武藤ミネだけは、どんなに疲れていても講習を休まなかった。再開を望んだのは自分であり、ここで講習を疎《おろそ》かにしたら、また中断されるのではないかと心配したのだ。結局、無理がたたり、仕事中に病棟の廊下で倒れてしまう。たまたま近くにいた和が介抱していると、日頃和を無視している医師が通りかかり、「イルリガートル一本、いくらすると思ってるんだ」とぼやいた。見ると、ミネが運んでいたイルリガートルが、ひび割れて廊下の隅に転がっていた。和は思わず「あなたはそれでも医師ですか」と声を上げた。医師は一瞬、驚いた顔をしたが、そのまま行ってしまった。

幸い、ミネはすぐに回復した。しかしミネに限らず、看護講習に参加している看病婦たちは一様に疲れていた。仕事の量はそのままで、講習に参加し、夜は予復習を行うとなれば、睡眠不足に陥るのは当然である。看病婦たちの疲弊は、看護の質の低下にもつながるため、この状況は看過できない。和は外科の医局へ待遇の改善を訴えたが、黙殺された。そこで、外科の責任者である教授の佐藤三吉宛てに、看護教育の充実と看病婦の待遇改善を訴える建議書を提出することにした。

　建議書を書くとき和の頭の片隅にあったのは、ナイチンゲールの「There is nothing against which I held out by the organization which has no progress.（進歩のない組織で持ちこたえたものはない）」という言葉である。巻紙に書かれた長文の達筆には、異様な迫力があふれていた。

「外科看病婦取締大関和　謹んで書を医科大学第一医院外科監督佐藤教授閣下に呈す　妾《わらわ》熟々《つらつら》惟《おもんみ》るに　近来看護婦養成ならびに病室改良　日に月に歩をすすめ　従って業務増加せり　故に人々各々己《おのれ》の本分をつくさんと欲せば　寸陰を惜しむも尚　足らざるものあり」と始め、真の看護婦が育つことは「妾の欣喜《きんき》に堪ざる所」だが、「看病婦現今の状態を察するに　身体羸瘦《るいそう》し活発の気力に乏しく　日常必須なる業務に堪ゆる能わずして　徒《いたずら》に病蓐《びょうじょく》に呻吟《しんぎん》する者鮮《すく》なしとせず　これ体質薄弱なるが為か　将《はた》労働多きに過ぎ安眠の定まらざる為か　抑々《そもそも》居住一室に閉鎖し外気を呼吸するの鮮なきに原因する為か」と問題点を指摘する。

　そして、こうした状況を改善するために、看病婦の人数を増やし、昼と夜の二交替制にして睡眠時間を確保すること、「社会の淳良なる空気を呼吸せしむる」ために、看病婦たちを婦人矯風会や婦人衛生会の集まりに参加させることを提案し、「嚮《さき》に閣下妾に命ずるに　看病婦を涵養薫陶《かんようくんとう》するの事を以てす　妾寝食を忘れ身命を擲《なげう》ち之に従事すと雖《いえど》も　猶隻手《せきしゅ》を以て黄河を遮るが如く」と自身の努力の限界を訴え、「一日も早く看護婦養成組織改正の断行あらん事を閣下の人徳　病院の光栄　何を以てか之に加えん　妄悃誠《こんせい》の至に堪ず　頓首再拝」(『東京婦人矯風会雑誌』第二九号)と結んだ。

ところが、医局の頭越しに行われたこの建議を医師たちは許さなかった。佐藤三吉は和の看護婦としての能力を高く買っていたものの、医師たちと反りの合わない和を看病婦取締に就けておくわけにはいかず、解任する。頭を下げれば、一看護婦として働き続けることができたのかもしれないが、和は第一医院を去ることにした。

失業した和に、「せっかく抜擢された大任を解かれるなんてもったいない。こんなことになるなら、あのまま鹿鳴館で働いていたらよかったのに。この先どうやって暮らしていくつもりなの。どうしてあなたはいつもうまくやれないのだろうね」と哲の嘆きはとどまるところを知らない。和自身、「いつもうまくやれない」という自覚はあった。看病婦たちの待遇改善を要望するにしても、もっとほかに方法があったのではないかと今更ながら悔やまれる。養うべき家族がいるのに、どうして自分の行動はこうも短絡的なのだろう。

母の繰り言を聞くのも辛く、和は俥に乗り、一番町教会へ向かった。正久は和からひととおり話を聞くと、「あなたが建議書を出したのは、誰のためですか?　己のためですか?」と問う。

「いいえ、違います。第一医院で働いている看病婦たち全員を思ってのことです」

「それなら、悔やむ必要はありません」

和が今後の生活への不安を口にすると、正久は「『人の生くるはパンのみに由るにあらず』『何を食い、何を飲み、何を著《き》んとて思い煩うな』ですよ」と聖書の言葉を次々と繰り出すのであった。

「それに、あなたに真に看護婦としての能力が備わっていて、本気で仕事を求めるなら、自ずと与えられるでしょう」

「求めよ、さらば与えられん」

「先に言われてしまいましたね。少しは落ち着きましたか。今日は〝泣キチン蛙〟は勘弁してくださいよ」

「でもしばらくの間は、天下の第一医院を解雇された看護婦など、どこも雇ってはくれないでしょう」

「あるいはそうかもしれません。しかしそれも神の思し召しです」

そのとき、教会の扉が開き、雅が入ってきた。

「ご自宅へ伺ったらお留守でしたので、こちらかと」

雅は和とともに一番町教会の日曜礼拝に何度も来ているので、すでに正久とは顔なじみである。

「マリア先生から、和さんの次の仕事について言付かってきました」

雅は、失業した和に職を斡旋してもらおうとマリア・トゥルーを訪ねたのであった。ちょうどこの頃、桜井女学校は新栄女学校と合併して「女子学院」となり、番町に新校舎を設立、楫子が初代院長となっていた。同校の系列校として、新潟県の高田と栃木県の宇都宮に、新たに女学校が開設されたと聞き、おそらく人手が必要に違いないと踏んだのである。

「高田の女学校で、舎監を探しているそうです。具体的な仕事は、寄宿舎の学生の監督と、伝道です。看護の仕事ではありませんが、伝道は心置きなくできますよ」

「高田」と聞いて和の頭に真っ先に浮かんだのは、また子どもたちと離れ離れの生活になってしまうということであった。雅もその点は気になっていた。

「単身での赴任になります。気が向かなかったら断ってください」

するると、和のために奔走したであろう雅を思った正久が「期限を決めて赴任したらどうでしょう」と提案する。「もしくは、東京で看護の仕事が見つかり次第、戻ってくればいいではないですか。それもこれも、神の思し召しですよ」と付け加えた。

第五章　越後高田「知命堂病院」

高田女学校

明治二三（一八九〇）年一一月。大関和《ちか》は正式に第一医院を退職し、高田女学校寄宿舎の舎監として赴任する。上野駅まで送ってくれた鈴木雅と桜川里以も、この三カ月後に第一医院を退職することになる。

これについてのちに和は、「私共の精神が当時の医局に容《い》れられず、空しく貴重の歳月を送らん事を悲し」（『婦人新報』第一四一号）んだためだと記している。

和が退職したあと、『報知新聞』に第一医院の看病婦の質が低いという投書が載ったので、和の懸念が間違っていなかったことがわかる。また、『東京婦人矯風会雑誌』に、看病婦取締が建議を行ったところ解雇されたという記事が掲載されていることから、世間が和に同情的だったことがうかがえる。こうしたことが影響したものか、第一医院は看護講習の梃入《てこい》れを図る。和の建議は無駄ではなかったのだ。

転職を決心した時点で、和の心はすでに高田へ飛んでいた。雅と正久は、くよくよと思い悩みながらも、一度吹っ切れると迷いなく進む和の性格をよく理解しており、だからこそ背中を押したのであった。

高田女学校は、大森隆碩《りゅうせき》ら教育熱心な地元の名士たちが、マリア・トゥルーに協力を要請し、設立した学校である。高田藩医の長男として誕生した隆碩は、一五歳から江戸で医学を学び、帰郷して眼科を開業。維新後は横浜へ出て宣教医たちに学び、この間にマリアの知遇を得た。高田女学校と同時に、私立高田訓矇《くんもう》学校（現高田盲学校）も設立している。

和は舎監として、高田女学校の寄宿舎で、約三〇人の女学生たちと生活をともにすることになった。桜井看護学校、そして実習生時代にも寄宿舎生活を送っていた和にとっては、あまり違和感のない生活である。一つだけ慣れないのは、冬の寒さであった。雪遊びをする地元の子どもたちを見ると、六郎と心にもこの雪景色を見せてやりたいと思う。仕事の合間を見つけては、二人のために綿入れを縫った。

年末、寄宿生たちの大半は自宅へ帰ったが、まだ赴任したばかりの和は帰京しなかった。雪がやんだので一人外出すると、高田の町は年の瀬の賑わいを見せていた。歩いているうちに和は、「存娼会　新年会のお知らせ」と書いた貼り紙を方々で目にする。「存娼会」とは、「廃娼運動」に対抗して「存娼運動」を行う組織のことで、遊郭が賑わうことによって利益を得られる貸座敷や飲食店の主人などから成っていた。

存娼会が活動しているということは、とりもなおさず、高田で廃娼運動が盛んであるということだ。和は、すぐに高田女学校を設立した大森隆碩を訪ねた。教育者でクリスチャンでもある隆碩ならば、廃娼運動に関わりがあるに違いないと考えたのだ。案の定、隆碩は地元の廃娼運動の主導的立場にあり、二月に「廃娼演説会」を開く予定だと教えてくれた。

「矢嶋先生のご薫陶を受けられた大関さんにご参加いただけたら、皆の士気も上がります。ぜひご登壇ください」

「いいえ、登壇だなんて。大勢の前でお話しするのは苦手です」

そうは言いつつも、何か自分にできることはないだろうかと和は思いを巡らせる。

廃娼演説会

明治二四（一八九一）年二月、高田の教会で廃娼演説会が開かれた。集まった数百人の聴衆のほとんどが、若い男性のクリスチャンであった。次々と弁士が登壇し、娼妓たちはまともに食事をさせてもらえない、病気になればボロ雑巾のように捨てられる、ひどい暴力をふるう客がいる、借金は増え続ける仕組みになっており、いつまで経っても自由になれないといった問題点を挙げていった。

和は、高田女学校の学生八人とともに、会場の後ろの方の席に陣取っていた。寄宿舎を出ようとしたとき、休日で時間を持て余していた学生たちが我も我もとついてきてしまったのだ。それならばと、和は演説会が始まる前に、大森隆碩にある提案をした。隆碩は「それは名案です。お集まりの皆さんも喜ばれるでしょう」と二つ返事で受け入れてくれた。

演説を聞きながら和は、綾とマツが置かれているであろう状況を想像し、耳を覆いたくなる。すると突然、教会のドアが蹴破られ、一〇人ほどの男たちが乱入してきた。和は驚いて学生たちに長椅子の下に隠れるようにうながし、自分は首を伸ばして成り行きを見守る。

彼らは「存娼会」に雇われた暴徒であった。大仰に歩きまわりながら、「きれいごとを言うのはやめろ！」「廃娼なんかしたら、たちまちこの町の商いが立ち行かなくなるぞ！」「家族のために娘が身売りするのは、美しい話だ！　廃娼したら、誰がどうやって貧しい家族を養うんだ！」などと大声で叫ぶ。

「あんたらの女房や娘たちの身を守るためにも、遊郭は必要だろう」と叫んだ男が和を見つけ、女がいることに意外な顔をしつつ「女子《おなご》の身で自由に町を歩けるのも、女郎たちがいるおかげだ。感謝せんと」とにやりと笑う。

すぐに若い聴衆たちが力ずくで暴徒たちを会場から追い出し、何事もなかったかのように演説会が再開された。どうやら廃娼演説会が妨害されるのは毎度のことで、聴衆たちも慣れているようだ。

次に登壇した弁士は、「存娼論者は、公娼を廃すと売淫が市中に蔓延し、私生児が増えると言いますが、そのような事実はないのであります。日本全国で私生児の割合は生児百に対し六半ですが、大阪など遊郭の盛んなところは、百に二〇の私生児がある。東京、長崎、名古屋も全国の平均数をはるかに超越しております」と数字を挙げて存娼論を否定した。また別の弁士は、「遊郭は独身者のために必要だと言いますが、通う男の多くが既婚者でありま す。一度苦界に身を沈めた女の末路はまったく悲惨なものです。未婚の少女に売淫をなさしむるは、実に少女生涯の幸福を奪うものです」と訴えた。

すべての弁士の演説が終わると、主催者席にいる大森隆碩が目で合図を送ってきた。和は八人の学生たちと席を立ち、一列になって長椅子の間の通路を前方へと進む。何が始まるのだろうという聴衆たちの期待の視線を浴び、緊張でうつむきたくなる学生たちだが、演説会が始まる前に和から「お女郎さんたちも私たちも、同じ女性です。姉妹たちのためにできることをやるのです。まず何といっても、堂々としていることが大事です」と言い聞かされていたので、胸を張って登壇する。

和は礼拝のときに使われているオルガンの前に座り、鍵盤に両手を置くと、壇上の学生たちに目を遣ってから、前奏を弾きはじめた。横一列に並んだ八人の学生たちが和の伴奏に合わせ、クリスチャンであれば誰もが知っている『さあ、共に生きよう』という讃美歌を合唱する。その歌詞は廃娼演説会の場において、遊郭の中と外に隔てられた娼妓と自分たちが、ともに手を取り合って廃娼に取り組んでいこうと響いた。心が込められた美しい歌声に涙ぐむ聴衆もいた。

和は合唱のあと、聴衆たちに「次回から、奥様やお嬢さんたちもお誘いください」と呼びかけるつもりであった。しかし、暴徒たちの乱入を目の当たりにし、危険な場所へ女性たちを誘うことはできないと考え、やめた。もう二度と学生たちを連れてくるつもりはない。大事な学生たちが怪我でもしたらたいへんだ。

帰り道、和は学生たちに詫びた。

「今日は恐ろしい目に遭わせてしまって、悪かったわ。帰ったら校長に報告して、何らかの罰を受けようと思います。謹慎か減俸か……」

言い終わらないうちに学生たちが、「先生、私らとても楽しかったです」「おっかなかったども、これも社会勉強だ」「廃娼運動について、ほとんど知りませんでしたが、誰もが目をそらしてはならねぇ問題だと気がつきました」「私らの合唱を大勢の人たちが真剣に聴いて下さって、すごく感激しました」と我先にと感想を述べた。

「みんな、ありがとう。私も今日は歌の力を再確認しました。でも、今後もあなたたちを巻き込むと、私がここにいられなくなってしまいます」

和はもう二度と職を失いたくなかった。

この日の顚末を校長の栗原トヨ子に報告すると、危険な場所に学生を連れて行った軽率さについて、厳重注意を受けた。しかし、廃娼運動に関わること自体はクリスチャンとして正しい行いであると認めてもらえた。そして、学生たちとともに慈善音楽会を開き、募金で廃娼運動を支援することを勧められる。

トヨ子の提案を伝えられた学生たちは、目を輝かせた。その後、当初の八人のほかに、数十人の学生たちが加わり、近隣の教会などで何度も音楽会を開催することになる。廃娼運動に関心のない人々も、合唱の評判を聞いて集まり、募金に応じてくれるのであった。

初めて廃娼演説会に参加してからひと月後、和は一人で演説会に足を運んだ。すると驚いたことに、一割ほどが女性の聴衆であった。讃美歌の合唱の評判を知り、自分たちも歌うことで運動に貢献したいと考えた町の女性たちであった。彼女たちは自作の『廃娼唱歌』を披露する。以後の演説会では、参加者全員で『廃娼唱歌』を高らかに歌い上げてから閉会することが慣例となる。

廃娼運動に関わる女性が増えることは和にとってうれしいことであったが、例によって娼妓を「醜婦」「淫婦」などと呼び、「公娼制度がこうした低俗な女を生む」という考えから廃娼を唱える者も少なくなかった。和は、綾やマツが低俗だと言われているようで耐えがたく、一緒に活動しながらも孤立感を深めた。こんなときは東京の雅に手紙を書くに限る。雅は桜川里以とともに、二月に第一医院を退職していた。その後、どうしているかも気になるところだ。

雅からの返事には、廃娼運動には「同じ女性として寄り添うべき」で、「そうでなければそれは偽善です」「制度のみならず、娼妓も悪だという考えに立つと、廃業後の娼妓の就職問題が解決しません」など、和が迷い、確かめたかった言葉が並んでいた。そして、廃娼についての和の考えを『女学雑誌』に投稿してみたらどうかと勧めてくれた。

雅は自身の近況について、近々マリア・トゥルーが看護学校再開の資金を募るためアメリカへ渡るので、同行すると書いていた。以前からアメリカで最先端の看護を学びたいと考えていたので、この機会に思い切って留学を決めたという。雅の娘みつも息子良一も、学校の寄宿舎へ入っているので問題ないだろう。みつも心と同じく、桜井女学校から発展した女子学院で学んでいる。

雅に留学の夢があったとは初耳だったが、あの英語力が真に発揮されることがうれしい。出立すると少なくとも一年は帰らないだろう。寂しい気もするが、すでに高田と東京で離れ離れだ。それに、最近は月日が経つのがとても早く感じられる。一年や二年はあっという間に過ぎ去ってしまうに違いない。

手紙の最後は、二週間に一度は和の実家へ行き、哲と六郎、心に会っている、皆元気に過ごしていると結んであった。こちらから聞かずとも、最も気がかりなことを書いてくれる雅がありがたい。

木下尚江との出会い

高田へ赴任して五カ月が経った四月のある日、和を訪ねてきた人物がいた。疥癬で第一医院に入院し、和の世話になった相馬愛蔵である。東京専門学校在学中に洗礼を受けクリスチャンとなった愛蔵は、卒業後、一年ほど北海道へ渡ったあと、安曇野へ帰り、養蚕の研究をしながら伝道活動を行っていた。和が第一医院を辞め、高田女学校へ赴任したと知り、あらためて入院中の礼を言うため、訪ねてきたのである。

入院中は弱々しく、小声で「すみません」と繰り返していた愛蔵は、見違えるほどたくましくなっていた。和は再会を喜ぶ。二人は高田城址を散策しながら、クリスチャンとしてどう生きるべきか語り合った。その後、愛蔵は廃娼運動や貧民救済活動に身を投じるのだが、和の影響もあったのではないだろうか。

愛蔵と再会してから間もなく、高田で開かれた廃娼演説会の帰途、和は「大関和さんではありませんか」と声をかけられる。ふり返ると、袴をつけた背の高い男が笑顔で立っている。ついさきほど弁士として登壇し、よく通る声で、「公娼制度は人身売買制度である！」と檄《げき》を飛ばし、拍手喝采を浴びていた男であった。

「やっとお会いできました」とうれしそうに近づいてくるが、和は身に覚えがないので戸惑う。

「僕は相馬愛蔵君の友人で、木下尚江《なおえ》と言います。ずっとあなたに会いたいと思っていました」

木下尚江は、明治から昭和にかけて活躍する社会運動家である。愛蔵と同じ松本中学の出身で、東京専門学校の先輩でもあった。卒業後は松本で地元紙の記者となるが、政治的主張が読者の反感を買い退社。和と出会った頃は、弁護士になるための勉強をしながら、廃娼運動に関わるようになっていた。彼は愛蔵に会うたび、「当代信頼すべき婦人」（『穂高高原』）として和について聞かされていたため、この機会を逃すまじと和を探していたのだ。

尚江は「少しお話ししませんか」と和を近くの茶屋へ誘う。二〇歳を過ぎたばかりの尚江は、ひとまわり年上の和に臆するところがない。和は、尚江が愛蔵の知り合いであるということ、ついさきほど立派な弁舌を振るった人物であるということで気を許し、小一時間ほどつき合う。そして、「同じ運動に関わる同志として文を交換しませんか」という尚江の申し出を受けた。茶屋の前で別れ、去っていく和の後ろ姿を尚江はいつまでも見つめていた。

同じ日、大きな行李鞄《こうりかばん》を抱えた洋装の女性が横浜駅に降り立った。鈴木雅である。マリア・トゥルーとともに横浜港からアメリカへ向けて出立するのは翌早朝であるため、一日早くやってきたのだ。この日、雅は港近くの旅館に泊まる予定である。行李鞄が重いので、旅館まで俥を使おうと駅舎の前であたりを見まわしているとき、全身に大きな衝撃を受け、目の前が真っ暗になった。

瀬尾原始との再会

高田で迎えた初めての夏を和は廃娼運動に費やした。子どもたちのことが気になり、一度帰京したかったが、高田女学校には、夏休みも自宅へ帰らず寮で過ごす学生もいるため、置いていくわけにはいかなかった。帰京は年末と決め、演説会へ出かけたり、『女学雑誌』や婦人矯風会が発行する『婦人新報』に廃娼を訴える原稿を書いたりして過ごした。

そして夏が終わる頃、雑誌記事で慈恵医院の看護婦取締、松浦里子が亡くなったことを知る。三年前、雅、里以とともに医院を訪ねたときの神々しいような制服姿が脳裏によみがえる。あの方は本物の天使になってしまったのだ。この悲しい報を雅と里以は知っているだろうか。第一医院を退職したあと麻布の聖慈病院に就職した里以はおそらく知っている。便りの途絶えている雅は、すでにアメリカへ発っていて知らないだろう。里以も雅も里子の教えを活かし、片や看護婦として活躍、片や看護学を深めるため留学している。自分だけが取り残されているようで不甲斐ない。

一〇月。濃尾地方を中心に大地震が発生し、全壊・焼失家屋一四万戸以上、死者数七二〇〇人に及ぶ甚大な被害をもたらした。日赤や慈恵看護婦教育所、京都看病婦学校などで学んだトレインド・ナースたちが、一斉に怪我人や病人の救護に向かう。和もその一員に加わり、一人でも多くの患者を救いたかったが、舎監の仕事を放りだして駆けつけるわけにはいかなかった。多感な時期の女学生たちと生活をともにし、信仰を深める仕事にもやり甲斐は感じていたが、看護の仕事に対する渇望が常にある。すでに高田へ来て一年が経とうとしていた。

和は、毎月給料を受け取ると郵便局へ行き、子どもたちへの手紙とともに、為替で実家へ送っている。この日も徒歩で高田の町の郵便局へ向かっていると、思いもかけない人物に会った。第一医院でともに働いた医師の瀬尾《せのお》原始である。同院を退職する頃には、和に冷たくあたる医師も少なくなかったが、元来温厚な性格の原始は、最後まで態度を変えず接してくれた。

「瀬尾先生。どうして高田に?」と驚く和に、原始は「ここが私の実家なんです」と目の前の新築の洋館を指さす。

原始によれば、ここで「知命堂」という医院を開業していた父親が引退し、自分が跡を継ぐことになったのだという。言われてみれば、和が高田へ来たばかりの頃、ここには平屋の医院があった。舎監として赴任したにもかかわらず、この医院で看護婦として働けないだろうかという思いが、ふとよぎったことを覚えている。その後、医院は解体され、新築工事が始まったのであった。完成したばかりの洋館の門柱には、欅《けやき》の一枚板に「知命堂病院」と墨書きされた立派な看板が掛かっている。

原始は和を洋館の中に招き入れた。そこにはすでに最新の医療設備が整えられていた。原始が教鞭を取ったことのある第三高等中学校医学部（現岡山大学医学部）の卒業生など、全国から一流の医師たちが赴任することも決まっているという。

「看護婦はこれから地元で募集をする予定です。大関さん。ここでお会いしたのも何かの縁です。この病院の看護婦長になっていただけませんか。あなたが来てくれれば、鬼に金棒です」

思いもかけない言葉に和は目を見張る。

「実は、いずれここに看護婦養成所も作りたいと思っています。私は第一医院であなた方の働きを見ていて、これからの時代、専門的な教育を受けた看護婦が絶対に必要だと確信しました。だから、この北越でも看護婦を育てたいのです。あなたなら養成所の教員もできる」

医師たちとうまくいかず、第一医院を退職せざるをえなかったが、原始はトレインド・ナースを評価してくれていたのだ。和の中に感激と、もう一度看護婦として働きたいという気持ちがあふれる。しかし自分には、高田女学校の舎監の仕事がある。

「瀬尾先生、ありがとうございます。でも、私にはもったいないお話です」

深く頭を下げてから、辞去しようとする和の背中に、原始が「ぜひ考えてみてください。よいお返事をお待ちしています」と快活な声をかける。

和はふり返って再び頭を下げると、努めて平静に郵便局へ向かった。しかし、用事を済ませるや俥を拾い、高田女学校へ急ぐ。小走りで校長室へ直行すると、何事かと驚く栗原トヨ子に、一身上の都合により退職したいと深々と頭を下げた。舎監の仕事を斡旋してくれたマリア・トゥルーや雅の顔が浮かんだが、看護婦として働く機会を逸したくないという思いの方が勝った。

トヨ子は、和が拍子抜けするほどあっさりと退職を認めてくれた。実は、マリアが舎監の仕事を斡旋した時点で、和が急な転職をする可能性をトヨ子に伝えていたのである。マリアは和の後継者もすみやかに決め、派遣してくれた。和の看護婦としての能力を誰よりも高く買っていたのが、マリアであった。

そんなことは露知らず、和は相談もせずに転職を決めたことを詫びる手紙をマリアに送った。雅はすでにアメリカへ発っているだろうから、帰国してから詫びよう。ふと植村正久の顔がよぎる。「それもこれも、神の思し召しですよ」という声が聞こえてくるようだ。

一つ気がかりなのが子どもたちのことである。知命堂病院に職を得たということは、離れて暮らす期間が、無期限で延長になったということだ。この際、思い切って子どもたちを高田へ呼び寄せてしまおうか。しかし、以前雅が送ってくれた手紙によれば、真面目かつ天真爛漫な性格の心には、女子学院の厳しい学習指導と自由な校風がとても合っているようだ。成績もよく、友達も多いらしい。一四歳になった六郎の将来の夢は医師になることで、第一高等中学校を目指して勉強しているという。子どもたちにとっては、このまま東京で学ぶことが最善に違いない。

心の夢

明治二四（一八九一）年一一月二九日。新潟県中頸城《なかくびき》郡高田町四ノ辻に新設された知命堂病院で開院式が行われ、和も挨拶に立った。今に伝わる和の祝辞の最後は、「当北越に尽くさんことを不肖を顧みず喜びの余り聊《いささ》か蕪辞《ぶじ》を述べて祝意の誌となしぬ」（『知命堂病院付属産婆看護婦養成所史』）と結ばれている。また、『新潟新聞』（現新潟日報）に掲載された開院の広告には、院長瀬尾原始以下、内科、外科、産婦人科、眼科の錚々たる医師たちとともに、看護婦長の和も紹介されている。専門職としての看護婦の存在がまだ浸透していなかった時代、こうして紹介されることは珍しかった。

年末、和は帰京する。一年と少しの間見ないうちに、一四歳になった六郎は和の身長を追い越し、肩幅も広くなっていた。第一医院に勤めていた頃は、週末に帰宅すると飛びついて喜んでくれたのに、土産の笹団子を手渡しても、素っ気ない。一方、一一歳の心は相変わらず甘えてくる。和がこの先もしばらく高田で暮らすことを告げると、涙を浮かべた。見かねた哲が、「さあ、心さん。お母様にパンベルジュを作ってあげるのでしょう。こちらへいらっしゃい」と台所へ誘う。

一生懸命にパン・ペルデュを作る心を見つめながら、和は東京で看護婦の仕事を見つけることはできないだろうかと考える。しかし、自分は知命堂病院の看護婦長になったばかりだ。少なくとも数年は腰を据えて、地域の役に立ちたい。

台所から甘い匂いが漂ってきた。心がパン・ペルデュを載せた皿を恭《うやうや》しく運んできたので、和も恭しく食す。すると、自然と笑みがこぼれた。

「心。これは絶品です。お世辞ではありませんよ」

心はうれしそうに「何度も練習しました」と言うと、すぐにあらたまった様子で、「お母様。心も将来、看護婦になりたいのです」と続けた。

和は戸惑った。自分もまだ看護婦として一人前とは言えず、心に勧めてよいものかわからない。しかし、自分と同じ職業に就きたいと言ってくれることは素直にうれしい。そばで二人を見守る哲が小さくうなずいている。どうやら心はこの話がしたくて、和の帰京を待ちわびていたようだ。

和が返事をする間もなく、「心はこの前『女学雑誌』で、お母様のことを『まるでナイチンゲールのようだ』と書いている記事を読みました。すると、ちょうどカルクスという人が書いた『フロレンス・ナイチンゲール』という本が学校の図書室に入ったのです。面白くて夢中で読みました。そして、心も看護婦になると決めたのです」と頬を紅潮させながら一気に語る。

「私など、ナイチンゲールの足元にも及びませんよ」と和も頬を赤くする。「私はその本は読んでいませんが、桜井看護学校でナイチンゲールが書いた『Notes on Nursing』を同級生たちと翻訳しました。とても学びの多い本でした」

「図書室に、お母様たちが翻訳した『Notes on Nursing』がありますよ。たしか『看護覚え書』」

「そうです、その本です」

峯尾纓を中心に、雅や梅、里以らとああでもないこうでもないと翻訳した頃が懐かしい。

「お母様。心は桜井女学校を卒業したあと、どうすれば看護婦になれますか」

和としては桜井看護学校を勧めたいところだが、残念ながらアメリカの伝道協会の意向で、自分たちの卒業と同時に閉鎖されてしまった。

「愛宕にある慈恵看護婦教育所に入学したらどうでしょう。大山捨松様が資金を集めて設立した立派な学校です」

教師をしていた松浦里子は亡くなってしまったが、彼女の精神は受け継がれているはずだ。

「心さんのお母様も資金集めの慈善市に協力したのですよ。そこで捨松様に出会い、鹿鳴館で働くようになったのです」

哲がすかさず説明を加えるが、心はすでにその話を何度も聞かされている。哲はいまだに和が鹿鳴館で働いていたことを誇りに思っているのだ。

「はい。心も慈恵がよいと思っていました。慈恵出身の看護婦は一流だと言われています」

「おかげで看護婦に対する評判も、ひと昔前とはずいぶん変わりましたよ」

哲がしみじみと言う。

それは和も耳にしていた。慈恵医院は、捨松ら政府高官の妻たちの後援を受けていることから、上流家庭へ看護婦を派出することが多かった。そのため、看護婦教育所では行儀作法も厳しく訓練された。話をするときは「恐れ入ります」に始まり、「恐れ入ります」で終わるように指導され、やがてこれは「慈恵ことば」と呼ばれるようになる。卒業生は引く手あまたで、十分な報酬を得られるだけでなく、外交官や貿易商の「ホームナース」として海外へ渡り、留学の機会に恵まれることもあった。

自分には望むべくもないが、心が慈恵を経て世間から一目置かれるような一流の看護婦になれるのなら、それに越したことはない。母親としてぜひとも応援したい。

「桜井女学校を卒業したら、慈恵看護婦教育所に入りなさい。そして一生懸命勉強して、雅さんのような誰からも頼りにされる看護婦におなりなさい」

「はい。心は、お雅ちゃんのように誰からも頼りにされ、お母様のように患者さんのためなら骨身を惜しまない看護婦になりたいです。お雅ちゃんがいつも『和さんほど患者さんに親身になれる看護婦はいない』と褒めています」

雅には、いつも余計なことをやりすぎだと諫《いさ》められていたが、物は言いようである。

「雅さんは元気にしているかしらね」

「一〇日ほど前にお雅ちゃんが遊びに来たときに、もうすぐお母様が帰京すると伝えました」

「雅さんが一〇日前に来たのですか？」

和は驚いた。てっきり雅はアメリカにいるとばかり思っていた。

「雅さんは先月、本郷森川町に『慈善看護婦会』という名前の派出看護婦会を設立したのですよ」

哲がのんびりと言う。

「派出看護婦会？　看護婦を派出する会でしょうか。本郷森川町のどこですか？」

立ち上がり、今にも出かけようとする和を哲が止める。

「もう夕方ですよ。あなたが帰ってきたら、所在地を伝えるよう雅さんから言付かっています。明日、お行きなさい」

哲は貴重品を入れている小ぶりの抽斗《ひきだし》から小さな紙切れを出して和に渡す。そこには雅の文字で「本郷森川町一番地一九〇号　慈善看護婦会」と書いてあった。

「慈善、看護婦会」

和があえて区切りを入れて読む。

「それが振るっていて、貧しい人たちを無償で看護する方針だそうです」

「慈恵医院のように、大病院が家庭へ看護婦を派出することはありますが、派出だけを目的とする会なんて、これまで聞いたことがありません。しかも無償で？　看護婦たちの給金はどこから出るのですか」

「さあ、わかりません」

夜、六郎と心が床に就いたあと、和は哲と炬燵《こたつ》で向かい合う。

「雅さんたら、アメリカへ行かなかったことや派出看護婦会を作ったことをどうして私に伝えてくれなかったのでしょう」

憮然とする和に、哲が取りなすように「雅さんが連絡する間も惜しんで派出看護婦会を作ったのは、あなたのためでもあるのですよ。あなたが高田へ発ったあと、心がとても寂しそうでね。雅さんは、遠方の仕事を紹介したことに責任を感じたのでしょう。留学をとりやめたあとすぐに派出看護婦会の設立に奔走していましたよ」と言う。

「それを早く言ってくれたら……」

和はその先の言葉を呑み込む。自分を知命堂病院の看護婦長に抜擢してくれた瀬尾原始に申し訳ない。

「雅さんのことだから、準備が整ってから連絡しようと考えていたのでしょう。でも準備が整う直前に、あなたの新しい仕事が決まったのです」

「慈善看護婦会」の発会と知命堂病院の開院は、ほぼ同時であった。知命堂病院で働くことはそのひと月前には決まっていたが、和は雅がアメリカにいると思っていたので、連絡しなかったのだ。

「それにしても、なぜ雅さんはアメリカ留学を取りやめたのでしょう」

「私も驚いたのですよ。ご出立の三日後くらいだったかしら。今頃は洋上にいらっしゃるだろうと思っていたら、桜川里以さんとおっしゃる方が訪ねていらして、『鈴木雅さんがこちらにお出《い》でではありませんか』と。出航当日、雅さんが港に現れず、それっきり行方不明で、皆さんで探しているとおっしゃるの」

里以と哲に面識はないが、里以は雅が時々ここへ来ることを知っていたのだろう。

「それで、雅さんはいったいどこで何をしていたのですか？」

「横浜で天然痘の患者の看護をしていたそうですよ。二週間くらい着の身着のままで」

にわかには信じがたい話であったが、留学よりも目の前の患者を優先するとは、いかにも雅らしいと和は思った。

鈴木雅、天然痘と戦う

あの日、翌日の乗船に備えて横浜駅に降り立った雅は、駅前で人力車に撥《は》ねられ、脳震盪《のうしんとう》を起こして倒れ込んだ。俥に乗っていたのは、外国人居留地で診療所を開いているアメリカ人医師ウィリアム・ブレイズであった。彼が介抱すると幸いにも雅はすぐに意識を取り戻した。

急いでいたウィリアムは、片言の日本語で雅に謝罪し、自分の名前と診療所の場所を告げると、すぐにまた俥に乗り込んだ。去り際、もう一度雅に謝りたかった彼は、車上からふり返り、「本当にすまない。天然痘が発生し、一刻を争うんだ」と叫んだ。もとより英語が通じるとは思っていなかったのだが、雅は聞き逃さなかった。すぐに立ち上がると、やってきた空の俥に乗り込み、ウィリアムが乗る俥を追う。

彼は、粗末な小屋が軒を連ねる貧民窟の手前で俥を降りた。雅が追ってきたことに気がつくと驚いたが、流暢な英語で「私はトレインド・ナースです。種痘も済ませているので看護を手伝わせてください」と説明され、承知する。

ウィリアムは、日頃から診療所で日本人の患者も診ていた。ここ数日、高熱や頭痛を訴える日本人が訪れるようになり、様子を見ていたところ、一旦症状が治まったかに見えた患者の顔や手足に、無数の発疹が現れる。天然痘の症状だと確信したウィリアムは、まず患者を隔離した。幸いにも開港地横浜には、伝染病にも対応できる大きな病院がいくつかあった。患者からの聞き取りで、この貧民窟でも患者が発生していることを知り、病院の医師たちに協力要請を行ってから、ひと足先に消毒液や薬品、シーツなどを持って治療に向かう途中、駅前で雅を撥ねたのである。

天然痘は、人類史上初のワクチンである「痘苗《とうびょう》」の接種、すなわち「種痘《しゅとう》」により、現代では根絶した病だが、かつては最も恐れられた伝染病の一つであった。感染力が非常に高く、強毒性の場合、致死率は五割とも言われた。明治政府は種痘の普及に力を入れていたものの、十分とは言えず、接種率の低い地域では感染が拡大してしまうことがあった。有効な治療法はなく、未接種者への種痘が急がれた。

ウィリアムと雅は、まず患者の隔離に取り掛かる。空き家があったので、そこを病院へ搬送するまでの一時的な隔離所とした。近隣の男たちの手を借りて患者が横たわる筵《むしろ》の両端を持ち、慎重に運ぶ。

患者たちの寝床は普段から薄い筵一枚で、病気になっても何も変わらない。この衛生環境では、一旦伝染病患者が出たら最後、感染が拡大するのは無理もないと雅は思う。真に必要な看護は、病院の外にあるのかもしれない。ナイチンゲールが『看護覚え書』において、衛生環境の重要性をこれでもかと説いていた理由が、今ならよくわかる。

患者の隔離を終えた頃、ウィリアムの要請に応え、大病院の医師と看護婦らが馬車で痘苗を運んできてくれた。まずは感染が疑われる住民から接種していく。その間も発熱や喉の激痛を訴える患者が次々と現れ、顔に発疹が浮き出てきた患者もいた。彼らがほとんど騒がず、諦めの境地にいるように見えることが雅には辛い。貧困は、抗う気力まで奪ってしまうのだろうか。

ウィリアムを手伝いながら雅は、この修羅場を放り出してアメリカへは発てないと考える。患者は増える一方なので、医療者は一人でも多い方がいい。それに、種痘を受けているとはいえ、患者たちと濃厚に接触してしまった以上、絶対に感染していないとは言えない。感染が疑われる状態で、船に乗るわけにはいかない。

雅は大病院へ戻ろうとする馬車の御者に、女子学院にいるマリア・トゥルーへ電報を打つように頼み、横浜で伝染病患者の看護にあたるため明日出立できない旨を記した文面と電報代金、手間賃を渡した。しかし了承したはずの御者は頼まれた仕事をしなかったようだ。結果、雅は行方不明とされてしまったのである。

結局、雅は二週間貧民窟にとどまり、患者の看護と種痘に明け暮れたが、感染拡大を抑えることはできなかった。このときの天然痘発生により種痘を受けた横浜市民は一万一六〇一人。年末までに患者四三六人、死者一一七人を数えた。

日本初の派出看護婦会

母哲から、雅が留学を取りやめた経緯をひととおり伝え聞いた翌朝、和は身支度を整えると早速、本郷森川町へ俥を走らせた。雅の「慈善看護婦会」は、かつての勤務先、第一医院の真向かいにあった。

平屋の住宅の玄関に簡素な看板が掛けられている。和が「ごめんください」と引き戸を開けると、中は洋風に改装されており、板張りの廊下にいくつかのドアが面していた。一番手前の「事務室」という札が掛けられたドアが開け放たれており、雅の声が聞こえる。中をのぞくと、事務机が二つと応接用のテーブルとソファ、食器棚と書類棚が並ぶ一〇畳ほどの部屋の奥で、雅が四人の女たちに何やら指示を出しているところであった。四人とも看護婦なのであろう。洋装にそろいの白い帽子と胸当てのある白いエプロンをつけている。

「和さん。よくいらっしゃいました」

雅は軽く微笑むと、看護婦たちに「皆さん、大関和さんですよ」と伝える。すると背を向けていた彼女たちが一斉に和をふり返り、歓声を上げた。その顔ぶれを見て、和は驚く。第一医院で看病婦取締をしていた頃、看護講習を受けていた若い看護婦たちであった。武藤ミネもいる。

「では皆さん、今日もよろしくお願いします」

雅にうながされ、看護婦たちは鞄を抱えて出かけていく。ミネが名残惜しそうに和をふり返るので、「また来ます。そのときゆっくりお話ししましょう」と笑顔で送り出す。

「盛況ですね」

「いいえ。まだ派出の依頼がほとんどなくて、手ぬぐいを配って挨拶まわりをしているところです」

看護婦たちの鞄の中身は、チラシと手ぬぐいであった。雅自身も大病院の医師たちを訪ね歩き、このまったく新しい事業について説明し、看護婦の派出を乞うた。第一医院の医師の中には、「鈴木が看護婦の桂庵（引用者注・仲介業）の様なものを創設したそうな。然しそれが実行されるのは、恐らく三十年の後だろう」（『職業婦人調査』）と嘲笑する者もいた。

雅と二人きりになると和は、「留学を取りやめた顚末を母から聞きましたよ。私にも連絡くださったらよかったのに」と不満げに言う。

「和さんには手紙ではなく、会って直接お話ししたかったのです」

そのひと言で、昨日からの悶々とした気分が晴れる。雅は和に、ソファに座るようながすと、自分は立ったまま語り始めた。

「第一医院のような大きな病院で働く看護婦も必要ですが、私は、看護婦が主体的に働けるような職場を作りたかったのです。ここの看護婦たちは、病院にかかることのできない患者さんたちのところへ出向き、必要とあらば、医師へとつなぎます。でも、立ち位置はあくまで患者さんの側です」

和は大きくうなずく。医療現場の主役はあくまで患者である。患者のために主体的に働けるというのは、まさに和が理想とする看護であった。

「夫の遺産や恩給を当てれば、すぐにでも事業を始めることは可能でしたが、なにしろ前例がないので、決心がつかずにいました。そうこうするうちに、アメリカ留学の話がまとまって。伝道協会からも留学費用が出ることになっていたのですが、やはりお金はかかりますから、留学したら派出看護婦会は設立できません。かなり悩んで留学を選んだのですが、出航直前に横浜の貧民窟の惨状を目の当たりにし、自分が本当にやりたいことは慈善看護だと確信しました」

和は、桜井看護学校に入る前、マリアたちと訪れた横浜の貧民窟を思い出しながら、黙ってうなずく。それにしても、そんなに悩んでいたのなら、手紙で相談してくれたらよかったのにと思う。自分が雅を頼りにしているほど、雅は自分のことを頼りにはしていないのだろうか。

「すでに慈恵医院が看護婦の派出を行っていますが、あちらは裕福なご家庭を対象にしています。こちらは、看護料を支払えないご家庭へは無償で派出をします。むしろそれを主眼にしています。ですから『慈善看護婦会』と名付けました」

「無償で派出するのでは、事業が成り立たないのではありませんか。看護婦たちにはどうやって報酬を支払うのですか」

「実は、ここで働いている看護婦たちは皆、第二医院の看護婦たちなのです。さきほどの四人もそうですが、ほかに六人います。慈善看護をやりたいという私の趣旨に賛同してくださって、それぞれ仕事が休みの日に交替で来てくれています。出勤日数にもよりますが、月給三円程度しかお支払いできていません」

第二医院は、第一医院と同じく帝国大学医科大学の附属病院で、神田和泉町にあった。慈恵医院の派出看護婦たちの月給は二五円なので、三円では手弁当も同然だが、それでも協力してくれる若い看護婦が一〇人もいることに和は胸が熱くなる。

「いつまでも月給三円というわけにはいきませんから、裕福なご家庭から少し高めの報酬をいただこうと思っています」

そう言って雅は看護婦の等級ごとに異なる料金表を見せてくれた。「一等一日七十銭」とあるが、慈恵医院の派出看護料は「甲種一日一円」なので、特に高いとは思えない。むしろ良心的な料金だと和は感じる。

「高くても、それに見合う看護を行えば患者さんにもご納得いただけるはずです。そうして採算を取っていこうと考えています」

「さきほどの看護婦たちの顔ぶれなら、十分可能ですよ」

病院勤務の看護婦と異なり、派出看護婦は一人で患者の状態を見極め、処置しなければならないため、経験と多岐にわたる高度な技術が求められる。その点、若いながらも第二医院で日々研鑽を積み、向上心のある彼女たちなら十分耐えうるだろうと和は思う。

「私もそう信じています」

「医師の処置が必要な場合は、第二医院へつなぐのですか」

「第一医院と第二医院のどちらへも搬送できるように、先方へもお願いしてあります」

「それなら安心ですね」

言いながら和は、室内を見渡す。

「それにしても、開業資金は相当かかったのではありませんか」

「ええ。ここの家賃はもちろん、聴診器や蒸気吸入器といった医療機器が予想外に高く、夫の遺産をすべて注ぎ込んでしまいました。ですから失敗するわけにはいきません」

いつになく熱く語る様子から、雅の覚悟のほどが伝わってくる。本当にやりたいことがやれるという喜びも垣間見え、和は自分のことのようにうれしい。ふと、昨夜の哲の言葉を思い出す。口幅ったいが聞かずにはいられない。

「母が、雅さんが派出看護婦会を設立したのは、私に仕事を作るためでもあったと言っていたのですが、本当ですか」

おずおずと口にすると、雅が「違いますよ」と即答したので、和は哲の見当違いが恨めしい。しかし、「慈善看護婦会」の行く末を考えると、哲の言葉はあながち見当違いとは言えないのだ。

いずれにしても、雅による「慈善看護婦会」の設立は、日本の看護史上特筆すべき出来事であった。『明治医事往来』の著者、立川昭二はこう書いている。

「数少い職業看護婦が金持階級に独占され、庶民階級にとって看護婦が高嶺の花ともいうべき存在であったことに義憤を抱き、広く庶民にも看護婦を派遣しようという目的のもとに、日本最初の派出看護婦会を創設したのが鈴木まさであった」

同会は前例がないにもかかわらず、「派出看護婦を病者看護の外他の雑用に使役することを堅く謝絶す」「重症の患者にして連夜看護を為すときは一昼夜内に少なくも六時間以上病室を離れ休息せしむる事」といった会則が整っていた。

戦後、昭和二六（一九五二）年に、労働省婦人少年局が一〇県、四八の派出看護婦会に所属する六三二人の派出看護婦を対象とした実態調査には、「派出看護婦の仕事を理解し雑用を命じないでほしい」「家政婦と区別してほしい」「長期間の場合には休日と休憩時間がほしい」といった声が寄せられていることから、雅が当初から、派出看護婦たちが抱えるであろう問題を予測し、対策していたことがわかる。

イルリガートル、蒸気吸入器、水枕、氷嚢、差し込み便器などを駆使して患者の苦痛を和らげる「慈善看護婦会」の評判は口伝てで広まり、設立から三カ月が経った頃には、派出依頼が引きも切らなくなる。

同会が注目されるきっかけとなったのは、明治天皇の侍医を務めた田澤敬輿《けいよ》の患者宅からの派出依頼であったようだ。こんな話が残されている。

「偶々《たまたま》時の侍医であった日本橋の田澤先生の病家に腸窒扶斯《ちょうちふす》の患者が出来て、而《しか》も中々に重態であった。（中略）この時先生は鈴木氏の看護婦会のことを思い出し病家に計って『一つ私の顔を立てると思って一人雇って見て呉れないか』との話が成り、約一週間の附添という約束で雇われるようになったのである。これが病家で看護婦を雇った最初のものであったという。この際派出された看護婦はなかなかに敏腕家で、薬用飲物は云うに及ばず氷罨法《ひょうあんぽう》から消毒等一切一人で切り廻し且親切に看護したため病気は次第に快方に向い危き生命を取り止めることが出来たのである。そこで十五、六人の附添でなお不行届な看病に代って一人の看護婦がよく看護し得たと云うので先生も病家もなかなか一週間の契約はおろか病気全快の折まで附添いを希望され、遂にその任を果し得てここに初めて看護婦の職分も認めらるるようになり同時に看護婦会も認めらるるに至った」（『職業婦人調査』）

派出看護の仕事は、患者の容態がよくなるまで、あるいは亡くなるまで泊まり込みで行うこともあれば、通いで一回数時間など、臨機応変に行われた。この先、派出看護婦会は増加し、玉石混淆状態となるが、第一号の「慈善看護婦会」は、新しい業態として高評価を得ていたことがわかる。

婦人矯風会の授産施設

このあと和と雅は、近況を報告すべく、植村正久の一番町教会へ行った。正久は庭で次女の薫をおぶって鼻歌を唄っていた。いつになく表情が柔らかい。去り際、和が「さようなら。よいお年を」と言うと、「さよなら」と笑顔で手を振ってくれた薫は、一年も経たないうちに、気管支炎にかかり命を落とす。

続けて二人は、麻布の聖慈病院に桜川里以を訪ねた。里以は婦人矯風会の活動にも積極的に参加しており、ときどき小池民《たみ》と池田子尾《ねお》にも会うという。彼女たちは、看護学校の修了式の日に民が「私たち三人は、特に廃娼運動に力を入れていきたいと思っています」と宣言したとおり、娼妓の廃業を手伝ったり、廃業後の生活の面倒を見たりしているようだ。

「宣教師のミス・ヤングマンの提案で、婦人矯風会が麻布市兵衛町に、廃業した娼妓たちの授産施設を作ったのですよ。でもそれは臨時の施設で、もっと本格的な施設を作るため、民さんと子尾さんが寄付を募っています。目標額は一八〇〇円だそうです」

和と雅は、遊郭で心中を図り第一医院に運び込まれてきた山本キクを見送りながら、廃業した娼妓たちが安心して暮らせる場所と、自立するための仕事が必要だと語り合ったことを思い出す。

「私も寄付をします。雅さんもね」

「もちろんです。でも和さんは限度というものを考えた方がいいですよ」

雅は、和が第一医院の看病婦取締時代に、貧しい患者と見ると自分の金品を与えていたことを知っている。おそらくそれも解雇の原因になったのではないだろうか。和が、何のことかわからないという顔をしているので、「何事にも限度があるということです」と念を押す。

「ところで、梅さんは元気にしていますか？」

和が里以に問う。広瀬梅も民や子尾と一緒に婦人矯風会で働いているはずだ。

「ええ。元気だと思います。一〇月に濃尾地震が起きたとき、鉄砲玉のように飛び出して行ったきり、もう二カ月になります。まだ怪我人や病気の方のお世話をしているのではないでしょうか。梅さんのことだから、やるべきことがある限り、戻ってこないと思います」

里以も救護活動に参加したが、聖慈病院の仕事があるので一週間で帰京した。

「梅さんも限度を知らないところがありますね」

雅が呟くと、「いいことではありませんか。マリア先生も、いつも『自分に力があるのに他を助けなかったとき、苦痛を感じるような女性になりなさい』とおっしゃっていましたよ」と和が返す。雅は珍しく何も言えなくなる。

「そういえば、マリア先生も渡米前に、二五円寄付してくださったと子尾さんが言ってました」

当時の日本の大卒初任給をはるかに上まわる二五円という金額を寄付するのは、楽ではなかったに違いない。この頃、マリアはアメリカで看護学校再開のための資金調達に奔走していたが、路銀が尽き、伝道協会から借金をするほど困窮していた。

和は高田に帰ると、廃娼演説会で自ら登壇して募金を行い、婦人矯風会へと送った。雅も「慈善看護婦会」の利益の中から寄付を行う。こうして集まった資金をもとに、矯風会会長の矢嶋楫子は、大久保百人町に用地を購入する。現在はJR新大久保駅を中心に繁華街となっている百人町も、当時はのどかな田園地帯であった。遊郭で窮屈な暮らしをしていた女たちが、農業や養蚕を営みながら静かに暮らせるような場所を選んだのである。

赤痢の村へ

最新の設備と一流の医師、看護婦をそろえた高田の知命堂病院は順調にすべり出し、地元はもちろん、遠方からも患者が訪れるようになる。

全国的に赤痢の患者が増える夏になると、高田から数里離れた山村でも集団感染が発生し、県から病院に、防疫に協力してほしいという要請がきた。すでに村の近くに避病院が建てられ、四日前に隣村の医師によって隔離が行われたが、その後も患者が増え続け、手に負えないという。院長の瀬尾原始は、内科医の篠田栄吉と和を呼び、翌日の早朝から村へ行くよう指示する。

当時、赤痢はコレラと並んで恐れられた病で、死者数は伝染病の中で最も多かった。志賀潔によって「赤痢菌」が発見されるのは少し先のことで、治療法はないに等しい。患者を避病院へ隔離し、患者の出た家と他家との交流を遮断し、それでも流行が収まらない場合は、村ごと焼き払うということも行われた。つまり「防疫」とは、役人と巡査と医師が出向き、強制的に消毒と患者の隔離を行い、場合によっては一村を丸ごと消滅させるということを意味した。

医師の役目は隔離すべき患者を選ぶことのみである。選ばれた患者は「避病院」とは名ばかりの隔離小屋へ収容され、糞尿にまみれてただ死んでいくだけであった。したがって、村にとって防疫の一団がやってくることは、恐怖でしかなかった。

和はこれまで防疫に加わったことはなかったが、桜井看護学校で伝染病看護についてひととおり学んでいたため、こういうときこそ看護婦の出番だという確信があった。そこで、原始に看護婦を数名連れていきたいと進言する。

「わかりました。しかし、くれぐれもあなた自身と看護婦たちの安全を第一に考えて下さい」

和は早速、出勤していた八人の看護婦たちを集め、感染の恐れもある危険な任務であることを説いた上で、同行者を募った。すると意外にも全員が志願してくれた。皆、和が面接で人柄を重視して採用し、一から指導してきた看護婦たちであった。

和は、農村出身の二人の若い看護婦を選び、看護学校時代に「消毒法」「汚物扱方」「屍体扱方」についてまとめたノートを手渡した。二人とも病院の近くにある寮に住んでいる。

「今日はもう帰っていいので、これを読んでおいてください。ただし、ここに書いてあることはあくまで理想の防疫です。実際の現場でできることは限られていると思います。でも、その限られたことを一生懸命やりましょう」

和の言葉に、二人は決然とうなずいた。

翌早朝、和は県が用意した馬車の荷台に、いくつもの桶と鋤《すき》、ありったけの雑巾と清潔な手ぬぐい、消毒に使う石炭酸、開院時に原始に頼んで購入してもらった琺瑯製の差し込み便器、その他の看護用具、そして入院患者用に用意している米を一俵、積み込んだ。そして、内科医の篠田栄吉と二人の看護婦とともに荷台のすき間に乗り込み、村へ向かう。

和が農村出身の看護婦を選んだのには理由があった。赤痢は「農民病」とも呼ばれ、農村で流行が始まることが多い。この先、彼女たちが赤痢の集団感染に見舞われたときに、今回の経験を役立ててほしいと考えたのだ。これは「Regardless to any work, it is only in the field is to be able to learn in practice.（どんな仕事をするにせよ、実際に学ぶことができるのは現場においてのみである）」というナイチンゲールの教えに基づいていた。

二人の看護婦は緊張のあまり、普段より饒舌である。馬車に揺られながら、過去の防疫の際に起きた出来事や事件などについて語り合っている。こうした話題のとき筆頭に挙げられるのが、十数年前、千葉の鴨川で起きた事件である。全国的にコレラが流行し、防疫対策のみならず、米価高騰に対する不満も重なって各地で暴動が起こるなか、防疫に奔走した四〇代の医師が、数十人の住民から竹槍で滅多刺しにされ、川に遺棄されたのだ。避病院への隔離は患者の「生き胆を抜くため」という噂を信じ、さらに、医師が井戸を消毒している姿を見て「毒を混入している」と思い込んだ住民たちは、コレラの流行を終息させるためには、彼を始末するほかないと考え、集団で襲ったのである。

「おいおい、そんな話はやめてくれよ。俺はまだ死にたくない」

栄吉が冗談めかして二人の会話に口をはさむ。

「病気にかかっても、加持祈禱やおまじないに頼る人たちが圧倒的に多いのが現実です。医療が信頼されるようになれば、そのような事件は起こらなくなるでしょう」

和が言い、看護婦たちがうなずく。

「医療といっても、患者を避病院に隔離する以外に何もできないんだよな。ところで看護婦長、その桶と鋤で何をするつもりですか」

山道に入ると馬車の揺れも大きくなり、重ねて置いた桶がガタゴトと音を立てている。

「先生が村の人たちの診察をしている間、私は看護婦たちを連れて避病院へまいります。そして、少しでも居心地のよい状態を作り、病状の改善に努めます」

「避病院へ？」

栄吉は怪訝な顔をする。急ごしらえの避病院は患者の隔離小屋に過ぎず、病状の改善など誰も期待していない。そんなところへ行っても、感染の危険にさらされるだけである。

栄吉の表情を見て、二人の看護婦のうちの一人、金栗サヨが「篠田先生。ご心配には及びません。私たちは普段から大関看護婦長に伝染病の予防法を徹底的に叩きこまれています」と言う。サヨは病院で最も若い看護婦で、まだ一八歳である。

するともう一人の看護婦、森田清が、まるでお題目を唱えるように「すべての看護婦は日中、頻繁に手を洗うように注意しなければなりません。もし顔を洗うならさらにずっと良いでしょう」と口にした。それはナイチンゲールの言葉で、常日頃、和が繰り返している言葉でもあった。清はサヨの一つ年上の一九歳である。

「もちろん、それだけで伝染病が防げるわけではありませんが、手洗いが重要であることは間違いありません」と和が言うと、清が「わかっています。看護婦長の言いつけどおり、私たちは一日に一〇〇回は手を洗っています」と多少大袈裟に言い、皆を笑わせた。

手洗いが衛生の基本であるということが認識されるようになった歴史は浅い。オーストリアのウィーン総合病院に勤めていた医師センメルヴェイス・イグナーツが手洗いの重要性を提唱したのは、一八四〇年代のことである。

センメルヴェイスは、出産後の母親の命を奪う産褥熱《さんじょくねつ》の原因が、赤ん坊を取り上げる際の医師の不潔な手にあると考え、病棟の医師たちに手洗いを励行する。その結果、産褥熱の死亡率は劇的に減った。しかし、当時はまだ科学的な裏付けがなく、彼の主張はなかなか受け入れられなかった。さらに、自分たちの手が不潔だと指摘されたことに腹を立てた医師たちからの激しい反発に遭う。負けじと各地の病院をまわり、手洗いの重要性を訴えるセンメルヴェイスは危険人物と見なされるようになる。最終的には、精神病院へ強制入院させられ、失意のなか四七歳で亡くなった。死因は精神病院で衛兵から受けた暴力だと言われている。フランスの細菌学者ルイ・パスツールが、細菌と病気の関係を突き止め、センメルヴェイスの主張に科学的根拠を与えるのは、彼の死後二〇年を経た一八八〇年代半ばであり、和が看護婦になった頃のことである。

つまり、ナイチンゲールが著書において手洗いの重要性を説いたことは、かなり先進的だったと言える。ナイチンゲールにせよ和にせよ、現場の看護婦たちは経験的に手洗いの重要性を感じ取っていたのだろう。

村人たちの抵抗

馬車が大きく揺れたので和が前方を見ると、木立が途切れ、小さな村が現れた。栄吉と和、サヨ、清は、馬車を降りると、村の入り口で待っていた巡査と役場の助役、用具を携えた二人の消毒係に合流した。巡査を先頭に、低い茅葺《かやぶき》屋根が並ぶ村へ入ると、消毒に使われた石炭酸の匂いが鼻をつく。地面には石灰乳が撒かれている。

「コロリのときもそうですが、村人たちは石灰乳を毒だと思っている。これを撒くからコロリや赤痢が流行ると信じている。まったく手に負えません」

栄吉にぼやく巡査に、どこからか石礫《いしつぶて》が飛んできた。

「痛ッ！　コラ！」と巡査があたりを見まわしても、誰もいない。

「ずいぶん静かな村ですね」

清がつぶやく。傾き、壁が落ち、苔むした家々に人の気配はない。

「避病院に連れていかれたくなくて、隠れているんだ」

助役が答える。

「気持ちはわかるが、われわれも仕事だから仕方ない。手前の家から行きましょう」

栄吉が言うと、巡査が目の前の家の引き戸に手を掛ける。しかし、心張《しんば》り棒《ぼう》が張られているためか、開かない。さきほど石礫を投げつけられたことへの怒りも手伝って、巡査は引き戸を蹴破ろうとする。すると、サヨが「やめてくんない！」と巡査の前に立ちはだかった。

これには和も驚いた。危うくサヨが蹴られるところであった。

「乱暴なことはやめてくんない。ただでさえ病気で苦しんでるのに」

サヨがしどろもどろに言う。普段はとても大人しく、大の男、それも巡査に盾突くような性格ではない。よほど腹に据えかねたのであろう。

和は、自分の前にいた巡査と助役を押しのけるようにして引き戸へ近づくと、中へ向かって努めて明るく、「ごめんください。知命堂病院から参りました、医師の篠田栄吉と看護婦長の大関和と申します。診察をさせていただけないでしょうか。米も持って参りました」と声をかけた。反応はない。和がもう一度、声をかけようとしたとき、心張り棒が外れる音がし、引き戸が開いた。中から現れたのは、垢じみ疲れ果てた中年の夫婦であった。

「助けてくれ。何か食いものを」と言って夫が泣きだす。妻は、家の中を指さしながら、「子どもが死にそうだ」とやはり泣きだした。

一同が中に入ると、板の間に敷かれた薄い布団に三人の子どもが横になっていた。和と栄吉、サヨ、清が駆け寄って囲む。一〇歳ほどの年長の男児と、弟、妹がぐったりとしており、妹はうわ言を口にしている。赤痢は大人よりも子どもの方が重症化しやすい。

「昨日は代《か》わる代《が》わる便所《はばかり》へ行っとったけど、今日はそれもできなくなった」

妻が泣きながら訴える。感染を恐れ、巡査と助役は土間から上がろうとしない。消毒係の二人は、土間に石炭酸を撒いている。台所は乾き、竈《かまど》もしばらく使った形跡がない。

栄吉は三人の脈をとる。発熱、腹痛、下痢、嘔吐などの症状から、赤痢に感染していることは明らかであったが、念のため厠も調べ、小さく、しかし決然と「避病院へ」と言った。するど消毒係の二人が、手早く縁側の戸板を外す。子どもたちを運ぶ担架にするのだ。

夫婦は栄吉にすがりつくと、「結局、避病院へ入れるんだねか」「あんなとこ入ったら、助かるもんも助からんわ」「医者なら、今ここで治してくれ」「この子らを助けてくれ」と抵抗する。

いつの間にか、村の男たちが集まっていた。中には鎌を持っている者もいて、今にも襲いかかってきそうな勢いである。彼らにとっての敵は、もはや赤痢という病ではなく、避病院へ隔離しようとする医師や巡査であった。

和は栄吉に近づくと、「私は森田さんと金栗さんを連れて、避病院へ行ってまいります。よろしいでしょうか」と問う。

「頼むよ。診断は俺一人でもできる。避病院をどうにかしない限り、この状況はどうにもならん」

和は外に出ると、サヨと清を両脇に立たせ、村人たちに「皆さん。私どもは避病院を過ごしやすい場所にするためにやってきました。どうか力を貸してください」と呼びかけた。巡査と助役は初耳なので、顔を見合わせる。

「避病院は県が建てたもんだすけ、勝手なことをしてもらっては困るんだわ」

助役が言う。

「壊して建て直そうというわけではありません。少し手を加えるだけです。避病院はどこも『死病院』と呼ばれ、誰も行きたがりません。だから感染が広がってしまうのです。避病院の居心地がよくなれば、もっと速やかに隔離ができます。今すべきことは避病院の改良です！」

助役は返す言葉もない。和と助役のやり取りを聞いていた村の男が「避病院はひでえもんだ。近くに井戸もねえ。おれらが毎日、水を運んでるんだ。台所もねえから、食べもんを持ってくんだけど、『遮断』されてっから、置いてくるだけだ。食べさせてやることができねえ。自分で食べることができねえ子どもらは死ぬのを待つばっかだ」と捲《まく》し立てる。

和は村人たちに向かって大声で続ける。

「体力のある男の方たちは、私たちと一緒に避病院へ行ってくださいませんか。鍬《くわ》や鋤を持ってきてください。それから、患者が出ていないお宅の台所で、どなたかお粥を作って避病院へ運んでください」

サヨが知命堂病院から運んできた米俵を指さし「これを使ってくんない」と言うと、男たちの後ろで様子をうかがっていた女たちがおずおずと前に進み出て、「避病院の子どもらのためのお粥かい？」「おらちの子が避病院にいる。何か食べさしてやりたい」「そんならおらちの台所を使いない。おらちは病人出てないし」と口々に言う。

「皆さんの分もあります。どんどん炊いてください」

和の指示で村人たちが動き出したとき、一人の男が「ちょっと待て」と言った。

「なぜ避病院に行くのに鍬や鋤が必要なんだ？　さては、俺らに墓穴を掘らせるつもりだな」

この言葉に血相を変えた男たちが和ににじり寄り、清が悲鳴を上げる。

「違います！　避病院の外に厠を作るのです。衛生的な厠を作ることで、あらたな病人を出さずに済むのです」

和は、これまで見聞きした避病院の最大の問題点は、厠だと考えていた。ほとんどの避病院は村や町から離れた場所に作られるが、そこは「病人置き場」に過ぎず、厠がないこともあった。病人は外に出て辺り構わず用を足すため、そこがあらたな感染源となる。病状が悪化した患者は外に出ることもできないため、糞尿まみれの避病院も珍しくなかった。これでは、病状が悪化することはあっても、良くなるはずはなかった。

村人たちは納得し、十数人の男たちが鍬や鋤、水を入れた樽、桶や雑巾、石炭酸、看護用具などを積んだ大八車を引きながら、和たち看護婦と避病院へ向かう。避病院は村から四町（約四四〇メートル）ほど離れた山の中にあるという。

和はサヨに並ぶと、「さきほどはよくぞ巡査の乱暴を止めました。立派です」と声をかける。

「実は、私はこのすぐ近くの村の出身なのです。一三年前のコレラの大流行で、父と次兄を亡くしました。そのときやはり巡査や医師が防疫に訪れ、おっかない思いをしました」

「そうだったの。それなら今回の役目は辛かったわね。断ってくれてもよかったのですよ」

「いいえ。私は伝染病で家族を失くしたすけ、今日ここで役に立ちたいのです」

「頼もしいです。でも、あなたが感染してしまったら元も子もありませんし、ご家族にも申し訳が立ちません。くれぐれも気を付けてください」

和は、清にも念を押した。避病院が近づくと、和の予想どおり、あちこちに排泄物があり、今まさに草むらで用を足している子どもたちもいた。

和は男たちに、周辺の排泄物を集め、穴を掘って埋めるように頼んだ。その後、避病院のまわりを歩き、村とは反対側でなおかつ避病院の風下にあたる場所を見つけると、穴をできるだけたくさん掘り、掘り出した土はそのまま穴の脇に置いておくように指示した。患者は穴にまたがるようにして用を足し、直ちに土で埋める。ここまで歩いてこられない患者には、持参してきた差し込み便器で介助し、ここに捨てに来る。そうすることで避病院を清潔に保ち、出入りする村人たちを感染から守ることができるのだ。

「避病院」の改良

和は、サヨと清をともない、見るからに急ごしらえの粗末な避病院へと足を踏み入れた。覚悟はしていたものの、ものすごい臭気に三人は顔をしかめる。二〇畳ほどの小屋に布団が敷きつめられ、患者が横になっている。八割が子どもだ。外に出て自分で用を足せる者もいれば、上半身だけ起こしてぼんやりしている者、中には絶命している者もいた。

患者が勝手に村に帰らないように見張る男が一人いるだけで、医師や看護婦はいない。

「これのどこが病院なのでしょう。村の人たちが隔離を嫌がるのも当然です」

サヨが言うと、清が「病院の第一の条件は、患者に害を与えないことです」と口にする。これもまたナイチンゲールの言葉であった。

「この病院は明らかに患者に害を与えています」

サヨが嘆息する。

三人はまず、亡くなっていた子ども二人を布団ごと外へ運び出し、体を清めた。防疫の観点からは、すぐに火葬場へ運ぶべきだが、三人にはそれがためらわれた。避病院は火葬場の近くに作られることが常であるが、ここもそうであるらしく、しばらくすると見張りの男が連れてきた村人たちが、遺体を板に載せて運んで行った。

「さあ、一刻も早く、ここを居心地のよい場所に変えましょう」

和はそう言うと、病院から持ってきた桶と鋤と雑巾をサヨと清に分け与え、「まずは掃除です。布団も総入れ替えしたいところですが、それは今日は無理ね。とりあえず、掃除と換気で、この臭いを何とかしましょう。それだけでも患者さんたちの気分が良くなるはずです」と言い、率先して鋤で汚物を片付け始める。

目を閉じたままだった子どもたちが、目を開き、きびきびと働く看護婦たちの姿を追う。和が「今、村でおいしいお粥を作っていますからね」と言うと、見捨てられたと思っていた子どもたちの目に光が宿る。三歳くらいの女の子が、「母ちゃんがお粥を持ってくんの？」と問うので、「きっと持って来てくれますよ」と笑顔で答える。

汚物を取り除くと、床を水拭きし、石炭酸を薄めた水で消毒する。床は地面に板を敷いただけの簡易なもので、ところどころ土が見えていた。壁も隙間だらけで、換気の必要がないほどだ。こんなところに子どもを行かせたくないという親たちの気持ちが、和には痛いほどわかる。

三人で三時間ほどかけて掃除を行い、避病院の中があらかたきれいになると、濡らした手ぬぐいで患者たちの体を清める。手ぬぐいは一人一枚で、使いまわすことはしない。それが済むと和は、男たちに穴掘りを頼んだ場所へと向かった。するとうまい具合に木立を目隠しにして、無数の穴が掘られていた。これだけあれば、当分の間は不自由しない。

昼時なので、和は男たちに、村へ戻り炊きあがっているはずの白米を食べるようにうながした。村へ着いたら、まず体を水で洗い、特に手を石炭酸で消毒するように念を押す。

和が避病院へ戻ると、さきほど栄吉が診察した三人のきょうだいをふくむ七人の患者が、二台の大八車で運ばれてきたところであった。三人きょうだいの親と栄吉もいる。少し遅れて、女たちの引く三台目の大八車が現れた。お粥を運んできてくれたようだ。

和は栄吉に避病院の状況を説明する。

「衛生状態はかなりよくなりましたが、布団が汚れているので、交換が必要です。もう一棟小屋を建て、重症患者と軽症患者を分けたほうがいいと思います。そして軽症患者用の建物に台所を作り、食事を定期的に与えるべきです。そうすれば、回復する患者が増えるはずです」

「わかった。瀬尾先生に頼んで、県に掛け合ってもらうよ」

和と栄吉のやり取りを聞き、三人きょうだいの親は、少し安心したようだ。

「先生。今来てくださっている方々に、子どもたちにお粥を食べさせるのを手伝っていただいてもよろしいですか。患者には手洗いをさせ、接触しないよう十分に気をつけます」

和とサヨ、清、村の女たちは、お粥を椀に分けると、盆に載せて小屋へ入る。女たちは皆、隔離された子どもたちの母親だった。自分の子どもを見つけ、駆け寄ると、お粥を食べさせている。その中に、さきほど「母ちゃんがお粥を持ってくんの？」と問うた女の子がいるのを見て、和は安堵する。そして、サヨ、清とともに、母親が来ていない子どもや大人の患者たちにお粥を配り、起き上がれない患者には匙を口まで運び、食べさせる。

和たちに体を清めてもらい、こざっぱりした様子でお粥をすする患者たちの様子を見た栄吉は、このうちかなりの人数が回復すると確信した。

和は、のちに著す『看護婦派出心得』に、避病院における看護婦の心得を記している。

「嗚呼不幸にもこの悪疫に罹りて寂寞《せきばく》たる隔離病舎に容れられ、楽しみ多き家を捨てあるいは慈愛深き父母の膝下《しっか》を離れあるいは最愛なる妻子をも残し、良人《おっと》に別れこの隔離所に来たりて他人の看《み》とりを受くるものの如何なる感情にか打たるるならん。我等看護を以て天職と奉ずる上は、慈恵の天旨を貫きて不幸なる同胞の為に満腔の同情を表し、真心を以てこれを看護し、内には己れが本分を全うし、外には国恩の万一に報ぜざるべからず。患者は種々六ヶ《いろいろむつか》敷《し》き好みをなし、又我儘《わがまま》を言うものなれば、能く忍耐して不幸なる同胞を思いやり、凡《すべ》て患者の求むる処を正しく答え、これに応ずべし」

村人たちに見送られ、和と栄吉、サヨ、清の四人が帰途についたときには、すっかり日が暮れていた。感染を抑えるため、しばらくの間、村へ通うことになる。

馬車に揺られながら、清が「今日はほとんど掃除ばかりでしたが、あれで本当に患者が減るのでしょうか」と率直な言葉を投げかける。

「減るさ。俺は今日、大関看護婦長の真骨頂を見せられた気がするよ」と栄吉が答える。

「清さんが信奉するナイチンゲールは、クリミア戦争の野戦病院で、まさに今日と同じことをしたのですよ」

ナイチンゲールと同様の仕事をしたと言われ、清は満足げだ。その様子を見て、和も心が満たされる。ふとサヨを見ると、疲れて眠ってしまっている。昼間、巡査に意見したサヨの姿を思い出す。患者の立場に立ち、言うべきことを言えるサヨは、この先、よい看護婦になるだろう。四人を乗せた馬車は山道を抜け、高田の町の灯りに吸い込まれていった。

国恩と信仰

和の意見をもとに改良が進められた村の避病院は、入院後の死者数が激減。衛生環境を整えることの重要性を世間に知らしめた。

現在も赤痢は、インドや東南アジア等で毎年大勢の人たちの命を奪っている。日本でも戦後しばらくは流行を繰り返し、年間二万人以上の死者を出したこともあった。しかし、ここ半世紀ほどで感染者は激減した。それはひとえに、衛生状態が改善されたためである。赤痢に限らず、伝染病が発症しづらくなった背景には、国や自治体、医療関係者らによる、環境改善のための地道な努力があった。一九八〇年代を境に、「伝染病」という言葉に代わり、より広義の「感染症」という言葉が一般化する。

この先、和は防疫の経験に基づいて、『婦人新報』に「赤痢」「虎列剌《コレラ》」「ジフテリア」「腸チフス」「発疹窒扶斯《チフス》」の予防や看病法について寄稿するようになる。乞われれば講演も行った。

先述の『看護婦派出心得』の「序」には、「近年近県に於て悪疫大に流行し、毎年看護婦の不足を生し、為に諸処の隔離所に出張し、同業の姉妹等に接する事あり。中には規律正しく病舎を守るものあれども、多くはその順序を誤り、病舎の混雑消毒の不完全を見る。是によりて大に感ずる処あり、之れこの小冊を公にせし所以なり」とある。

本文も極めて具体的で、例えば重症患者の排泄介助については、「襁褓《むつき》交換終りて後、便器を消毒室へ送る」「全患者記名用紙に各々便質を明細に記載する」「その便を不潔灌《かん》に廃捨し、便器を能く洗いし後、少許《すこしばかり》の石炭酸水を容れ、病室に備う。便器掃除の後は直に不潔掛りに申出し、排泄物の消毒及煮沸せしむるものとす」「もしまた少許にても不潔物の附着する疑《うたがい》ある時は、石炭酸を散布し、一定の消毒をなして後、よく拭《ぬぐ》うべし」とある。

こうした一連の作業を行いやすくするため、和は自ら差し込み便器や、病室で用いる「おまる」を考案している。このおまるは、患者が楽な姿勢で使えるような工夫が凝らされており、寒い時期には便座を保温することもできた。和が後進を育てるなかで、排泄介助や排泄物の点検について「こんな汚い仕事をするから、看護婦が賤業視されるのではありませんか？」と問われることが度々あった。和はその都度、「これは患者さんのために必要なことです。私たちがやらなくて、誰がやるのですか」と答えた。

同書には、和が伝染病対策に熱心に取り組んだ理由も、明解につづられている。

「伝染病の如きは、独り病人を看護するのみの目的にあらずして、一家村市都府あるいは全国にも及ぼすものなれば、看護婦の任、又大なりと言わざるべからず。殊に近年多く流行する赤痢病の如きは厳重なる予防消毒をなさざれば増々蔓延するものなり。（中略）看護を以て天職となすものこの国難に際し、不幸なる同胞を助け、以て国恩に報ぜざるべからず。該病たるや主に貧困なるものに多く患家の不潔また言うに堪えざるものあり。これを清めこれを消毒し、これが予防を為す事また容易にあらず。実に困難なり。快くこの困難に堪え、その任務を全うする処のものは、神に事《つかう》るの信仰を持つものと、国に報ゆるの忠心厚きものとにあり」

和は伝染病の蔓延を「国難」ととらえ、看護婦としてその対策にあたることが「国恩」に報いることであり、同時に信仰の証しであると考えていた。

日清戦争と看護婦

明治二六（一八九三）年、知命堂病院は往診料を減額すると同時に、貧困者への無償診療を始め、翌明治二七年四月には、新潟県で初の看護婦および産婆の養成所である「知命堂病院附属産婆看護婦養成所」を開く。養成所の教員も務めることになった和は、在任中に二〇〇人弱の看護婦を育てることになる。

養成所の教員になったことを手紙で雅に報告すると、返信に「あなたも寄付に協力した廃業娼妓たちの授産施設が、大久保百人町に開館しました。『慈愛館』という名前です。暇を見つけ、一度いらしてくださいい。ご一緒します」とあった。

慈愛館は、廃業した娼妓たちの衣食住を保証し、読み書きはもちろん、自立のための「裁縫」「編み物」、最新の「西洋洗濯」といった職業訓練を施し、生活が立ちゆくまでの費用も持たせて送り出すという画期的な施設であった。最長五年という滞在期間に、救済の本気度を見ることができる。

明治二七年八月、日清戦争が始まる。日本赤十字社は広島、松山、名古屋など各地の陸軍予備病院に看護婦を派遣した。先述のとおり、日赤は戦時救護を目的に設立されており、日清戦争が最初の本格的な活動であった。

このとき、戊辰戦争の会津鶴ヶ城籠城戦を戦った新島八重は、日赤の篤志看護婦として広島陸軍予備病院に赴任していた。八重は夫新島襄の亡きあと、日赤の正社員となっていた。彼女は看護婦たちに、「敵なればとて、傷を受くる者、仁愛の心をもって助けよ」という陸軍大将大山巌の訓示を伝えている。同病院へは、宇品港（現広島港）をとおして日清両国の傷病兵が連日一〇〇人以上運び込まれ、看護婦たちが不眠不休の看護を行った。戦場ではないため、戦いに巻き込まれることはなかったが、四人の看護婦が伝染病により殉職している。

八重は半年間の命懸けの看護が認められ、ほかの篤志看護婦らとともに、皇族以外の女性として初めて叙勲を受ける。賊軍扱いされた旧会津藩士やその家族たちにとって、八重の叙勲には特別な意味があった。

新島八重、そして皇族の小松宮妃頼子といった上流階級の女性たちが篤志看護婦として活動したことにより、看護婦に対する賤業視が一気に払拭される。そして、看護婦といえば従来の「看病婦」ではなく、トレインド・ナースを意味するようになり、一転して憧れの職業となった。また、戦場から持ち込まれた伝染病が国内に蔓延したことから、看護婦の需要が高まり、全国で次々と派出看護婦会が設立された。

日清戦争は開戦翌年の明治二八年には終結したが、この年、全国のコレラ患者はおよそ五万五〇〇〇人。うち四万人が死亡。腸チフス患者は三万七〇〇〇人。うち八〇〇〇人が死亡した。この数字は、日清戦争における日本兵の戦死者およそ一万三五〇〇人を大きく上まわっている（『医制百年史』）。戦死者も、その九割が脚気や赤痢などの病死であった。

終戦の年の暮れ、帰省した和を待っていたのは、女中として雇い、英語を学ぶ機会を与えてくれた恩人、鄭永慶の訃報であった。寿子が亡くなったと聞いたのは、和が看護学校に入学した年だ。優しく仲睦まじかった二人がこんなに早くいなくなってしまうとは。ふさぎ込む和を雅が連れ出す。

「今、東京中に病人があふれています。看護婦に年末年始はありませんよ。うちの派出看護婦会を手伝ってください」

雅が設立した「慈善看護婦会」は、本郷森川町から神田猿楽町に移転し、「東京看護婦会」と改称していた。無償の看護で経営が行きづまり、有償のみとしたため、「慈善」の文字を外さざるをえなくなったのだ。当然ながら収益は増えたが、慈善看護に力を入れたかった雅としては、忸怩《じくじ》たる思いであった。

雅は、妻の看護を依頼してきた陸軍の幹部にして男爵、のちに陸軍大臣となる児玉源太郎の屋敷に和を派出する。源太郎は和の仕事に満足し、見舞いにやってきた内務省衛生局の後藤新平に紹介した。医学校出身で、『国家衛生原理』や『衛生制度論』といった著作のある新平は、この頃、日清戦争の帰還兵に対する検疫業務についていたため、束の間ではあったが、二人は防疫に関する知見を交換しあう。

三が日が過ぎ、高田へ帰ろうとする和に、雅が「実は、マリア先生の容体があまりよくありません。会ってから行きませんか」と言う。「もっと早くお伝えすべきでしたが、マリア先生から、和さんは忙しいのでまだ伝える必要はないと口止めされていたのです。今すぐどうということはありませんが、お話ができるのは今のうちでしょう。末期の胃癌です」

「マリア先生は今、どこにいらっしゃるのですか」

「衛生園です」

二人は神田猿楽町の東京看護婦会から、一人ずつ人力車に乗り込んだ。雅の俥に和の俥が続く。

「衛生園」にかけた夢

五年前、看護学校再開の資金を募るためアメリカへ渡ったとき、すでにマリアは胃の不調を抱えていた。しかし、日本でトレインド・ナースを育てたいという亡きリディア・バラの思いを結実させたいという一心で奔走する。大関和、鈴木雅、桜川里以ら桜井看護学校の第一期生たちの活躍が信念となって、マリアの背中を押していた。

伝道協会が桜井看護学校の廃止を決めたのは、実習先となる病院を確保できないからであった。したがって、学校を再開するにあたっては、併設の病院も作らねばならず、多額の資金を必要とした。

幸いにもフィラデルフィアの大富豪モリス夫妻が、援助を約束してくれた。モリス夫妻は敬虔なクリスチャンで、親日家でもあった。新渡戸稲造や、前出の公許女医第五号の岡見京《けい》ら、多くの日本人留学生を自宅に寄宿させ、援助を行ってきた。

モリス夫妻から資金提供の約束を取り付けたマリアは、一年半ぶりに日本の土を踏む。そのとき隣には、成長した娘アニーがいた。アニーはアメリカの大学で学んでいたが、すっかり痩せ細ってしまったマリアのことが心配で、一緒に来日したのである。初めて来日したときは、自分よりもずっと背が高く、頼もしかった母が、小さくはかなく感じられた。

マリアは、病院と看護学校の用地として、南豊嶋郡淀橋町大字角筈《つのはず》（現新宿区西新宿）に二五〇〇坪の土地を購入。明治二六（一八九三）年に、二階建ての洋館が竣工した。一階にはサンルーム、ホール、食堂、診察室、薬局、厨房が、二階には一二の個室が設《しつら》えられていた。

かねてよりマリアは、女性は看病することには慣れていても、看病されることには慣れていないため、体調が悪くても養生せず、病気を悪化させてしまうことが多いと考えていた。せっかく入院治療をしても、自宅へ帰ると家事や育児などに追われ、病気がぶり返すということも珍しくなかった。

こうした状況に一石を投じたいと考えていたマリアは、病院を女性専用とし、発病を未然に防ぎ、病後の回復を促進することに主眼を置いた。そして、女性の衛生を重んじるという願いを込めて、「衛生園」と名付けた。健康診断などなく、気がついたときにはすでに手遅れということが間々あった当時、病気の予防を重視した衛生園の方針はかなり先進的であった。マリアは衛生園を旧知の岡見京に託すことにした。東京府に開業許可を申請するにあたり、日本人でなおかつ医師である京の方が有利だと考えたためである。自身の健康に対する不安もあったかもしれない。京は快く引き受けた。

マリアと京は、維新後間もない明治六（一八七三）年に、横浜共立女学校の教師と学生として出会っている。マリアは三〇代前半、京はまだ一〇代だった。長じて京はマリアが経営する桜井女学校の英語教師となる。その後、頌栄《しょうえい》女学校（現頌栄女子学院）の創設者一族で、絵画教師の岡見千吉郎と結婚し、夫婦で渡米。モリス邸に寄宿しながらペンシルベニア女子医科大学に通い、医学博士号を取得した。帰国し、慈恵医院の婦人科主任として働いていたが、マリアが衛生園の経営を託した頃はすでに退職し、赤坂溜池の自宅で診療を行っていた。京は、慈恵勤務時代に生まれた長女に、大恩あるモリス夫妻にあやかって「メリモリス」と命名している。

建物が完成し、勤務医も決まり、準備万端の衛生園であったが、「養生」を主目的とした点が東京府の理解を得られず、開業許可が下りなかった。失意のなか、マリアの病状は悪化の一途をたどり、五〇代半ばにして余命宣告を受けたのである。

雅の俥を目で追いながら、和はマリアとともに横浜の教会でパンを焼き、貧民窟で配った日のことを思い返していた。マリアこそ、自分を看護の道に導いてくれた恩人であった。

新宿駅を通過して間もなく、雅の俥が洋風の大きな門扉の前で停まる。和の俥も追いついて停まった。門の向こう側に広がる一面の芝生の果てに、大きなベランダがいくつも設えられた真新しい洋館が立っている。二人を降ろすと、俥は新宿駅方面へと戻っていった。この年、全国の人力車の台数は二一万台と最多に達し、人々の足として無くてはならない存在となっていた。

雅に続いて脇門から中に入ろうとした和は、衛生園の西側に広がる大規模な工事現場に目を奪われる。

「東京の水質が悪くなってきたので、浄水場を造っているのですよ」

それは、二年後に稼働する淀橋浄水場であった。七〇年後にはその浄水場もなくなり、跡地に高層ビルが立ち並ぶとは、誰も予想だにしていない。角筈は、それほどのどかな田園地帯で、養生を目的とした病院の立地として適していた。

岡見京との邂逅

二人は芝生の庭を突っ切って、洋館へと向かう。一階の中央の部屋から灯りが漏れている。

「普段は、岡見京先生がマリア先生のご様子を見ています。週に一度、赤坂病院から専門の先生も診察に見えていますが、もはや痛み止めを打つこと以外にできることはありません」

赤坂病院は、マリアと親しいアメリカ人医師ウィリス・ホイットニーが、勝海舟とともに設立した施療病院である。ウィリスの専門は眼科であったため、日本人の内科の医師が往診していた。

「里以さんと梅さんもいますよ。里以さんは聖慈病院を辞めて、今は赤坂病院に勤めていいます。マリア先生の希望で、ここから通っています」

「ここで暮らしているのですか」

「そうです。岡見京先生と里以さん、そしてマリア先生の娘のアニーさんがここで暮らしています。私と梅さんは仕事の合間に来て、皆で交替でマリア先生の看病をしています」

ドアノッカーを鳴らすと、桜川里以と広瀬梅が迎えてくれた。

「和さん、お久しぶりじゃなあ」

梅が抱きつかんばかりに歓迎する。四年前に和が帰京したとき、梅は濃尾地震の救護活動へ出かけていて会うことができなかった。

「梅さん。看護学校の修了式以来ですね。今はどうされているの」

「あれ以来ずっと、桜井女学校の寮で暮らしながら、婦人矯風会で働いています」

相変わらず快活な梅を見て、和は安心する。看護学校で机を並べていたとき一八歳だった梅は二七歳に、里以は二九歳になっていた。

ホールを抜け、廊下を進み、丸テーブルと椅子が並ぶ食堂へ入る。そこには岡見京とアニーがいた。和と京は初対面の挨拶を交わす。二人の年齢は一つしか違わず、和が三七歳、京は三六歳であった。

　和は京をひと目見て、評判どおりの女性だと思う。知力、財力、社会的地位のみならず、美貌と優美さも備えた京は、医師や看護婦を目指す若い女たちの憧れの存在であった。東京女子医科大学の創設者吉岡弥生は、医学校在学中に京の自宅を訪ねているが、そのときの印象をこう記している。

「岡見さんのお家は、英語のリーダーの挿絵でしか見たことのないような立派な西洋館でありました。（中略）やがて勤めを終って帰ってきた岡見さんが、靴音も軽く階段を上がってきて部屋に入ってきました。そのときの岡見さんのすばらしかったこと――もともと美しい方だという評判は聞いていましたが、今眼のあたりにそのあこがれの人を見て、背中に後光が射しているのではないかとさえ思いました。『ああ、私も女医になるなら、こんなすばらしい人になってみたい』と、心のなかで溜息をついたほど、そのときの印象は一生を通じて忘れがたい感動的なものでありました」（『吉岡弥生伝』）

　和は、マリアを診ている京が信頼に足る人物だと直感し、ひとまず安堵した。雅に案内されて、一二の個室が並ぶ二階へ上がる。

「東京府からの許可が下りず、『開店休業』状態です。部屋はいくらでもありますから、好きなだけ泊まって行ってください」

「では今晩だけ、お言葉に甘えます」

　一番奥の部屋のベッドで、すっかり面変わりしたマリアが眠っていた。衛生園の最初の患者は、皮肉にもマリアであった。

「さきほどまで矢嶋先生がいらしていて、話し込んでいました。お疲れになったのでしょう」

和はこの日はマリアと話すことを諦めた。

「矢嶋先生はお元気ですか」

「六〇歳を過ぎてますます意気盛んですよ」

楫子は女子学院の院長を務めながら、婦人矯風会の全国組織「日本キリスト教婦人矯風会」を結成し、その会頭となっていた。

「矯風会が設立した慈愛館がこの近くということもあり、先生は毎週いらっしゃいます。和さんは慈愛館へ行ったことはありますか」

「いいえ。私はまだ行ったことがありません」

二年前、雅が廃業した娼妓たちの授産施設が完成したので暇を見つけて来るようにと誘ってくれたにもかかわらず、それっきりになっていた。

「ここから目と鼻の先です。いつでも案内しますよ」

翌日、マリアは和との再会を喜んだ。和は、ずっと気になっていたことを口にした。

「高田女学校の舎監を勝手に辞めてしまい、本当に申し訳ありませんでした」

思えば久しぶりの英語である。高田では使う機会がまったくなかった。マリアは枕の上でゆっくりと頭《かぶり》を振りながらこう言った。

「あなたが舎監を辞めて、知命堂病院の看護婦長になったのは、神のお導きです。そのおかげで、知命堂病院からは大勢のトレインド・ナースが巣立っているではありませんか。日本中でトレインド・ナースが活躍することが、私がリディアさんから引き継いだ夢です。夢を叶えてくれて、ありがとう」

「私など、いつも成り行きまかせです。第一医院も解雇されました。母からは『どうしてあなたはいつもうまくやれないの』と言われます」

病床にあっても包容力のあるマリアには、つい弱音を吐いてしまう。

「第一医院を解雇されたからこそ、高田で活躍できたのではありませんか。人生に無駄なことなど何ひとつありません」

マリアは、ひと息ついてからこう続けた。

「桜井看護学校の第一期生たちは、期待以上の素晴らしいトレインド・ナースに育ちました。私の誇りです。もっと大勢のトレインド・ナースを育てるためにも、なんとか看護学校を再開したいものです」

和は大きくうなずく。恩師の最期の希望をなんとか叶えたい。

皆がいる食堂へ戻った和は、「ここを開業し、看護学校を作るための何か良い方策はないのでしょうか」と訴えかける。

するとか京が「何度も東京府へ掛け合ったのですが、駄目でした」とため息交じりに言う。

「一般的な病院ということにしてしまえば、許可も取りやすいんじゃろうけどなあ」

「体調のすぐれない女性を雑事から解放し、ゆっくり養生させたいというマリア先生の理想を曲げたくはありません」

梅と雅が続ける。

「悩ましいですね」と和も考え込む。いずれにしても、和はこのまま高田へ戻る気にはなれなかった。幸い知命堂病院では、四年前、赤痢の集団感染が起きたとき、和とともに避病院へ向かった金栗サヨ、森田清らが、その後設立された病院付属の看護婦養成所で学び、優秀な看護婦に成長していた。彼女たちなら、安心して留守を任せることができる。和は院長の瀬尾原始に電報を打ち、長めの休暇を願い出る。その日から三カ月間、和は実家に身を寄せながら、マリアの看護に加わり、四月一八日に皆と一緒に彼女を看取った。

梅と「ルツ子」

マリアが最期までクリスチャンとして高潔な人格を保ったことがわかるエピソードを岡見京が哀悼文に記している。癌の痛みに耐えるマリアに、赤坂病院の医師が鎮痛作用のある注射を打とうとしたところ、看護婦が誤って薬液をこぼしてしまった。看護婦をきつく叱る医師をなだめながら、マリアはこう言った。

「何事も神の摂理なのです。この薬がこぼれたのも、神がその方が良いとお考えになったからなのですよ」

苦痛を一切表さず、微笑みさえ浮かべていたという。

マリアの葬儀には、初来日以来の友人知人が大勢訪れ、棺が青山墓地へ向かう際には、女子学院の在校生や卒業生、それ以前の桜井女学校や新栄女学校の卒業生など、千人近い教え子たちがあとに続いた。墓碑には、「自分のつとめを怠ったり、自分に力があるのに他を助けなかった時、苦痛を感じるような女性になりなさい」というマリアの言葉が刻まれた。

埋葬後、弔問客も去った衛生園に、和、雅、京、里以、梅、アニーが残った。六人は、看護学校を再開したいというマリアの悲願を叶える方法はないかと知恵を絞る。そして至った結論は、衛生園を赤坂病院の分院ということにして、再度、許可申請を行うというものだった。すでに存在する病院の分院であれば、開業許可を得やすいと考えたのである。しかし、これには当然ながら赤坂病院の協力が不可欠である。

後日、六人はそろって赤坂病院にウィリス・ホイットニーを訪ね、相談を持ち掛けた。すると彼は、病院長の北島剛三を説得すると約束してくれた。ウィリスにとってもマリアは恩人だったのだ。彼の父が「御雇外国人」として来日した際、一家と親しくしてくれたのが、先に来日していたマリアである。彼の父が病死し、母も癌を患うが、このとき看取ってくれたのもマリアであった。

果たしてこの作戦は成功し、マリアの死から一年半後、衛生園は開業許可を得ることができた。翌年、隣に「衛生園看護婦養成所」が開設され、八人の女性が一期生として入学する。桜井看護学校が廃止されてから一〇年が経っていた。

さて、マリアを看取った女たちのその後である。娘のアニーは、マリアの死の二年後に王子村キリスト教会に教師として赴任したという記録が残っている。

岡見京は家族とともに衛生園に移り住み、園長として診療を行った。ガーデニングが得意な夫の千吉郎が、広大な庭の手入れをしたという。

桜川里以は、かねてより婚約中であったホノルルの医師、三沢杢《もく》次郎と結婚するため、単身ハワイへ向かう。二人の縁を取り持ったのは、里以の姉である。姉は熱心なクリスチャンで、伝道師としてハワイに渡ったことがあった。夫婦は一女をもうけるも、杢次郎は結核で早世。里以は帰国し、看護婦として働きながら、娘みねをオルガン奏者に育てあげた。

広瀬梅は、上京時にも勝る波乱の人生を送ることになる。マリアの死の二カ月後、三陸地方を未曽有の大津波が襲うと、盛岡に駆けつけ、看護婦として救護活動にあたる。津波で両親を亡くした子どもも大勢いたが、親戚や知人など、誰かしらが引き取っていった。しかしたった一人、引き取り手のない赤ん坊が避難所に残された。見かねた梅は、赤ん坊を抱いて東京へ向かう。津波によって交通が寸断されており、途中一〇〇キロ以上も歩かねばならなかった。桜井女学校の寮に到着すると、自分が赤ん坊を育てる決意をし、『旧約聖書』の「ルツ記」にちなんで「ルツ子」と名付けた。ルツ子が夜泣きをすると、寮生たちに迷惑がかからないように、抱き揺すりながらひと晩中外で過ごしたこともあったという。しばらくして、ルツ子の噂を聞きつけたクリスチャンの夫婦から、養女として迎えたいという申し出があり、梅はルツ子を託す。

梅はその後、神奈川県師範学校に英語教師として勤め、二九歳のとき八歳年下の教え子、佐野佳三と結婚。三年後、アメリカで日本人移民たちが差別と貧困の中で悲惨な生活を送っていると聞くや単身渡米し、サンフランシスコで看護婦、助産婦として彼らを助ける。数年遅れて佳三も渡米。夫婦で日本人学校を経営しながら、六人の子を産み育てた。

四〇年にわたって教育、看護、助産で地域に尽くした梅は、サンフランシスコの在留邦人で彼女を知らない者はいないというほど、皆から頼りにされ、慕われた。昭和一六（一九四一）年に佳三と死別し、太平洋戦争中の昭和一八年に四三年ぶりに帰国する。そして、一〇年後の昭和二八（一九五三）年に、五七年ぶりにルツ子と再会を果たす。この出来事は新聞でも報じられた。取材時に撮影された写真には、梅とルツ子、ルツ子の養母の三人が、一冊の聖書に手を添えている様子が写し出されている。その六年後、梅は九一歳で波乱の人生を終えた。桜井女学校で聖書に出合い、仕事で人の役に立ちたいと考えた梅は、その夢を十分に果たし、逝ったのである。

車上の花見

高田へ帰る前日、和は慈愛館へ行くことにした。雅が一緒に行ってくれるというので、団子坂の自宅から神田猿楽町の東京看護婦会へ歩いて行き、そこから雅と一緒に、あらかじめ頼んでおいた二人乗りの人力車に乗り込む。

雅がひざ掛けを直しながら、「俥屋さん。桜が見頃なのでお濠端《ほりばた》を通ってください」と頼む。千鳥ヶ淵が現在のように染井吉野一色に彩られるのは、二年後、英国公使のアーネスト・サトウが大使館前に植樹をしたあとのことで、この頃はまだ、江戸時代以来の素朴な桜が、行き交う人々の目を楽しませていた。多種の桜が時期をずらして咲いてくれるので、花見の期間も長い。満開の桜が数本並んでいるところに差し掛かると、車夫が速度を落としてくれた。思いがけず雅と花見ができ、和は満足だ。

「和さん、高田はもう何年になりますか」

「六年目です」

「そろそろ東京へ戻ってきませんか。日清戦争を境に看護婦の需要が増えました。和さんの経歴なら大きな病院の看護婦長にもなれますし、東京中に数えきれないほどできた派出看護婦会からも引く手あまたですよ」

「はい。実は私も帰ってきたいと思っています」

和は、衛生園でマリアとアニー母子の仲睦まじい様子を見て、娘として哲と、母として六郎や心と一緒に暮らしたいと切実に思ったのである。時間はあっという間に過ぎ去り、人は老い、必ず死ぬ。まずは哲との時間を大切にしたい。離縁して以来、面倒をかけ続けている。そろそろ親孝行をしなければ。そしていつか巣立ってしまう六郎と心に、短い間でも母親らしいことをしてやりたい。

和が帰京している間は常に一緒にいたがり、別れ際には涙を浮かべていた心も、一六歳となり、すっかり落ち着いた。不愛想で、和とは口もきかない六郎の方がむしろ子どもっぽい。

「今回、高田へ戻ったら、瀬尾院長に退職の相談をするつもりです。知命堂病院の後進も育っていますし、附属の養成所からも卒業生が出て、活躍するようになりました。私がいなくても問題ありません」

「知命堂病院は、新潟県の看護婦養成の一大拠点となりましたね。ご自分の撒いた種が花開き、天国のマリア先生もさぞお喜びでしょう」

毎夏、県内で赤痢の集団感染が発生していたが、和の教え子たちは方々で防疫に力を発揮していた。例えば、マリアが亡くなった明治二九（一八九六）年には、新潟県内で三七六七人が赤痢に罹患し、七四七人が亡くなっているが、このとき苅羽郡で防疫にあたった医師は、「我郡幸いに高田知命堂に於て技芸を習得せる看護婦田代たい子のあるあり、繊弱の身を以て各地に巡回し、看護者に実地に就て伝染病取扱を伝習す」（宮川矢平「刈羽郡の赤痢に就て」）と記している。

和は雅に褒められ満更でもないが、すぐに顔を曇らせ、「ただ、第一医院の退職の経緯を思い出すと、大病院の医師の下で働くことには抵抗があります。自分の理想の看護を追求できるようなところで働きたいのです」と言う。

「それなら、うちの派出看護婦会に来てください」

雅がまっすぐに和の目を見て言う。

「いいのですか」

「もちろんです。私が看護婦会を設立したのは、看護婦がただ医師の補助をするだけでなく、自律的に働ける環境を作りたかったからです」

和は二年前の暮れ、哲の勘違いを鵜呑みにして「母が、雅さんが派出看護婦会を設立したのは、私に仕事を作るためでもあったと言っていたのですが、本当ですか」と口にし、即座に否定されたことを思い出す。雅も同じことを思い出したのだろう。ひとしきり笑ってからこう言った。

「和さんのために派出看護婦会を作ったわけではありません。でも、いつか和さんの役に立つだろうと思っていたことは事実です。それに、和さんが来てくれたら、私も看護婦会も助かりますし、なにより患者さんのためになります」

そう言われては、断る理由がない。

「わかりました。高田から引き揚げてきたら、よろしくお願いします」

桜の花びらが光を反射しながら舞うなか、倖はお濠をあとにし、女子学院のある番町を駆け抜ける。

「それにしても、衛生園と慈愛館は歩いても一〇分程度の距離です。マリア先生の看病中にも時間があったでしょうに、どうして今まで行かなかったのですか」

「うまく言えませんが、私にはお女郎さんたちに対して、後ろめたさのようなものがあります。私が廃娼演説会に出かけたり、慈愛館の募金に協力したりしたのも、その後ろめたさを解消したかったからだと思います。その後ろめたさの正体が何なのか、考えようともしなかったのですが、最近あらためて考えてみました」

「そうですか。それで？」

雅は和を見つめるが、次の言葉が出てこないので自分が続ける。

「以前、第一医院で実習をしていた頃、花魁の心中未遂事件がありましたね。あのとき和さんは、娼妓になるかならないかは、紙一重の差だと言いました。紙一重の差で自分が娼妓にならずに済んだことが後ろめたいのだとしたら、その考えは間違っています。あなたのせいで娼妓が存在するわけではありませんから。家族のために女が身を売らねばならないような世の中に問題があるのです」

「それはそうですが、私はたまたま運がよかったので、子連れで離縁しても身を売ることなく生きてこられたのです。実家がありましたし、母が協力してくれました。女中をしていた家のご主人が英語を習うことを進めてくださったり、捨松様が英語講師に勧誘してくださったり、マリア先生が看護学校の一期生に誘ってくださったり」

「たしかに、出会いに恵まれた部分はあるでしょうけど、あなたは誰よりも努力をしていました」

「そんなふうに言ってくださってありがとう。でも、どうしても私は、お女郎さんたち、中でも特定の人たちに後ろめたさを感じてしまいます」

「……綾さんとマツさんですね。心中未遂事件のあと、私に話してくれましたよね」

「そうです。綾さんとマツさんが遊郭に売られたときもそのあとも、自分は何もしなかったということが後ろめたいのです。いつかどこかで再会したとき、私は平謝りするしかありません」

「謝りたいのですね」

「それもありますが、これまで後ろめたさで蓋をして、あまり思い出さないようにしていた二人に、今はとにかく会いたいのです」

「二人が慈愛館にいるかもしれないと考えているのですか」

「いいえ。そんな偶然はないでしょう。東京だけでも五〇〇〇人以上のお女郎さんがいます」

「慈愛館で暮らしている女性は、せいぜい五〇人ですね」

「それに、二人が遊郭へ売られてからすでに一七年経ちます。前借金を払い終えて新しい人生を歩んでいる可能性が高いです。もしくは……」

「悪いことを考えたらキリがありません。やめましょう」

慈愛館の昼餉

二人を乗せた俥は、植物御苑（現新宿御苑）の脇を通り、新宿駅に出た。直進すると衛生園だが、車夫は大きく右に梶をきる。木立の中を数分進むと、突然視界が開け、畑に囲まれた赤い三角屋根の洋館が現れた。俥を降り、正門から中に入ると、どこか懐かしい茅葺屋根の家屋があり、その奥に、さきほど道路から見えた洋館があった。

外国の童話に出てきそうな可愛らしい建物だが、近寄ってみると意外に広い。開け放たれた窓から、食欲をそそる匂いが漂ってくる。周辺には牛舎や蚕室《さんしつ》、養鶏場もあり、もんぺを穿いた女たちが会話をしながら楽しげに行き交う。畑のまわりで菜の花が揺れ、その上に満開の桜が枝を伸ばす情景を見て、和は思わず「ここは天国ですか」ともらす。

雅に気がついた女たちが「こんにちは」と挨拶してくる。

「雅さんはしょっちゅう来ているのですか」

「ええ。来てますよ」

「今日は午後一番で収穫作業があるので、早めの昼餉《ひるげ》です。どうぞ食べて行ってください。ライスカレーです」

日に焼けた見るからに健康そうな女が、愛想よく声をかけてくる。

「ありがとう」

雅は礼を言ってから和をふり返り、「お言葉に甘えましょう」と微笑む。

建物の中に入ると、玄関脇の台所で五、六人の割烹着《かっぽうぎ》をつけた女たちが、ライスカレーを配膳しているところだった。雅と和に気がつくと、「こんにちは」「今日はポークカレーです」「おいしくできましたよ」と口々に言いながら、盛りつけた皿とスプーンを載せた盆を渡してくれた。

雅にうながされ、和は台所に続く食堂へ入る。長方形のテーブルとたくさんの椅子が並び、すでに半分ほどが若い女たちで埋まっている。二人は窓際のテーブルにつく。

「ここにいる方々は、皆お女郎さんだったのですか？」

「そうです」

和が見まわすと、離れたテーブルに子どもが一〇人ほど座って、ライスカレーの配膳を待っている。

「あの子たちは？」

「ここでは地域の孤児たちも受け入れているのです」

子どもたちは髪を整えられ、小ざっぱりとした服装に身を包み、皆健康そうだ。雅は続ける。

「矯風会は、娼妓をやめたい女性たちの手助けをし、ここに連れてきます。ここで農作業や養蚕をしたり、子どもたちの面倒をみたりしながら生活してもよし、手に職をつけて自立するもよし。私は週に一回、ここで看護の授業をしています。うちの派出看護婦会で働くようになった人もいるのですよ。衛生園に看護学校ができれば、そこで学べるのですけどね。そのためにも早く衛生園の開業にこぎつけたいです」

雅の願いは二年後には叶えられる。先述の「衛生園看護婦養成所」の一期生八人は、慈愛館の女たちなのだ。遊郭に売られた女たちが救出され、ここで新たな人生を見つけていく。そのために看護婦という職業が役に立っているということが和にはうれしい。

「民さんと子尾さん、頑張りましたね」

「頑張ったのは、二人だけではありませんけどね」

雅が苦笑する。

ライスカレーの配膳が終わり、慈愛館で暮らす女たち全員が席につく。子どもたちを含め、六〇人ほどいるだろうか。皆で食前の祈りを捧げ、「いただきます」と唱和し食べ始める。和は、そんな偶然があるわけないと思いつつも、何度も食堂を見まわしてしまう。つい一〇代の女の子たちに目が行ってしまうが、今は綾もマツも三〇代だ。

食事を終え、雅と和は皿洗いを手伝う。それが終わると、畑で野菜の収穫作業に加わった。慈愛館では自給自足用の野菜のほかに、出荷用の野菜も作っている。この日は皆でキャベツを穫り、大八車に積んだ。

「キャベツとは珍しいですね」

和は鄭家で女中をしていた頃に、キャベツを使って料理をしたことを思い出す。

「近くの植物御苑で西洋の野菜を作っているので、ここでも真似て栽培しているのです。キャベツのほかにレタスやトマト、イチゴにメロンも作っているのですよ。珍しいので高く売れます。なによりおいしいので、ここに来るのが楽しみです」

雅は、慈愛館やそこで暮らす女たちを特別視していない。和は、「紙一重」などと言いながらも、娼妓たちを色眼鏡で見ていたことに気づき、恥ずかしくなる。そのときふと、鼻先を甘い匂いがかすめ、「お嫁さん」と呼ばれた気がして、思わずマツと綾の姿を探す。二人の姿はどこにもなかったが、畑の向こうに田打桜が咲いていた。

第六章　東京看護婦会

派出看護婦会の乱立

明治二九（一八九六）年夏、大関和《ちか》は、瀬尾原始をはじめとする知命堂病院の仲間たちに見送られ、五年半を暮らした新潟県の高田を後にした。大所帯となり、神田猿楽町から神田錦町へ移った東京看護婦会で、鈴木雅の片腕として多忙な日々を送ることになる。

和が最初に担当した患者は、元土佐藩士で、藩主山内容堂に大政奉還を説いた後藤象二郎であった。維新後は国務大臣を歴任した象二郎は、この頃心臓を患っており、翌年他界する。彼は、和の当意即妙の受け答えが気に入り、病床での会話を楽しんだ。

和は「看病婦の多弁は一の不品行」としながらも、患者の求めに応じて会話をすることは良しとし、そのために「常に面白き話を研究して置くべき」（『実地看護法』）と考えていた。

また、派出先で得た情報は一切外へ漏らさないという点も徹底しており、のちに後進たちにも「病家の秘密を口外する事を禁じます。病家の信用を害するのみか、我名誉を傷つけ、遂に職を失う様になります」（同右）と念を押している。こうした和の態度に、象二郎も安心して口を開くことができたのではないだろうか。

このあと和は、政府高官や華族の家々から派出看護を指名されることになる。元家老の娘という出自が気に入られたという面もあろうが、相手が誰であっても臆することなく、患者のために必要なことを遣り遂げる点が、患者やその家族の信頼を得、口伝てで評判が広がったのである。和が名立たる家々で期待以上の成果を上げたことで、東京看護婦会の収益が増え、再び慈善看護を行えるようになった。

さらに、高田時代に赤痢の防疫で名を馳せた和のもとには、全国の自治体や病院から、防疫の協力要請が相次いだ。帰京した明治二九年から翌三〇年にかけて、各地で赤痢の集団感染が発生すると、和は東京看護婦会の看護婦たちを率いて、対策に向かっている。

このときの成果について、前出の村上信彦は「その看護は文字どおり愛と献身にあふれた無私の奉仕で、それだけ異常な成果をあげた。（中略）群馬県の九十九村では百名の赤痢患者を扱って死者わずかに六名、埼玉県の加治村でも百名の赤痢患者のうち死者五名、あとは全員全治させている。（中略）当時の医療水準から考えればこれは奇蹟とも言うべきで、いかに看護の力が大きかったかをものがたっている」（『大正期の職業婦人』）と評価している。

そして、和の看護の背景には「報酬をあてにせず、行為それ自体が酬《むく》いなのだという考え方」（同右）があると指摘する。

そもそも和に看護婦になることを決意させたのは、マリア・トゥルーに連れて行かれた横浜の貧民窟の人々の暮らしぶりであった。もちろん生活の糧は必要だが、和にとって最も重要だったのは、自分が誰かの役に立つことであった。したがって和の仕事は、内容と報酬が釣り合わないことも多く、経営者である雅は、頭を抱えることもあった。

ある日、午前だけの数時間の派出のはずが、大幅に時間を超過して帰ってきた和に、雅は「仕事が丁寧すぎます」と小言を言い、さらに「慈善事業ではないのですよ」と続けそうになり、苦笑する。東京看護婦会の主旨は「慈善」にあるからだ。しかしそれはあくまで、貧困層に対しての「慈善」のつもりだ。

「ところで雅さん。最近、派出看護婦会が増えましたが、中には、農村から連れてきた女の子たちをにわか仕込みで派出するような低劣な会もあるようです。一刻も早く取り締まってもらわないと、私たちまで同類だと思われてしまいます」

事務室のソファに座り、雅が淹れてくれた熱いお茶を飲みながら、和が憤る。

五年前、雅が「東京看護婦会」の前身である「慈善看護婦会」を設立した当時は、他に類を見なかった派出看護婦会も、雅や力を貸してくれた第二医院の看護婦たちの奮闘によってその存在が認められ、次第に数を増した。そして、日清戦争を境に一気に急増し、看護婦全体の約八割を派出看護婦が占めるまでになった。先述のとおり、戦時中の篤志看護婦の活躍によって看護婦志望者が増えたこと、戦後の伝染病の蔓延によって看護婦の需要が増えたことに加え、看護婦の資格や派出看護婦会の基準についての定めがないことが、急増に拍車をかけていた。

当初は、雅のようなトレインド・ナースが仲間たちを集めて経営する形が主流だったが、徐々に素人による経営が増えた。当時の新聞は、まったくの素人が経営する派出看護婦会や、髪結いや下宿屋、商店等による兼業が東京市内だけで一〇〇以上あると伝えている。また、ある雑誌は、看護婦に「姦互婦」という文字を当て、派出先で売春を行っていると面白おかしく書きたてた。

トレインド・ナースとして誇りを持って働いている和にとって、それは堪えがたい状況であった。これでは、看護婦が賤業視されていた昔に逆戻りである。日本でトレインド・ナースを育てたいと奔走したマリアの苦労が水の泡になってしまう。

「取り締まるとは穏やかではありませんね。いったい誰が取り締まるのですか」

雅が自分の湯呑みを持って、和の正面に座る。

「静岡県には『看護人免許』というのがあって、無免許で看護の仕事をしている人を警察が取り締まっているそうです」

「看護婦を免許制にすることには賛成ですが、何でもお上に取り締まってもらえばよいというものではありません。たしかに、よその派出看護婦会についてよくない噂も耳にします。けれども、いったいどこまでが真実なのでしょう。例の『姦互婦』の記事など、私は捏造《ねつぞう》だと思いますよ。世間には、私たちをふくめた派出看護婦会すべてを苦々しく思っている人もいます。ですから、そういった噂を真に受けることは、自分たちの首を締めることにもなりかねません」

雅の意見には一理あった。看護婦の必要性は認めながらも、女が組織を作ること、経営すること、自立することをよく思わない人々が少なからずいることは、和も常々感じていた。

「でも、だからと言って、低劣な派出看護婦会を見逃せと？」

「まずは、看護婦に一定の教育を課す制度や、資格の整備が必要ではありませんか。そうすれば、派出看護婦に限らず、病院の看護婦の水準も保たれます。私は、看護婦という職業が、女性の自立の手段であってほしいと思っています。ですから、農村から出てきた若い女性たちが看護婦になろうとすること自体は歓迎します。彼女たちを排除するのではなく、育てるべきです」

雅に言われ、和ははっとする。自分は、派出看護婦会の評判が下がることばかりを恐れていたが、真に患者や医療界のことを考えるならば、所属先を問わず、看護婦の技量や専門職としての自覚を一定の水準に保つことが重要なのは、言うまでもない。

「そのとおりです、雅さん。私もそういうことが言いたかったのです」

「そうですか？　一刻も早く取り締まるべきだと言ってませんでしたか」

雅の言葉を聞き流し、和は壁時計を見る。一二時までの派出の仕事を二時間超過してしまったため、すでに一五時を過ぎていた。

「制度を作るなら、お上に請願しないといけませんね。こういうことは矢嶋先生がお詳しいはず。教えを乞いましょう」

　矢嶋楫子率いる婦人矯風会は、発足当初からいくつもの請願運動を行っている。和は、雅をうながして番町にある女子学院に楫子を訪ねるが、あいにく外出中であった。女子学院をあとにし、何かいい方法はないかと考えながら歩くうち、二人は半蔵濠に出た。忙しく過ごしている間に、濠端の桜の葉はすっかり落ちていた。空はどんよりと曇っている。

「手っ取り早く、規則や制度を作る方法はないでしょうか」

　和がため息をつきながらお濠を見下ろす。

「請願運動は、時間がかかりますからね。婦人矯風会が掲げる『一夫一婦制』もいまだ実現していません」

　すると和が「そういえば」と勢いよく雅をふり返る。

「昨年末、陸軍の児玉源太郎閣下の奥様の看護にうかがった際、閣下が内務省衛生局の後藤新平局長をご紹介くださったのです」

　医療行政を掌握しているのが衛生局であった。

「直訴しますか」

「そうします」

　言うなり、和が内務省のある桜田門の方へ向かおうとするので、「もう夕刻です。日を改めましょう」と雅が止める。

後藤新平との約束

翌朝、和は一人で俥に乗り、内務省へ向かった。雅と二人で行くまでもない。衛生局の窓口で大関和と名乗り、取り次ぎを頼むと、しばらくして応接室へ通され、そこへ新平がやってきた。

「今年の夏もずいぶんと防疫にご活躍でしたな。方々であなたのご評判を耳にしましたよ」

新平は和の一つ年上である。陸奥国水沢藩士の家に生まれ、須賀川医学校に学んだ新平の語調は、和の故郷黒羽の語調と似たところがあり、親しみを覚える。

「今日はいったいどうされましたか」

新平がソファに座るようにうながす。

「恐れ入ります。後藤局長もご存知のとおり、現在、看護婦の需要が高まっています」

「承知しています。加えて、日清戦争の折に活躍したことで、看護婦を志望する者も増えましたな」

「はい。志望者が増えることはとても喜ばしいことなのですが、看護婦とは名ばかりの者もおります。看護婦の技能は患者の生き死にを左右しますから、名ばかりでは困るのです。このままでは、わが国の衛生や医療の水準は一向によくなりません」

新平は腕組みをしながら、うんうんとうなずく。

「看護婦の技能を一定の水準に保つためにも、医師と同じように資格制にするなど何らかの対策が必要ではないでしょうか。あまりにも低劣な派出看護婦会に対しては、取り締まりも必要です」

ここにきてやはり「取り締まり」にこだわる和であった。

「たしかに大関さんのおっしゃるとおり、看護婦、特に派出看護婦は玉石混淆です。養成所でしっかりと学んだ者だけが看護婦として認められるような規則作りが必要ですな」

新平があっさりと同意するので、和は拍子抜けしそうになる。

「ただ、今すぐというわけにはいきません。たいへん申し訳ないのだが、早急に対処すべき問題が山積みなのです」

当時、医療行政は医師法の制定をめぐる医師らの対立や、医薬分業をめぐる医師と薬剤師の対立といった問題を抱えていた。それは和も承知していたが、看護婦の存在が軽視されているようで悔しい。

「局長は、看護婦の問題はあとまわしでよいとお考えなのですか」

声が震える。感情が露わになりやすいところが欠点だとしばしば雅から注意を受ける和だが、こういうときはそれが役に立つ。新平は慌ててこう言った。

「そういうわけではありません。準備が整い次第、取り掛かります」

「約束してくださいますか」

「約束します」

この約束が果たされるのは、四年後のことである。

結局、和と雅は「手っ取り早い」方法を諦め、自分たちでできることから始めることにした。東京看護婦会の隣にもう一軒、家を借り、そちらを「東京看護婦会講習所」とし、看護婦の養成を行う。

講師は雅と和、そして「慈善看護婦会」時代からの熟練の看護婦たちが務めた。このほか看護婦の「検定」委員として、帝国大学医科大学の教授数名を嘱託とした。講習期間は三年間で、最初の半年間は「解剖学大意」「生理学大意」「看病学」「包帯学」「修身学」「救急療法」「外科器械学」「電気用法」「腐敗及消毒法」「泰西按摩法」の一〇科目を講義し、次の半年間は実習を行う。残りの二年間は研修期間とし、病院や家庭に派出しながら指導した。

入学資格は二〇歳から四〇歳までの女性で、読み書きと計算がひととおりでき、「係累なく三年間は家事に関係しなくて済む者」とした。私費生と定員二五名の給費生に分け、寄宿を希望する私費生は、月謝一円と食費四円、舎費一円を収めた。給費生は食費も舎費もかからないどころか、毎月の小遣い一円と、実習の際には白衣の洗濯代として一円がもらえた。一円の価値は、現在のおよそ四〇〇〇円である。

さらに雅の提案で、二人は看護婦の団体を創設することにした。

「『ここに所属している看護婦なら信頼できる』と世間様に思っていただけるような団体を作りましょう」

先述のとおり、雅には公許女医第一号の荻野吟子らとともに「婦人衛生会」を立ち上げた経験がある。同会はすでに結成から一〇年が経過し、会員数は千人を超え、婦人矯風会、婦人慈善会、大日本婦人教育会とともに「四大婦人会」に数えられるほどに成長していた。

二人は新しい会の名前を「大日本看護婦人矯風会」（以下、看護婦人矯風会）と決めた。

「では、会長は雅さんですね」

「いいえ、私は『婦人衛生会』の役員なので、看護の方は和さんがやってください」

和は、会結成の提案者である雅こそが会長にふさわしいと考えたが、雅が固辞するので、引き受けることにした。二人は会員を募るため、第一医院で看護婦として働いたあと、独立して麴町区飯田町に「九段看護婦会」を設立した船曳みきを訪ねる。九段看護婦会は、第一医院で研鑽を積んだ看護婦のみを雇っており、評判がよかった。

「ぜひうちの看護婦たちを加えてください。このまま派出看護婦の評判が落ちていくのを黙って見ているのは悔しいです」

みきは二人の考えに賛同してくれた。

こうして和と雅は、信頼のおける派出看護婦会を一軒一軒訪ね歩いては、会の趣旨を説明し、協力者を増やしていった。しかし中には、趣旨には賛同しながらも、協力を拒む者もおり、徒労を感じることも少なくなかった。雅はそのあたりは割り切っていたが、和はいちいち落ち込んでしまう。そんなときは一番町教会に植村正久を訪ね、愚痴をこぼした。正久はいつも和の気が済むまで、黙って耳を傾けてくれるのであった。

ほどなく、伝道のための週刊誌『福音新報』に、正久による「教会に於ける婦人の事業」

という記事が載る。正久は、「今や医術大いに開け、看護婦会なるもの続々設立せらるるは喜ぶべきに似たりと雖《いえど》も、その流弊また言うに忍びざるものあり」と現状を憂い、人の疾苦を救うという点でキリスト教の教えと看護には通じるところがあるため、「女子伝道学校には、看病の科を設け、凡ての生徒をしてほぼその術に通じ、その方法を習わしむべし」と提案した。

看護婦会の仕事の合間にこの記事を読んだ和は、わが意を得たりと感激し、「やはり看護には、キリスト教の奉仕の精神が不可欠です」と言いながら、雅にも記事を読むように勧める。

「植村牧師の記事でしたら、もう読みました。ミッションスクールの生徒が皆、基礎的な看護を学ぶべきだという意見には賛成です。看護の知識は身につけておいて無駄にはなりません。ただ、看護が奉仕になってしまっては困ります。貧困層への慈善看護はさておき、看護は仕事ですから、奉仕になってはいけません」

「看護婦自身がよいと思っているのなら、奉仕になっても構わないではありませんか。私は患者さんが満足することが一番大事だと思っています」

「あなたがよくても、ほかの看護婦たちが困ります」

「でも、患者さんのご満足が十分な報酬に反映され、その分を慈善看護に使うことができているのですよね」

「十分な報酬をいただいているのですから、それは奉仕ではありません。看護婦は奉仕をするのが当たり前と思われ、報酬が低くなることを心配しているのです。看護婦は専門職として十分な報酬を得、それによって自立可能でなければなりません」

「はいはい。でも植村牧師も看護婦に奉仕を強いているわけではありませんよ」

「わかっています。看護婦会の乱立による問題をこのように提起していただいたことは、とてもありがたいです」

そう言ってから雅は、「どうせ和さんが教会で愚痴をこぼしたのでしょう」と笑う。

和が帰京し、雅とともに東京看護婦会で忙しく働いた明治二九年も暮れようとしていた。

監獄署へ通う

翌明治三〇（一八九七）年秋。和が第一医院で看護をした相馬愛蔵から、結婚の知らせが届く。相手は、元仙台藩士の娘、星良《ほしりょう》で、貧民救済活動の一貫として仙台で孤児院建設のための募金運動をしているときに知り合ったという。明治女学校を卒業したばかりの良は、すでに「黒光《こっこう》」という筆名で文筆活動を行っていた。二人は、安曇野で養蚕業を営む愛蔵の実家で生活するという。和は二人にご祝儀を送った。すると愛蔵からの礼状に、木下尚江が恐喝取財罪で逮捕されたと書いてあった。

和は、六年前に高田の廃娼演説会で初めて尚江に会って以来、細々と文通を続けていた。それは、洗礼を受けてクリスチャンになったことや、弁護士になったことなど、尚江が近況を報告し、和が返信するという他愛のないものであった。尚江が近くへ寄るので会いたいという手紙もたびたび受け取っていたが、仕事が忙しく、断っていた。したがって六年の間に尚江と顔を合わせたのは、廃娼演説会の会場で数回程度にすぎず、彼についてほとんど何も知らないままである。警察に逮捕されたと聞いても、訳がわからない。

尚江は、納税額による制限のない選挙、すなわち「普通選挙」の実現を図るべく、同志とともに信州松本で「普通選挙期成同盟会」を結成し、演説会を開いたり、ビラを配ったりといった活動を始めた。その矢先、松本在住の県会議員が、選挙の際に買収を行ったことを知る。尚江が追及に赴くと、議員は見逃してくれれば普通選挙運動に千円を寄付すると約束した。これが県会議員に対する恐喝取財と見なされ、逮捕されたのである。

年末、尚江は起訴され、翌明治三一（一八九八）年一月、重禁錮八カ月、罰金一〇円、監視六カ月の判決を受ける。旧刑法は、労役のある禁錮刑を「重禁錮」、労役のない禁錮刑を「軽禁錮」と呼んでいた。判決を不服とし控訴した尚江は、二月初旬、東京へ護送され、皇居に近い鍛冶橋監獄署に収監された。

知り合いが不自由な生活を強いられていると知りながら、放っておける和ではない。早速、面会へ行くと、尚江は涙を浮かべて喜んだ。

「何かご入用でしたら、遠慮なくおっしゃって」

朝夕の寒さがこたえるという尚江に、和は徹夜で綿入れを作り、翌日には届けた。以後、和は仕事の合間を見つけては、週に一度の頻度で食べ物や着る物を差し入れる。

監獄署に通い始めて二カ月が過ぎた四月一一日。その日も、和は派出先から東京看護婦会に戻ると、雅に申し送りを済ませ、いそいそと玄関を出て行こうとする。大事そうに抱えている風呂敷包みの中身は、早起きして作ったおはぎと洗濯済みの衣類である。

「お疲れでしょうに。六郎君や心ちゃんの待つ家にまっすぐお帰りになったらいかが」

行き先を知っている雅が、若干の嫌味を込めて言う。

「二人ともう大きくなってしまって、私のことなど待っていませんよ」

和は、マリアの死に際し、家族との生活を切望したときの気持ちをすっかり忘れてしまっていた。なにしろ、子どもたちは瞬く間に成長し、もはや母親を恋しがるような年齢ではなかった。六郎は第一高等学校を経て東京慈恵医院医学校（旧成医会講習所）に入り、心は女子学院を卒業し、慈恵看護婦教育所に通っている。

和の後ろ姿を見送りながら、雅は軽くため息をつく。誰に対してもお節介な和だが、尚江への気遣いが単なるお節介を通り越していることは、明らかであった。

監獄署の面会室で、和と尚江は机をはさんで向かい合って座る。看守に見張られてはいるが、間に仕切りはない。和がおはぎと衣類の入った風呂敷包みを渡すと、尚江は「ありがとうございます」とうれしそうに受け取る。初めて面会にきた頃と比べ、顔色もよく、少し太ったようだ。

尚江は風呂敷包みを脇へ置くと、「和さん。誕生日おめでとう」と言いながら、和紙に貼った押し花を差し出した。それは桜の花びらであった。

「誕生日の贈り物です。運動の時間に、風に乗って飛んできた花びらを捕まえました」

看守の視線など気にせず、尚江が微笑む。

「誕生日の贈り物？」

和がいぶかるのも無理はなかった。正月に皆一斉に年をとるのが当たり前で、個人の誕生日を祝う習慣などない。

「西洋には、生まれた日を祝う国があります。こんなものしか用意できず、面目もありませんが……」

そういえば以前、手紙で生まれた年月日を聞かれたことがあった。年齢差を知りたいのかと思ったが、祝ってくれようとしていたのだろうか。理由は何であれ、監獄署にいながら贈り物を準備してくれたことが、和はうれしい。

洗濯物が入った風呂敷包みを抱えて監獄署をあとにした和は、濠端で一旦足を止め、懐から押し花を取り出す。じっと見つめ、再び大事そうに懐にしまった。

木下尚江からの求婚

結局、尚江は無罪となった。出獄を間近に控えた面会時、尚江は和に結婚を申し込む。

「あなたが通い続けてくれたこの一〇カ月、とても幸せでした。もっとここにいたいくらいです」

好意を感じてはいたが、まさか結婚を申し込まれるとは思っていなかった和は驚いた。押し花のときと同じ看守が、呆気に取られている。返事に窮した和は立ち上がり、一礼すると面会室をあとにした。

「ここを出たら真っ先に東京看護婦会へ行きますから、そのときお返事を聞かせてください！」

尚江の声が追ってくるので、和は駆け出した。

相馬愛蔵を通じて尚江を知っていた妻の黒光は、尚江の和に対する好意について、こう記している。

「木下氏の愛の好みに大関女史ほどはまった人はなかった、と少なくとも私には考えられる。もっとも私にそういう直感が働くようになったのも、はるかに年経て後のことで、それにもやはり折々聞いた氏自身の自白が利いたというほかない。氏はよく自嘲するような持ち前の、あの明らかにわざとらしさのある調子で言った。

『人形のような小娘はつまらないが、中年の女はその熟した智恵が面白い』と。

容貌、情熱、年齢、当年の大関女史はまさに木下氏の再び得がたい対象であったといえよう」（『穂高高原』）

和は、外濠にかかる鍛冶橋を渡ったところで走るのをやめた。息を整えながら考える。尚江の好意はうれしいが、結婚の申し込みを喜んでいいものなのかどうかがわからない。一度目の結婚は散々であった。しかし、自分の中に、結婚に対する強い憧れがあることも、また確かだ。

　和は、二人仲睦まじく台所に立っていた鄭永慶夫妻を懐かしく思い出す。運命に導かれるかのように大山巌と結婚した捨松。妻を「愚妻」ならぬ「賢妻」と呼ぶ植村正久。彼らのような夫婦になれるのであれば、もう一度結婚してみたい。

　妻を大切にし、対等に扱う夫。彼らが皆クリスチャンであることに、和は気がついていた。尚江となら、彼らのような対等で思いやりにあふれた夫婦になれるかもしれない。とはいえ、看護婦の仕事は続けられるだろうか。尚江は社会運動家として全国を飛びまわるだろう。彼と一緒に暮らすとなれば、少なくとも今と同じように働くことはできない。

　すでに冬の日は暮れていた。和は俥を拾うと、雅のいる東京看護婦会へ向かう。雅はほとんど毎日、早朝から深夜まで仕事をしているので、まだいるはずだ。

　自分が足繁く監獄署へ通うことを快く思っていない雅に、尚江とのことを話したところで、水を差されるに決まっているが、ほかに相談する相手もいない。それに尚江は、出署したら東京看護婦会へ来ると言っていた。雅にはあらかじめ話しておいた方がいいだろう。

　到着すると、日帰りの派出から戻った看護婦たちが申し送りを済ませ、帰宅するところであった。雅は事務室で、翌日の看護講習の準備をしている。最近は雅も和も、附属の講習所で後進の育成に力を入れていた。和が結婚を申し込まれた話を切り出すと、案の定、雅は否定的な反応をする。

「いきなり結婚を申し込むなんて、失礼な方ですね」

「いきなりではありません。こうして生まれた日に贈り物をいただいたこともありました。西洋では『誕生日』を祝う習慣があるそうです」

雅は、和が差し出した和紙を広げる。そこには、茶色く干からびた桜の花びらがあった。

「『こんなものしか用意できず、面目もありません』とおっしゃって」

「そうでしょうね」

和は、雅の嫌味に気がつかない。

「それで、結婚の申し込みはどんなふうに？」

「もちろん、結婚してくださいと。それから『この一〇カ月、とても幸せでした。もっとここにいたいくらいです』とも」

和の頬が思わず緩む。

「木下さんは、ずいぶんと芝居がかった人なのですね」

たしかにそのとおりだと和も思う。初めて高田で会ったときも「ずっとあなたに会いたいと思っていました」と言われ、少し驚いた。しかし、それにしても雅の言い方にはずいぶんと棘がある。

「雅さんは、まだ木下さんに会ったことがありませんよね。そういう批評は、会ってからにしてもらえませんか」

「わかりました。ではお会いする日を楽しみにしています」

雅が心にもないことを言うので、和はそれ以上相談することを諦めた。

尚江は意外に早く、二日後の朝、東京看護婦会にやってきた。和が差し入れた大島の着物を着ているため、出署直後にはとても見えない。

この日、雅は婦人衛生会の集まりに出かけていて、珍しく留守であった。和は看護講習の途中であったため、事務員の和賀操《わがみさお》にお茶を出すように頼み、小一時間ほど尚江を待たせた。操は最初、看護婦として応募してきたのだが、事務能力が高く、人当たりもよいので、忙しい雅に代わって看護婦の勤務管理や、患者とその家族の対応を行うようになっていた。

講習を終えた和が事務室へ入ると、尚江と操が談笑している。和は、尚江を退屈させていなかったことに安堵しつつも、若い二人があまりに楽しそうなので、疎外感を覚える。

「では、私はこれで」と操が椅子から立ち上がると、尚江が名残惜しそうな顔をする。

尚江はもう籠の鳥ではない。自由に誰とでも会うことができるのだ。そのことを素直に喜べない自分に気づき、和は恥じ入る。

尚江は和に、収監中に世話になった礼を言い、しばらく同郷の代議士の屋敷に身を寄せ、東京での用事を済ませたら松本へ帰ると伝えた。そして、もう用事は済んだとばかりに立ち上がる。結婚の申し込みについての返事を聞きにきたとばかり思っていた和は、拍子抜けする。

玄関から尚江を送り出すと、隣に建つ講習所の窓から、学生たちが興味津々の様子でこちらを眺めている。尚江は被っていた帽子を片手で持ち上げ、学生たちに向けて振った。学生たちは歓声を上げ、尚江も満足そうだ。すると、急に尚江が真顔で和をふり返り、「例の件ですが。お受けいただくということでいいですね」と念を押すように言う。

例の件とは結婚のことだろう。返事を聞くまでもないということか。和が正直に「いえ。まだ決めかねています」と答えると、尚江は意外な顔をする。

「わかりました。そうですよね。私は今、出署したばかりの無職の身です。和さんが躊躇するのも無理はない」

「そうではありません。木下さんの仕事のことではなく、自分の仕事のことで迷っています。私は看護婦を辞めたくないのです」

尚江は高らかに笑いながら「もちろん、看護婦は続けてください」と言う。「私は『日本のナイチンゲール、大関和』を好きになったのですから、むしろ辞めてもらっては困ります。返事は急ぎません。では、また」

尚江は帽子をかぶり直すと、門を出ていった。彼の後ろ姿を見送りながら、和は「『日本のナイチンゲール、大関和』を好きになった」という言葉をどう受け取っていいのか悩む。

小さくなった尚江の後ろ姿とすれ違うように、前方から俥がやってくる。乗っているのは、帽子にオーバーコートという洋装の雅であった。婦人衛生会の集会から戻ってきたのだ。すれ違いざま、尚江を一瞥したように見える。俥はみるみるうちに近づき、和の手前で停まった。

「あの方が木下さんですね。すぐにわかりました。それで何と返事を？」

雅が俥を下りるや否や、尋ねてくる。

「保留しました。木下さんが急いで決めなくていいと」

「そうですか。ではゆっくり決めるといいですよ」

二人で門から玄関まで並んで歩く。

「それにしても、看護婦も学生も女ばかりのところにためらいなく入ってくるなんて、思ったとおりの方です」

なぜ雅はこんなに尚江を毛嫌うのだろう。雅のことだから何か理由があるのかもしれない。それならそうと話してくれればいいのにと和は思う。

相馬愛蔵の誠意

松本へ帰った木下尚江は、安曇野で新婚生活を送る後輩相馬愛蔵を訪ねた。まずは、和と出会うきっかけとなった愛蔵に、結婚の申し込みをしたことを報告しようと考えたのである。しかし、思いがけない反対に遭う。

愛蔵の妻、黒光が記したところによれば、その理由は「女史の方が木下氏よりはるかに年上であること、女史がすでに社会的相当の地位を得ているのに、木下氏は弁護士としても微々たるもので、一個少壮の士として万事今後の活動にまつほかないという現状では夫妻の位置の順当を欠き、結局悲劇に終る懸念が深い、まずこの結婚は見合わせる方がよかろうという、まず十人が十人ながら答える程度のきわめて常識的なものであった」（『穂高高原』）

これは、さかのぼること八年、公許女医第一号の荻野吟子が、一四歳年下の無名の伝道師志方之善《ゆきよし》と結婚した際に世間から浴びた批判とほとんど同じである。当時は、社会的地位の高い女が年下の男と結婚することは、「十人が十人ながら」反対する非常識なことであった。

しかし、愛蔵が二人の結婚に反対した真の理由は、ほかにあった。愛蔵は尚江の女性遍歴に失望しており、敬愛する和の結婚相手としてふさわしくないと考えたのだ。以前愛蔵は、地元の穂高町で、兄の家を会場に廃娼演説会を主催したことがあり、その際、弁士の一人として尚江を招いた。このあたりでは存娼運動も盛んなため、予想どおり五、六人の暴徒が聴衆に紛れ込み、悪辣な野次を飛ばしたり、近くの小川の水を柄杓《ひしゃく》で汲んで聴衆たちに浴びせたりと、狼藉の限りを尽くした。しかし弁士や聴衆たちも慣れたもので、それらをやり過ごしながら淡々と演説会を続けた。

いよいよ雄弁家として知られる尚江の登壇となり、聴衆が拍手喝采で迎える。尚江が「諸君！」と発するや、聴衆はひと言も聞き漏らすまいと耳を傾け、会場は一瞬で水を打ったような静けさに包まれる。途端に暴徒たちが野次を飛ばしはじめたのだが、それは耳を疑う内容だった。

「木下さん、あんたえらそうに廃娼、廃娼って言うけど、自分はどうなんだ？」

「ずいぶん熱心に遊郭通いをしていた時期があったらしいね」

「女郎を身請けして、一緒に暮らしていたんだろう？」

聴衆たちもこの野次には驚き、無視することができない。その動揺につけ込むように、暴徒の一人、角帽に黒マント姿の男が、あらたまった調子でこう言った。

「お集まりの皆さん。この男はさんざん遊郭で遊び、挙句に女郎を身請けして、一緒に暮らしているんですよ。それなのに廃娼、廃娼って、これが偽善じゃなくて何でしょう」

会場は騒然となり、聴衆たちは尚江と黒マントの男を代わる代わる見つめる。尚江は顔面蒼白となり、演壇を降りて別の部屋へと消えてしまった。その日、尚江は愛蔵の兄の家に泊まる予定であったが、「頭痛がする」と言って松本へ帰ってしまった。

後日愛蔵は松本へ行き、野次の内容が事実であることを確かめる。以来、尚江を信用することができなくなった。

尚江の過去の遊郭通いと娼妓の身請けについて、村上信彦はこう説明している。

「木下尚江がはじめて遊里を経験したのは明治十九年ないし二十年前半の東京遊学中で、十七、八歳の学生時代だが、それは好奇心や肉欲のためでなく、失恋の心の痛手を紛らすためであった」。次は日清戦争の頃で、「キリスト教に傾倒していた彼は、教会は当然戦争に反対するものと思っていたのであるが、意外にも国策に同調して〈正義の戦争〉を唱えはじめたので激しい疑惑におちいった。（中略）自分たち少数の非戦論者の無力をも痛感せざるをえなかった。（中略）俗悪な代言人（引用者注・弁護士）の生活にも厭気《いやけ》がさしていた。（中略）一時は真剣に自殺を考えるほど、生きるか死ぬかに迷った時代であ」った。そんなとき、尚江は茶屋で出会った高齢の義太夫芸者から、「松花」という娼妓に会ってくれないかと頼まれる。松花は「顔が綺麗で、品が高くて、俳諧が出来て」「俳名をそのまま娼妓名にしている」と聞いて関心を持った尚江は、遊郭へ会いに行く。「これを機会に湖畔の遊里に通って、実名時子娼名松花と深くなったのも恋であって遊びではなかった」（『明治女性史』下巻）

ある夜、松花は尚江と枕を並べているとき、「遊女の借金は、法律に照らすと無効だというのは本当ですか」と尋ねる。すると尚江は「一日中法律の仕事で疲れ切り、あなたに癒されたくてここに来ている。そのあなたに法律の話をされたら、自分はいったいどこに逃げたらいいのだ！」と怒り出す。松花は泣いて詫《わ》びたが、二人の関係はこれで終わる。

尚江に同情的な村上も、このときの彼の態度については、「あまりにも女の心情を無視している」と非難する。「ひとたび恋におちた松花が泥水から抜け出たい思いに燃えてふしぎではなく、それが意外に男の怒りを買ったのに悔いて流した涙は絶望の涙だったと思われる。そして前途を諦めると共に、自己の恋をも断念した。断念すれば会うのも辛く、同僚の娼妓七越《ななこし》をすすめて徐々に身を退いたのはそのためである」（同右）

松花には尚江に対する恋愛感情などなく、流した涙は、彼がまったく頼りにならないという絶望の涙で、会うのが辛くて身を退いたのではなく、単に会う価値がないと判断しただけかもしれないが、いずれにしても松花は、このあと遊郭を出て、尼になったと伝えられている。

松花の代わりとなった「七越」は、地味だが誠実で、尚江に散財させまいと気を遣うような女であった。村上によれば、「七越との関係は恋愛ではなく、傷ついた心を癒すための逃避的な愛、女の優しさや心尽しの渇望」であったが、七越が松花の客を横取りしたという噂が立ち、遊郭に居づらくなったため、「情誼《じょうぎ》に弱い尚江はそれを知って見捨てておくことができず、やむなくこの女を落籍し、諏訪の出張所（引用者注・法律事務所）に借りた家に入れた。そして廓通いをやめた」（同右）。

尚江は七越を身請けしたものの、結婚はしなかった。相馬黒光によれば、尚江の母親が「いったん泥水に染んだ女などを嫁女として迎え入れるわけにはいかない」、もし自分の命令に服さないならば、「自害して先祖に謝するほかはないと、その態度きわめて厳重であった」ためである。結局、「婦人（引用者注・七越）の方から勇退を申し出で『先生を敬愛する私として、先生の出世の邪魔になり、お母様のお心を苦しめるというのは本意ではありませんから』と言い、潔く氏の身辺を去った」（『穂高高原』）という。

いずれにしても相馬愛蔵は、尚江の女性遍歴を快く思っていなかった。したがって、尚江が和に結婚を申し込んだという話を聞き、二人が出会うきっかけを作ってしまったことを後悔した。もはや和のためにできることは、精一杯、結婚に反対することだけであった。信頼を置く後輩から、猛烈な反対に遭った尚江は、和との結婚を諦める。

黒光は廃娼演説会の野次の件に触れながら、「こういう痛い目に会っている愛蔵として、またも突飛な恋愛を報告され、いちおう忠告のほかなかったのは互いの不幸というものであろうか。さらに木下氏がこの忠告をいれて結婚を断念したというに至っては、氏の恋が絶対無二のものでなかったことを自白するに等し」（同右）いと書いている。

尚江と結婚すべきか否か迷う和のもとに、愛蔵と尚江からほとんど同時に手紙が届いた。

愛蔵の手紙には、尚江から結婚の話を聞いたが、彼には遊郭から娼妓を身請けしながら、責任を果たさなかった過去があり、自分には到底賛成できない。その旨、尚江にも伝えたとあり、「私が口出しすべきことではありませんが、これが偽らざる気持ちです」と結ばれていた。和は、先輩にあたる尚江に意見したことで、愛蔵の立場が悪くなるのではないかと心配になる。

尚江からの手紙には、和と自分とでは格が違いすぎてとても釣り合わない。今更ながらそのことに気がついたので、結婚の話は白紙に戻したいとあった。

両者を読み比べるまでもなく、愛蔵の手紙の方に真実があるのは明らかであった。愛蔵の誠実な言葉に比べ、尚江のそれはなんと薄っぺらいのだろう。尚江の過去の女性関係にこだわるつもりはない。ただ、隠さずに話してほしかった。自分は一時でも尚江に好意を持っていたのか、それさえわからなくなるほど、彼の存在が小さく感じられた。

遊郭から逃げた少女

和は、東京看護婦会で雅と二人きりになるときを見計らい、愛蔵の反対で尚江が結婚を白紙に戻したいと言ってきたことを伝える。

「そうですか。愛蔵さんが反対しましたか。やはり、木下さんがお女郎さんを身請けしたという話は本当だったのですね」

「雅さんはそのことを知っていたのですか？」

「ええ、知っていました。だいぶ以前、婦人矯風会の集まりに出かけたときに、池田子尾さんから聞きました。矯風会の会員で、穂高の廃娼演説会に参加した方がいたそうです」

「どうして教えてくれなかったのですか？」

「和さんがだいぶのぼせ上がっていたので、言っても無駄だと思ったのです。自分で気づいてこそ、人は納得するのですよ。今の和さんがそうでしょう」

たしかにそのとおりであった。愛蔵と尚江、二人からの手紙を読んだからこそ、真実が見えたのである。とはいえ、雅の知らんぷりが腹立たしくもある。

「何も知らずに、あのまま結婚してしまったかもしれませんよ」

「それはそれでいいではありませんか。あとで気がついて、そのことが気になるならお別れすればいい」

「簡単に言わないでください」

「すでに一度、結婚に失敗しているのですから、二度失敗したところで大差ありませんよ」

少し引っかかる雅の言葉ではあったが、和にはもっと気になることがあった。

「それにしても、木下さんが身請けしたという女性は、今どうしているのでしょう」

「気になりますね。調べてみます」

雅が婦人矯風会や婦人衛生会の伝手を頼りに調べたところ、七越は本名を「浅野クワ」といい、意外な場所で暮らしていた。『女学雑誌』を発行している巌本善治の自宅で、住み込みの子守りとして働いていたのである。

雅も和も、毎週日曜日に一番町教会の礼拝で善治と顔を合わせていた。ほどなく二人は、日曜礼拝で、善治のかたわらにクワの姿を認めた。クワはその後、「看護婦となって独立し、半生を捧げて社会奉仕に余念がなかった」（『穂高高原』）という。「子どもが育ってしまったら、子守りの仕事はなくなってしまう」とクワを看護婦へと導いたのは、大関和であった。

和は、愛蔵と尚江に手紙の返事を書いた。愛蔵には心からの感謝を伝えた。そして尚江には、愛蔵から伝えられた話を念頭に、「あなたは本当に廃娼を願っているのですか。願っているのであれば、本気で活動してください」と書いた。

さて、その後の尚江についてである。和との破局から数年後、尚江は勤務先である東京の毎日新聞社（現毎日新聞社とは異なる）で、吉原の「宝来楼」から逃げてきた一三歳の少女「津田きみ」を保護し、その日は自宅へ連れ帰った。このときのきみの様子を尚江はこう記している。

「彼女を伴いて新聞社を出でたる時、銀座街頭、燈火《とうか》花の如くなりき。彼女は歳暮に貰いしと云う紅き緒の新しき下駄一足を抱きて、予に従て三菱原の暗《やみ》を辿《たど》れり」（『婦人新報』第一五〇号）

きみは、継母から一〇円で遊郭に売られたのであった。翌日、尚江は新聞社の社長で、廃娼運動に熱心に取り組む島田三郎に相談する。三郎は、帝国議会開設以来、連続当選を続ける衆議院議員でもあり、植村正久から洗礼を受けたクリスチャンでもあった。早速、社として宝来楼に掛け合い、きみの廃業を認めさせ、その身柄を婦人矯風会に託した。

この先、精力的に娼妓の救出活動を展開していくキリスト教系の慈善団体「救世軍」は、きみの廃業に大いに励まされ、力を得たと言われている。きみの廃業の八カ月後に施行される「娼妓取締規則」は、娼妓の自由廃業を認め、実際に廃業した娼妓もいた。しかし、規則を知らない娼妓もいれば、廃業を申請しても前借金を盾に阻害されることが多かった。

きみは慈愛館に入所して勉学に励み、四年後には横浜の共立女学校に進学した。尚江は妻とともにきみの成長を見守り、きみも夫妻を父母のように慕い、休暇は木下家に帰省した。実は尚江の妻というのは、東京看護婦会で働いていた和賀操のことで、二人の間を取り持ったのは、和だとされている。いずれにしても、木下夫妻は最後まで愛情深い結婚生活を送る。

きみは成績優秀であったが、肺を患って退学する。慈愛館へ戻ると木下家を訪ね、娘のようにニ日間を過ごす。この時点で、きみの先が長くないことは明らかであった。「ふるさとの祖母にひと目会いたい」というただ一つの願いを叶えるため、慈愛館の職員が叔父に連絡し、きみは美濃へと旅立った。二カ月後、きみの訃報を聞いた尚江は、初めて出会った日、紅い鼻緒の下駄を大事そうに抱えていたきみの姿を思い出し、ひたすら泣いた。彼は、廃娼を唱えながら矛盾する行動もあったが、津田きみの幸せを願う気持ちに嘘はなかったようだ。

尚江は新聞記者として、日本で最初の公害事件といえる足尾銅山鉱毒事件にも積極的に関わった。代議士田中正造が、被害の実状を訴えるため天皇に直訴を行ったのは、尚江ときみが出会った頃のことである。被害者救済活動には、婦人矯風会も協力した。尚江と正造の案内で現地視察を行った会員は、住民たちは鉱毒のせいで困窮し、「一五才以上の娘等はすでにその両親等のため売られて一人もあらず。残るところは只少女のみにして、彼等もまた同様の運命に遭遇すべき恐れあるを以て、委員会は十二名の少女を伴ない帰りて慈愛館に託した」（『婦人新報』第六二号）と報告している。鉱毒事件もまた、娘の身売りと深く関係していたのだ。

命を懸けて鉱毒問題に取り組む正造の姿を報道し、最期も看取った尚江は、『田中正造翁』（新潮社、一九二一年）を執筆。昭和に入ってから『田中正造之生涯』（国民図書、一九二八年）を編纂している。

『派出看護婦心得』

和は尚江との連絡をきっぱりと断ち切ると、東京看護婦会の仕事のかたわら執筆を始め、明治三二（一八九九）年に『看護婦派出心得』を出版する。四一歳の夏のことである。同書は版を重ね、その間に『派出看護婦心得』と書名を変えている。

冒頭には、「夫れ看護婦たらんとする者は、先ず普通の看護学を修むるを要す。精神に於ては仁慈、敬愛、温和、忍耐、謙遜にして挙動静粛、品行方正、言語を慎み。医師に対しては能くその命を守り、患者に対しては、貴賤上下の別なく一様に信愛を以てその本分を尽さざるべからず」とある。

「病人に対するに最も謙遜丁寧にして、能く時間を守り、万事注意して看護に従事せざるべからず」は当然としても、「家族に対する務め」という項でも、細やかな心づかいが必要だと述べている。

「病家に於ては、家族みな病人の為めに心を労し転倒して居る者なれば、出来うるだけ之を助け慰め、己れの事など決して心配なさざる様注意せざるべからず。又病人の為になすべき事はみな己れの責任なれば、なるべく他人を労することなく、而して病人をして満足せしむるよう心を用ゆべし」

また、「患家に於て終日勤むべき順序」の項には、実に細かい手順が記されている。看護の前提として、患者の環境を衛生的に保つことが非常に重視され、掃除と換気についての指示も細かい。部屋を掃除する際には「病人の顔に芥《ちり》のかからざる様、西洋手拭の類を以て覆い、（中略）もし病人大患にあらざれば、この際病床を交換するをよしとす。空気交換の為め窓戸を開き置くは六分間を定時とす」とある。

さらに、「すべて病人の食物は自ら責任を負うて供する」とあり、「流動性食物」として「肉作汁《ニクサクジウー》」「ビフテー」「ミルクフード」「魚のプデング」「百合スープ」「カップカスタード」「滋養菓子」などを挙げ、その作り方を丁寧に説明している。管理栄養士などいなかった当時、患者の食事を準備するのも看護婦の仕事であった。

このほか「赤痢病舎に聘《へい》せられし時の心得」「隔離病舎に於ての服務時間割」「死体取扱方」についても詳述されており、付録では、「石炭酸」「昇汞水《しょうこうすい》」「石灰乳」などの消毒薬を適切な濃度にする方法が、数字とともに具体的に示されている。さらに巻末には、和自身が作詞した「看護婦実業の唱歌」が一二ページにわたって掲載されている。

〈実《げ》に我々の業《なりわい》は　言い尽《つく》されず西風東風《あちこち》と　朝まだきより起き出て　先ず第一に火を起し〉〈排泄物をよく清め　賤の手業《てわざ》も同胞の　慈善事業の初めぞと　やがて廊下もふき終り〉〈スープ粥湯《おもゆ》やむし玉子　各病室にくばりつつ　或は勇み或は又　供に患《うれ》うる心をば〉〈結びあげたる束ねがみ　身のたしなみとこそ思え　清き印しや白仕立《しろした》ち　持場持場に手分して〉〈先ず外科にては朝まだき　スプリマタールフエノール　カルボル硼酸《ほうさん》昇汞水　防腐なしたるこんふらす〉〈重き勤めに従事なす　衣服も同じ飾りなき　手術着つけて身をかため　己か職務に従事なす〉〈天賦の愛と信とを　不幸の患者の母となり　楽しみ慰め慈しみ　勤め勤めて責任の〉〈体温脈搏《みゃくはく》呼吸等　滋養排泄正不正　一々日誌に記載なし　助けと為すを勤めとす〉〈備《そなわ》る愛の泉より　自から患者の救護法　思えば重き看護の任　いさみ励みて勉むべし〉

これはごく一部である。全文読むと、派出看護婦の一日の仕事が手に取るようにわかる。和は廃娼演説会で讃美歌を披露したときのように、歌が持つ力を信じていた。看護婦の心意気のみならず、薬品名まで入れたこの歌詞には面白味があり、生真面目でなおかつ明朗な和の性格が表れている。

和は東京看護婦会の講習所で、『派出看護婦心得』の内容に沿った指導を行い、後進を育てながら、指名を受けて上流家庭の派出看護を行った。また、月に数回、雅と一緒に看護婦たちを連れ、下谷万年町《まんねん》や芝新網町《しんあみ》、四谷鮫河橋《さめがばし》など東京市内の貧民窟を訪れ、衛生指導に力を入れる。それは、掃除用具を持って町へ入り、厠まわりを清潔にし、子どもたちを風呂に入れるところから始まる至って素朴なものであったが、確かな手応えが感じられた。衛生的な水場を作り、手洗いやうがいを習慣づけるだけで、伝染病の発生率が目に見えて減ったため、その効果は口伝てで広まる。和たちは衛生指導だけでなく、病人を見つけては無償で看護を行い、食料の配布や炊き出しなどの貧民救済活動も行った。

雅は天然痘の防疫で関わった横浜の貧民窟の近くに東京看護婦会の支所を置き、ここでは専ら慈善看護を行った。和にとっても雅にとっても、最も力を入れたかった慈善看護や貧民救済活動に集中できたこの頃が、人生で最も充実した時期であったかもしれない。

心の死

明治三三（一九〇〇）年六月二三日、大関心が早世する。

二〇歳になった心は、看護学校での座学を終え、病院で実習を行っていた。風邪の症状を訴えて受診し、結核と診断されてから亡くなるまで、わずか四カ月であった。

和は付きっきりで看病し、最期も見届けたが、それでも心の死を現実として受け入れることができなかった。離れて暮らしていた時期が長かったこともあり、どこか別の場所で元気に暮らしているような気がしてしまうのだ。同時に、二〇年という短い人生をずっと一緒に過ごせなかったことが、悔やまれてならなかった。

心を思うとき、その年齢はさまざまで、死化粧をした二〇歳の心が、途端に一〇歳の頃の笑顔の心や、赤ん坊の頃の心に早変わりする。離縁し、東京に戻って間もない頃、母哲と妹の鈫《こく》、六郎、心と連れ立って鹿鳴館を見物しに行った日の三歳の心の姿も鮮やかによみがえる。鉄道馬車の中で、和の膝の上に座り、窓から入る風を受けて気持ちよさそうに目を閉じていた。その閉じた目が、二〇歳の心の死に顔に重なり、やはり心は亡くなったと思うのだが、それでも信じる気にはなれない。和は娘の死に直面し、一滴も涙を流せずにいた。

葬儀は植村正久の一番町教会で行われた。会葬者のほとんどが、女子学院や看護学校の同級生たちであった。若い彼女たちは人目もはばからずに泣いたが、その様子を目にしても、和は心の死を認めることができない。雅は、和にかける言葉が見つからず、ただ隣に立つばかりであった。

心の死からひと月ほど経った頃、ふさぎ込んでいた和が、突然俥に乗り込み、一番町教会へ向かったことがあった。なぜ心が二〇歳の若さで逝かなければならないのか、なぜ熱心に信仰してきた自分がこんな目に遭わなければならないのか、この世には神も仏もいないのか、和は正久にいくつもの疑問を投げつけ、食ってかかった。ほとんど八つ当たりであった。正久自身、かつて幼かった次女の薫を亡くしており、和の悲しみは誰よりもよくわかる。

「心さんは、神の御許《みもと》へ行かれたのですよ」

しかし、和は聞く耳を持たない。

「神の御許とはどこですか？　心は死んだのです。もうどこにもいないのです！　キリストの教えは屁理屈です！」

そう叫ぶと、和は教会を走り去った。外濠の方へ当《あ》て所《ど》なく歩き、疲れたので俥を拾う。夏の日差しに乾いた住宅街の小道を自宅へと進んでいると、生垣の向こうの縁側で、若い母親が五歳くらいの女の子の髪をすいている。その様子を目にした途端、和の瞳からひと月分の涙が堰を切ったように流れ出した。

自分は心の髪をすいてやったことがあっただろうか。着物を選んでやったこともなければ、一日の出来事をゆっくりと聞いてやったこともなかった。和が自宅から看護学校の寮へ戻るときの、あるいは東京から高田へ発つときの心の寂しそうな顔が浮かび、あふれる後悔を抑えることができない。自分は一生、この後悔を抱えて生きていくに違いない。

和に代わり、心を育てた哲の心痛も深かった。少し前から物忘れが目立つようになっていたが、心の死を境に一気に悪化する。葬儀のとき六郎が「祭壇に心が好きだったパン・ペルデュを供えてやりたい。おばあ様、作ってよ」と言うと、しばらく考えてから哲が発した言葉は「それは何ですか」であった。

パン・ペルデュの作り方を鄭永慶から教わったのは和だったが、それを幾度となく子どもたちに作ってやったのは哲である。哲が「さあ、パンベルジュを作ってあげますよ」と言うと、どんなに不機嫌なときでも、子どもたちは一瞬にして笑顔になったものだ。心はいなくなり、哲はパン・ペルデュを忘れてしまった。

箱根への隠遁

心の死の八日後にあたる明治三三（一九〇〇）年七月一日、東京府が、看護婦の条件や資格試験の内容について定めた「看護婦規則（府令第七一号）」を公布し、三カ月後に施行される。これは四年前、和が内務省衛生局長の後藤新平に直訴したもので、内務省の意向を受けた東京府が、全国に先がけて発布した。

看護婦の条件は「年齢満二十歳以上の女子にして当庁の看護婦試験に及第したるもの」と定められ、すでに二年以上看護婦を務めているものは試験不要とされた。規則発布に先立って東京府が行った公式の調査では、府内に五八の派出看護婦会が存在し、会員は九〇八人と報告されている。このうち二年以上の経験が認められ、無試験で免状を公布された者は五七七人であった。

「当庁」というのは、当時内務省内の庁であった警視庁のことで、警視庁衛生部が看護婦試験を管轄する。試験は毎年二回、五月と一〇月に実施し、科目は「看護法」「解剖生理の大意」「伝染病予防消毒法」「実地」と定められた。しかし、規則発布後の一一月に実施された第一回東京府看護婦試験の受験者はわずか五七人で、合格者は二一人にすぎなかった。

規則は全二五条にわたり、細かな取り決めがなされ、最後に「本令は官公私立病院内に於て使用する看護婦に適用せず」とある。つまり、対象は派出看護婦と開業医の下で働く看護婦のみであった。

一方、和が新平に直訴した頃、雅とともに他の派出看護婦会に参加を呼びかけて作った看護婦人矯風会は、すでに数百人の会員を抱え、看護についての情報を発信する会報を発行したり、派出看護婦たちの交流を図るための会合を開いたりといった活動を活発に行っていた。しかし、同会に対する誹謗中傷が行われ、その結果、会報の購読会員が激減したり、同会の名を騙《かた》って所属する派出看護婦会から会費を詐取するという事件が起きたり、不穏な動きもあった。これらが、同会に所属することができない低劣な派出看護婦会による嫌がらせなのか、女の自立を象徴する派出看護婦会全体に対する何者かの嫌がらせなのか、理由も加害者も判然としなかった。

看護婦人矯風会の中心的存在であった鈴木雅の東京看護婦会は、講習所で看護婦を養成しながら、順調に規模を拡大していたが、抱える看護婦の人数が増えるにつれ、不協和音も聞こえるようになってきた。それは和が掲げる、技能を大前提としながら「精神性」をも重視する看護を支持する者たちと、あくまで技能を重視する者たちとの対立で、端的に「大関派」と「反大関派」と呼ばれた。

和が重視した精神性とは、「看護は慈善の大事業でありますから、不幸なる同胞兄弟姉妹のために、献身犠牲その任に当るの覚悟を致さねばなりません」「看護婦は人命保護の大任を負うものでありますから、軽率ではいけません。温和優美にして忍耐強く正直でなければなりません」「実に人命の重き事は、地球の重きが如く貴重なるものでありますから、その人命を預り霊肉共に看病する看護婦の責任のいかに重きかを顧みてその本分を全うせねばなりません」（『実地看護法』）といったもので、ひと言で言えば、全身全霊の看護を目指すものであった。

以前は、数少ないトレインド・ナースである雅と和に憧れて集まってきた看護婦たちが、直《じか》に教えを乞うなかで信頼関係を築いていたため、和の微に入り細を穿つ看護が反感を買うことはなかった。和がやりすぎれば雅が抑え、その二人のやり取り自体が、看護とは何かを考えさせるよい教材となっていた。

しかし会が大きくなった上に、心の死以後、和が休職してしまうと、「大関派」の看護婦の退職が相次いだ。さらに心の死から半年後にあたる明治三三（一九〇〇）年一二月、軋《きし》む看護婦会の潤滑油となっていた和賀操が木下尚江との結婚を機に退職すると、二つの派閥の対立があからさまとなる。

この頃すでに和は、雅に辞表を提出し、箱根湯本の温泉宿に隠遁していた。心のいない世界で、これまでどおりの生活を続ける意味を見いだせなかったのだ。宿の一室で、来る日も来る日も窓辺に座り、日がな一日、心のことを考える。殺風景な六畳間には、文机と座布団と衣紋掛け、持参した柳行李と小さな風呂敷包みが一つあるのみだ。

和はふと、風呂敷包みに目を落とす。中身は未使用の原稿用紙の束だ。辞表を出しに東京看護婦会へ行った際、雅から『婦女新聞』や『婦人新報』、『女学雑誌』からの執筆依頼の文書とともに、手渡されたのである。仕事など一切やりたくないのに、つい持ってきてしまった。

雅は、辞表を黙って受け取り、「気が向いたら書いて下さい。どれも急ぎません。看護に関する記事なら何でもいいそうです」と言った。心の死以後、雅は常にそばにいながら、ひと言の慰めの言葉もなかったが、それがかえってありがたかった。

婦人矯風会の会員たちからは、口をそろえて「心ちゃんは天国にいるから、いずれ再会できる」と慰められ、看護婦仲間たちからは「心ちゃんはいなくなってしまったけど、あなたには看護婦という立派な仕事がある」などと励まされたが、まったく聞く耳を持てなかったからだ。神も天国ももはや信じられず、ましてや心の存在を仕事で埋め合わせられるなどと、どうして思えよう。深い悲しみの前では、どんな言葉も無力だ。

心はもう少しで実習を終え、看護婦になれるところだったのだ。それなのに、夢を果たせないまま逝ってしまった。九年前の暮れ、高田から帰京した日、心は頰を紅潮させながら、ナイチンゲールの本を読んで看護婦になると決めたと話してくれた。あのとき心が作ってくれたパン・ペルデュの甘さとともに、記憶が鮮明によみがえる。心が憧れたナイチンゲールについて、もっと語り合えばよかった。今、目の前に心がいたら、ナイチンゲールに関するあれもこれも伝えたい。和はもう一度、風呂敷包みに目を落とした。

鈴木雅の引退

翌明治三四（一九〇一）年、『婦女新聞』に和が書いた「ナイチンゲール嬢」が連載される。

この記事を読んで看護婦を目指した女性が、大勢いたという。

脱稿後も和は東京へ戻るつもりはなかったのだが、雅から「シキュウ　カエレ」との電報が届く。残してきた哲か六郎に何かあったのかと心配になり、荷物をまとめ、来たときと同様に小田原馬車鉄道と東海道線を使って東京へ向かう。新橋駅で降りるとすぐに俥に乗り込み、まっすぐに神田錦町の東京看護婦会を目指す。石造りの門をくぐり、講習所の建物の脇を通り、看護婦会の玄関を開ける。「雅さん？」と声をかけながら中に入ると、派出先から戻り、帰り支度をしていた看護婦たちが、「大関先生」と驚く。

「雅さんは？」

「奥にいらっしゃいます」

雅は廊下の突き当たりの事務室で、書類の山と向き合っていた。

「雅さん、戻りました。何かあったのですか」

「待っていましたよ。半年ぶりですね」

雅は事務机の抽斗から書面を取りだし、和に手渡す。それは、和が半年前に提出した辞表だった。

「これをお返しします。突然ですが私は引退します。和さんが会を引き継いでくれませんか。お願いします」

驚いている和に構わず、雅は続ける。

「会を畳むことも考えましたが、軌道に乗った慈善看護や貧民窟での衛生指導を辞めたくありません。看護婦たちや学生たちを放りだすこともしたくありません。和さん。あなたになら、看護婦会も講習所も安心して任せられます」

「どうして急に？」

「私はもう十分に働きました。引退して良一とのんびり暮らそうと思います」

いつものことだが、雅の話は要点のみで、質問したいことだらけだ。たしかに雅は十分に働いてきた。しかしまだ看護婦になって十数年、お互い四〇代の働き盛りである。

「もしかして、良一さんの具合が悪いのですか？」

雅の息子良一は、二〇歳になっていた。成績優秀で、学習院初等学科（現学習院初等科）から獨逸学協会学校中等部（現獨協中学校）へ進学したものの、繊細な性格のために胃を悪くして中退、自宅で静養を続けている。

中退したばかりの頃は、四つ年上の六郎と行き来し、お互いに本の貸し借りなどをしていた。今も、自宅で東京看護婦会の事務仕事を手伝ったり、和が訪ねれば笑顔で世間話に応じたりしてくれる。

「悪化はしていませんが、食事のことなど、もっと気を遣ってやりたいのです。今はみつが家事を手伝ってくれていますが、もうすぐ学校の寄宿舎に入ります」

良一の二つ年上の姉みつは、すでに女子学院を卒業し、一年前に開校したばかりの女子美術学校への入学が決まっていた。みつは活発な性格で、心が生きていた頃は、楽しそうに連れ立って、買い物や芝居見物に出かけていた。

心を亡くした虚しさから、看護婦自体を辞めようと考えていた和にとって、東京看護婦会の経営を引き継ぐなどということは、荷が重すぎる。しかし、和は雅の申し出を承諾した。いつか良一が回復し、雅が復帰する日まで、看護婦会と講習所を大切に守ろうと考えたのである。

雅の引退の表向きの理由は「良一の病」とされているが、真の理由は前年に発布された「看護婦規則」にあると説くのは、『「大関和」を通して見た日本の近代看護』の著者宮田茂子である。前述のとおり、「看護婦規則」はおもに派出看護婦を対象としたものであった。発令の理由書には、「従来の看護婦中、官立及び公私立の病院に於て養成せるものは比較的相応の修業を積み、適当の技能を有するものあるも、各営業者間に私設せる所謂《いわゆる》看護婦会または看護婦養成所と称する場所に於ては、一般に速成を主とし、極めて不完全なる養成をなし、その大部分は殆ど看護婦の仮名を借るのものたるに過ぎず」「不当の謝儀を貪《むさぼ》る者」「懶《らん》惰《だ》放《ほう》肆《し》にして半ば売淫婦たるが如く風紀を紊《みだ》る者」「主治医の指示を受けずして漫《みだ》りに医術に渉《かかわ》る行為を為す者ある」といった、一律に派出看護婦会を貶《おとし》めるような記述が見られる。

宮田は、こうした派出看護婦に対する「侮蔑的な言辞」を目にした雅が、「看護婦生命まで絶たれようかという心境になるのも無理からぬこと」で、「看護婦の業務が警察の取締りの対象になったことに絶望して、看護の世界から引退した」と述べている。

たしかに、病院や医師から独立した看護婦の在り方を理想とし、実践していた雅が、派出看護婦会は質が低いという前提に立った「看護婦規則」に絶望したことは、想像に難くない。もちろん、雅も和と同様、低劣な派出看護婦会の存在を問題視していたが、警察が上から取り締まるという方法は、雅の考える自立した看護婦の在り方とは相容れない。さらに雅は、今後ますます派出看護婦会に対する取り締まりが厳しくなることを予見していたのではないだろうか。

宮田茂子の説を取るならば、「看護婦規則」を受けての雅の引退は、派出看護婦という働き方を創始した者としての矜持であったと言える。当然、東京看護婦会自体を畳むことも考えたが、和に告げたように、慈善看護を続けたい、看護婦たちや学生たちを放りだしたくないという気持ちがそれを留めたのであろう。

もう一つ、家族を養わねばならない和のために、収入源を残したのだと考えられる。和が天職と信じる看護婦を続けることができたのは、雅が敷いたレールのおかげでもあった。

「貴官の剣を貸し給え」

心を失った翌年、和は東京看護婦会の会長となった。さらに同年、固辞したものの、婦人矯風会の衛生課長に抜擢され、五月の年会において「東京府下の死亡者と酒との関係」と題し講演を行う。八月には慈愛館の運営委員にもなった。

翌明治三五（一九〇二）年には、東京近辺の派出看護婦会の経営者らが組織した「大日本看護婦協会」（以下、看護婦協会）の幹部にも選ばれる。同会は、派出看護婦会同士の互助を重視し、看護婦が不足した際には相互に融通し合う、看護婦から要望があった場合は他の会への異動を認める、罹災した場合には見舞金を出し合うといった取り決めも行った。

東京看護婦会の経営者、婦人矯風会の衛生課長、慈愛館の運営委員、さらには看護婦人矯風会の会長、看護婦協会の幹部として、執筆や講演の仕事が目立って増えた和であったが、その分、純然たる看護の仕事からは遠ざかっていた。というよりはむしろ、心の死後、働く気力を失くしてしまった和のために、周囲が執筆や講演の仕事を作っていたようにも見受けられる。いずれにしても、若い看護婦たちが憧れた、患者のために生き生きと働く大関和の姿を見ることはできなくなっていた。久しぶりに和が看護婦として現場に姿を現すのは、日露戦争中のことである。

日清戦争開戦の一〇年後にあたる明治三七（一九〇四）年二月、かねてより朝鮮と満州の権益をめぐり睨み合っていた日本とロシアは互いに宣戦布告し、一年七カ月に及ぶ戦争が始まった。

五月、鴨緑江《おうりょくこう》の戦いで日本軍が勝利すると、前年に陸軍練兵場跡に開園したばかりの日比谷公園で、新聞各社の共同企画による「東京市祝捷《しゅくしょう》大会」が催されることになった。日清戦争中も勝利の都度行われた祝捷会は、日露戦争においてさらに盛んに行われるようになる。初勝利とあって、各新聞社および雑誌社、市内各区の有志連合など、一〇万人以上の人手が予想されたため、参加団体の一つであった婦人矯風会は、急病人や怪我人の発生に備えて、救護班を設けた。

衛生課長として班長に任じられた和は、東京看護婦会の看護婦一五名を率いて、日比谷へ向かう。移動には、開通したばかりの路面電車を使った。この年、東京市内の鉄道馬車はすべて廃止され、新たに電車が市民の足となっていた。開始時間より二時間早い一六時に、和たちは日比谷公園に到着した。コック帽のようなナースキャップにロングスカートの白衣を身に着けた彼女たちは、女性の制服姿を見慣れていない人々の注目を浴びる。和は天幕（テント）の張られた大会本部へ向かうと、看護婦たちに指示して、怪我人や病人を処置する場所を確保した。

「患者さんが必ずしも搬送されてくるとは限りません。私たちが駆けつけなければならない状況もありえます」

和は本部の机に皇居周辺の地図を広げ、提灯行列の進路を示す。

「道幅が狭くなるところや橋の上、急な曲がり角が危険です。先の戦争中も提灯行列の際、上野公園で怪我人が出ました。警護の方から、怪我人や病人が出たという知らせを受けたら、すぐに救護鞄を持って駆けつけます。三人ずつ組になって行動してください。全員が出払ってしまってはいけませんから、原則、私はここで待機します」

看護婦たちは「はい」と返事をし、お互いにうなずきあう。

日が暮れる頃、提灯を片手に続々と市民が集まってきた。広場の天幕に用意された菓子や酒に手を伸ばしながら笑いさざめく。若い看護婦たちは「こんなに大勢の人、見たことがないわ」「三社祭とどっちが大勢かしら」「提灯屋さんはさぞかし儲かるでしょうね」などとおしゃべりに興じる。和は、人波を眺めながら、何も起こらなければいいがと思う。

　この前日、本郷中央会堂で、アメリカ陸軍から派遣された篤志看護婦一行の歓迎会が行われた。和も出席し、看護婦人矯風会会長として講演をした。最近はこうした儀礼的な仕事が多かったため、看護婦たちを率いて群衆の中にいると、本来いるべき場所に戻ったような気分になる。

　一九時頃、ドン！　ドン！　と打ち上げ花火が上がり、群衆が歓声とともに空を見上げる。同時に新聞各社が用意した大行燈《あんどん》に灯《ひ》がともり、怒濤のような万歳三唱が響き渡る。会場の中央では、来賓たちが順番に祝辞を述べているようだが、周囲が騒がしいためほとんど聞こえない。やがて戦勝を祝う提灯行列が始まった。数え切れないほどの赤い光がゆっくりと移動していく。

「清との戦争のときのように、この戦争にも勝てるのかしら」

「勝つに決まっているじゃない」

「ああ、私も日赤の看護婦たちのように、従軍してみたいものだわ」

　看護婦たちは誰からともなく、『婦人従軍歌』の一節を口ずさむ。

「真白に細き手をのべて　流るる血潮洗い去り　巻くや包帯白妙の　衣の袖は朱《あけ》に染み」

「味方の兵の上のみか　言《こと》も通わぬ仇《あだ》までも　いとねんごろに看護する　心の色は赤十字」

『婦人従軍歌』は、近衛師団軍楽隊の加藤義清が、日清戦争の際、新橋駅から広島へ向かおうとする日赤の看護婦たちの凛々《りり》しい姿に心打たれ、作詞した歌である。

すると、彼女たちの歌声に誘われたかのように、公園内に待機していた軍楽隊が行進曲を演奏しはじめる。音楽と提灯の灯《あか》りで、公園内はいやが上にも盛り上がる。公園内に限らず、皇居周辺のあちらこちらで「万歳」の声が上がり、大勢が共鳴する様子が伝わってくる。気のせいか群衆の足音の拍子がそろい始め、まるで地響きのようだ。

看護婦の一人が「なんだか怖いわ」と口にしたその時、公園の北側からどよめきが、続いて老若男女の悲鳴が聞こえてきた。和が立ち上がり、耳をそばだてる。日比谷濠の向こうで何か起きたようだ。

和は「出動です」と言うと、救護鞄を抱えて本部を飛び出した。つい先ほど「三人ずつ組になって行動してください」「私はここで待機します」と言っていた和が我先に出て行ってしまったので、看護婦たちは呆気に取られたが、遅れまじと全員が和に続く。このとき、皇居馬場先門の濠にかかる橋上で、路面電車の通過により一旦途切れた人波が一気に進み始めたため、大混乱が生じていた。最終的に二五人の圧死者を出す大惨事となる。

和について数々のエピソードを書き残している相馬黒光も、このときのことが「とりわけ今も鮮やかに人の記憶に残っている」とし、こう伝える。

「わッわッと怒濤のような歓声の中に悲鳴がきこえ、充分懸念されたことが事実となり、しかも提灯の火の海のような大群衆で手の下しようもなく、大の男も辛うじて身を逃れんと焦るばかりのところであった。女史は救護班長として門弟を率いて詰所にあったが、ただちに駆けつけ、馬場先門の橋の欄干に登り、それを伝うて群衆の真ん中に飛び込み、死傷者を抱き起して救い出し救い出し、なおも後から押し寄せ押し寄せ雪崩を打って来る群衆に、警官の必死の働きも効なしと見るや、『貴官の剣を貸し給え』と絶叫したという話は、当時聞く人をして感奮せしめたものであった」（『穂高高原』）

この事件を受け、警視庁は提灯行列を四列以下と定め、一つの団体を一〇〇人以下に制限するなど新たな決まりを設けた。

『婦人従軍歌』

事件の六日後、築地本願寺で行われた追悼会には和も列席し、弔辞を読んだ。帰宅後、喪服を着替え、雅の家を訪ねる。団子坂の和の家から、小石川の雅の家までは、俥を使えば数分の距離である。

雅が引退して三年になるが、二人の距離感はあまり変わらない。雅は、東京看護婦会の経営からは退いたが、講習所では以前と変わらず授業を持ち続けていたため、週に二日は出勤していた。また、家にいる間に、婦人衛生会の伝手で手に入れたアメリカの医学書や看護の専門書を翻訳し、講習で使うようにと和に渡してくれた。

和はいつものように庭へまわる。縁側から「雅さん」と声をかけると、「どうぞ、お上がりになって」と障子の向こうから返事がある。雅は、医学書の翻訳の最中であった。昨日娘のみつが顔を出したときに持ってきたという羊羹でもてなしてくれた。

「祝捷会で大活劇を演じたそうですね。あちこちで評判になっていると、みつから聞きました」

雅は和の救護活動をねぎらいながらも、祝捷会に対しては否定的な態度を示す。

「戦争がいつまで続くかわかりませんが、まだ一勝したにすぎません。それなのに祝捷会などぶち上げて、死傷者まで出すなんて」

雅が忌々《いまいま》しそうに言う。

「祝捷会には、私たち臣民の気持ちを鼓舞し、今後の勝利を祈るという意味あいもあるのですから、戦勝ごとに行うのは当然です。もちろん、安全が最優先されなければならないことは、言うまでもありません」

日本人の多くがロシアとの開戦を歓迎し、今や国中が鴨緑江での戦勝に沸いているというのに、雅が異様なほど冷めている理由を和は知っていた。西南の役における怪我が原因で夫を失った雅は、戦争が嫌いなのだ。もちろん和も戦争が好きなわけではない。しかし、看護婦と戦争は切っても切れない関係にある。そもそも看護の仕事は戦場で生まれ、その後も戦争のたびに必要とされてきた。日清戦争の際、日赤の看護婦たちが活躍したことにより、看護婦に対する賤業視が一気に払拭され、その存在が世間から認められたのだ。

今また日露戦争が始まったことにより、看護婦を志望する若い女性が増えている。戦地の兵士を慰問するために絵葉書を出すことが流行っているが、若く美しい看護婦の写真をあしらった葉書が、最も人気があるという。ほとんどが本物の看護婦ではなく、芸者が扮した写真だが、いずれも看護帽の前面に赤十字のマークがついている。近所の女の子たちも、朱墨で赤十字を書いた紙の帽子をかぶり、「従軍看護婦ごっこ」に熱中している。

「和さん。まさか看護婦会の講習所で『婦人従軍歌』を歌ったりしていませんよね」

「歌っていません」

和が歌わせているわけではないが、学生たちが勝手に歌っている。

「あの歌は無責任です。いまだわが国の看護婦は戦場へ行ったことがないにもかかわらず、あたかも戦場へ行ったかのような歌詞です。そのような歌詞に乗せられてうっかり戦場になど行ってしまったら、取り返しがつきません」

たしかに、〝火筒《ほづつ》の響き遠ざかる　跡には虫も声たてず　吹き立つ風はなまぐさく　くれない染めし草の色〟〝わきて凄《すご》きは敵味方　帽子飛び去り袖《そで》ちぎれ　斃《たお》れし人の顔色は　野辺の草葉にさも似たり〟〝やがて十字の旗を立て　天幕《テント》をさして荷《にな》い行く　天幕に待つは日の本の　仁と愛とに富む婦人〟という歌詞があるが、雅の言うとおり、看護婦たちは大陸の戦場へは行っていない。日清戦争では、広島、松山、名古屋など内地の陸軍予備病院で、傷病兵の看護を行った。今度のロシアとの戦争でも、看護婦は内地勤務に限られている。

「歌詞のように、いずれ外国へ従軍する日が来るかもしれません。それに内地であっても、看護婦たちが活躍したことは確かです」

和は息を吸い込むと、節をつけて「味方の兵の上のみか　言も通わぬ仇《あだ》までも　いとねん

ごろに看護する　心の色は赤十字」と歌ってから、「この歌詞のとおり、先の戦争では清国の捕虜の看護も熱心に行ったそうですよ。事実と異なる部分はあっても、歌われているような勇敢な姿に感化されて看護婦を目指す者も増えたのですから、そんなに目くじらを立てなくてもいいではありませんか」

「従軍看護婦は勇ましいだけではありません。戦場には手足の千切れた無残な死体がたくさん転がっているのですよ。夫から聞いた戦場の様子は、まさに地獄絵図です。一度目にしたら、一生脳裏を離れないような残酷な光景を、あの子たちに見せたくありません」

　あの子たちというのは、東京看護婦会の看護婦や講習所の学生たちのことだろう。

「でも、救護してくれた方がいたからこそ、雅さんのご夫君は命を取り留めたのですよね。戦争がある以上、従軍看護婦は必要です」

「騙《だま》して行かせてはなりません。将来、戦場に行くようなことになれば、看護婦たちも銃弾に倒れることになるでしょう。きれいごとや美談で釣ることは、なりません」

　雅はかたくなに過ぎると和は思う。看護婦の仕事は、戦場でなくとも命懸けだ。避病院では細心の注意を払ってもコレラや赤痢に感染して亡くなる看護婦が後を絶たない。

「命を懸けて患者を救うのが看護婦の使命ではありませんか。だからこそ、看護の仕事は尊いのですよ」

　和が毅然と言うと、雅は軽くため息をついてからこう返した。

「昔から和さんの看護の原点は献身ですよね。言い換えると自己犠牲です。看護婦たちが無意識のうちに過重労働や無償奉仕をしてしまうのは、その犠牲的精神のせいですよ」

「そう言う雅さんも、慈善看護という無償奉仕に力を入れてきたではありませんか」

「それは貧しい人たちに対してのみです。原則、看護婦は技術によって報酬を得るべきです。当たり前のように自己犠牲を求められるのでは、負担が大きすぎますし、いつまで経っても地位が向上しません」

「自己犠牲はそんなに悪いことですか。ナイチンゲールは、『犠牲を払っているなどとは決して考えない、熱心な、明るい、活発な女性こそ、本当の看護婦といえるのです』と書いていますよ」

「ナイチンゲールは、『犠牲なき献身こそ真の奉仕である』とも書いています」

看護婦の在り方についての議論になると、二人はいつも平行線をたどるのであった。雅が技能を重視した合理主義的な看護にこだわるのは、それが看護婦の経済的自立を図る上で不可欠だと考えているからであった。

「いずれにしても、犠牲的精神は戦場では即、命に関わります」

雅が強く言うので、和もしっかりと受け止め、ひと呼吸置いてから答える。

「そうですね、関わるかもしれません。でもそれが看護婦ではないでしょうか」

「看護婦の命は、ずいぶんと軽いのですね」

「そういうわけでは……」

和は言いよどみ、菓子皿の羊羹を平串でひと口大に切って口に運んだ。開け放たれた縁側から、整えられた坪庭が見える。雅が良一のために、季節ごとに楽しめる草木を植えているのだ。今は赤い西洋バラが咲いている。

ふと鹿鳴館の庭に咲いていたバラを思い出す。同時に、あの頃感じていた心もとなさがよみがえる。いつの間にか感じなくなっていたのは、看護婦という天職に出会ったからだ。

「一つだけ言えるのは、私自身は、看護婦になったことで自分の命を活かすことができたと感じているということです。ですから、今後看護婦として命を失うことがあったとしても、後悔はありません」

「そこまでの覚悟があるのでしたら、もう何も言いません。でも、その覚悟をすべての看護婦に求めるのは酷ですよ」

「わかりました。雅さんが作った東京看護婦会では、雅さんの方針に則って技能のみ重視で行きますよ」

「和さんお得意の精神主義は、ほどほどに願います」

「これまでもほどほどのつもりですが」

雅は苦笑いしながら、和の湯呑にお茶を足す。

「そういえば、もう長いこと植村牧師に会っていないようですね。和さんを天職に導いてくださった恩人ではありませんか。次の日曜日に、一緒に一番町教会へ行きませんか」

和はあいまいにうなずく。心を亡くした直後、正久にはひどいことを言ってしまい、以来顔を合わせる気になれないのだ。一時は、神に祈ることさえやめてしまった。しかし、自分にはやはり信仰が必要だ。雅が誘ってくれたことがありがたい。

従軍看護婦について雅が抱いた懸念は、昭和の戦時に現実となる。昭和一二（一九三七）年の日中戦争の開戦から昭和二〇年の終戦までの間に、国内をはじめ、中国や東南アジア、南太平洋諸島の軍病院や病院船などに従軍した看護婦の数は、日赤だけでも三万一〇〇〇人を超え、うち一一一八人が殉職、負傷者や罹病者も多数出た。このほか、日赤以外の看護学校を出た看護婦や、「ひめゆり学徒隊」のような補助看護婦からも大勢の犠牲者を出すことになる。

従軍看護婦は、女性が「赤紙」によって国に奉仕できる唯一の職業で、叙勲と靖国合祀の対象ともなったため、愛国心の強い真面目な女性ほど憧れを抱いた。しかし、戦後の恩給制度は男性兵士と同様には適用されず、補償が認められたのも、戦後三〇年を経てからであった。

六郎の結婚

和は再び、正久のいる一番町教会へ通うようになる。しかし、和と入れ替わるように、今度は雅が教会へ行かなくなった。理由は不明だが、おそらくキリスト教と戦争との関わりについて、思うところがあったのではないだろうか。

日露戦争が始まると、クリスチャンも大きく「主戦派」と「非戦派」に分かれた。例えば、木下尚江はキリスト教と社会主義に基づいて「非戦論」を展開したが、植村正久をはじめ、多くのクリスチャンが戦争に協力的な態度をとる。

正久とともに東京キリスト教青年会（ＹＭＣＡ）を創設し、初代会長となった小崎弘道は、「この戦争は、人種の戦争でも宗教の戦争でもなく、ロシアが代表する一六世紀の文明と、日本が代表する二〇世紀の文明との戦争である」（石川明人「日露戦争におけるキリスト教徒の葛藤」）と述べ、日露戦争を全面的に肯定した。

ロシアは日本との戦争を「キリスト教徒対異教徒の戦い」（同右）であると主張し、日英同盟を崩そうとしたため、日本政府は国内のロシア正教会を積極的に保護して、宗教間の戦争ではないことを示した。そして、一六世紀以来、専制君主制を敷くロシアを「非文明」的だと批判したのである。多くのクリスチャンがこの姿勢を支持した。

開戦の半年後には、毎日のように大陸からの傷病兵が新橋駅に到着するようになる。このうち、東北方面の師団の兵士たちは、東京に一泊してから師団地へ護送された。多いときで、一日に数百人が到着したため、受け入れを行った京橋区にとっては、大きな負担となった。当初は、新橋駅周辺の民家に兵士たちを宿泊させていたが、収容しきれなくなり、築地本願寺を開放する。このとき傷病兵たちの看護に名乗りを上げたのが、和が幹部を務める看護婦協会であった。八一回にわたり、延べ二四七人の看護婦が、築地本願寺で傷病兵たちの看護に勤しんだ。

この年、和の息子六郎が結婚した。相手は、東京看護婦会の中でも特に有能な看護婦、澤本操である。五年前に附属の講習所に入り、短期間で看護婦試験に合格した。婦人矯風会の会員でもあり、和の片腕のような存在である。和の自宅にも出入りしているうちに、六郎と言葉を交わすようになり、恋愛結婚するに至った。

医学校で学んだものの、医術開業試験に落ち続けた六郎は、一度も職につかないまま二七歳になっていた。和は、無職の息子を出来のよい弟子に押し付けるようで心苦しい。

操は団子坂の大関家に同居すると、体が弱ってきた哲の世話も焼きながら、和と一緒に東京看護婦会へ通勤した。和は、もし心が生きていたら、こんなふうに一緒に働けたのかもしれないと思う。心と重ねてしまえるほど、操は明るく優しい性格で、和の心をなごませた。

この年末、和は看護婦人矯風会の会報に「感謝の一年」と題した記事を寄せ、「一年の間受けし恵み」をいくつか挙げているが、その中に「最愛の子に好配偶を与えられしこと」「愛子《あいし》と嫁と母と平和の家庭を結びしこと」とある。

祝捷会の事故であらためて看護婦として名を揚げた和のもとへは、鷹司公爵家、徳大寺侯爵家、財閥の三井家などから派出依頼が相次ぐ。上流家庭では、病人の有無にかかわらず、旅行や遠出の際に看護婦を伴なうこともあった。

慰問袋運動

日露戦争中、和が最も力を入れたのは、戦地の兵士たちへ日用品や菓子などを入れた巾着袋を送る、「慰問袋運動」であった。米西戦争時にアメリカで行われた運動を婦人矯風会が取り入れたのである。

矯風会には、軍人にキリスト教と禁酒主義を勧めることを目的とした「軍人課」があり、ここが中心となって慰問袋の発送を行った。当初、数百個単位で海軍病院や水雷艇、駆逐艦などに送っていたが、途中から万単位で戦地へ送るようになる。これは、慰問袋を拒んでいた陸軍が、まとまった個数であれば受け取ると方針を変えたためである。和は俄然張り切り、鷹司家や徳大寺家、三井家を訪ね、夫人らに協力を願った。するとすぐに口伝てで広まり、上流家庭が続々と支援を申し出てくれた。さらに、看護婦人矯風会に所属する看護婦たちや、女学校にも声をかけた結果、短期間で一万八〇〇〇個の慰問袋が集まった。

慰問袋の大きさは、縦七寸（約二一センチ）、横六寸（約一八センチ）、「ヒダ」一寸（約三センチ）と定められており、この中に、聖書や手ぬぐい、石鹸、歯磨き粉、便箋、封筒、鉛筆、褌《ふんどし》、爪楊枝、するめ、梅干し、飴、チョコレートなど、送り手の思い思いの品物が入れられた。和は、東京看護婦会の仕事は操に任せ、各家庭や団体が作った慰問袋を集め、矯風会へ運ぶ作業に勤しんだ。ある団体から回収した数百の巾着袋の中に、煙草が入っているのを見つけ、慌てて別の品物と入れ替えたこともあった。矯風会の旗印である禁酒禁煙に背くわけにはいかない。

慰問袋を作った団体や個人へ、戦地の兵士から礼状が届くこともあった。

「お手製の便利袋（引用者注・慰問袋のこと）有難く頂戴しました。ご厚情のほど死しても忘れませむ。僕等は一死を以て大君に尽しますから、（中略）僕等の後継ぎになる国民をこしらえて被下度《くださりたく》、まずは御礼まで」（『婦人新報』第八四号）

「貴女等のご注意周到ご厚志のほど感嘆の至にたえず、深く御礼申し上げ候、いづれ万一に生還凱旋の機もあらば、必ず拝趨万縷《はいすうばんる》御礼申し述ぶべく候、生等《せいら》唯々生命のあらん限り勇往邁進敵を全滅し、終局の大勝利を得、わが国威を四海に発揚して以て貴女等のご厚情の万々一を酬《むく》いんのみ」（同右）

帰還後、直接礼を言うべく送り主を訪ねたところ、女学生と思いきや、予想外の「老女」が現れたため落胆したと語る失礼な兵士もいた。

矯風会はまた、帰還兵たちの出迎えも始めた。大勢で日の丸を振りながら、品川駅や新橋駅に到着する旅団をねぎらうのである。和は、看護婦人矯風会の会員らに協力するよう呼びかけ、自身も派出先の許可を得て、旅団の到着時間になると俥で飛び出して行った。鷹司家に派出されていた頃は、夫人の許可を得て、一日に五、六回、駅へ向かうこともあった。

当初は熱狂的に行われた出迎えも、徐々に下火になり、和と一緒に駆けつけていた仲間たちも、一人去り、二人去り、最後は和一人になった。それでも和は、すべての帰還兵を同じように迎えたいという思いから、出迎えを続けた。日の丸を手に、ひとり俥に乗り、駅へ急ぐ和の姿を、町の人たちは「また大関さんか」と微笑みながら見送ったという。

このように、矯風会は戦争に協力的であったが、個々の会員の胸のうちは様々であった。例えば、矯風会会員の伊藤のぶは、会報『婦人新報』で戦争に反対している。

「不幸我国は露国と鋒《ほこ》を交ゆ、国の上下為に挙《こぞ》って熱狂せり、されど真に国の行末を憂うもの何ぞ静かに考えざる、戦争の結果に於ける幾多の憂うべき事のあらざるかを。

前号の婦人新報は報ぜり、日清戦争当時広島に於てのみ四千人の私生児ありしと、アア何ぞ風俗紊乱《びんらん》の甚しきや、先日某師団兵の上京するや、此等の兵士の多くは吉原に咽喊《ママ》せしと聞く、之れ勇士として許すべき事なるか、戦争の結果として吾人の大に恐るべきは、多くの寡婦孤児の出来ると共に、如何に風俗の腐敗を来すか、私生児を出すか、可憐の離縁婦人を見るかにあり、アア婦人が戦争に於ける地位如何に危きか、人道の為め心を置くものの大に考慮研究すべきものならずや」(『婦人新報』第八三号)

のぶ自身、日露戦争によって人生を狂わされる。これを書いたとき、のぶは妊娠中であった。夫は、非戦論を唱えた社会主義者幸徳秋水の親友であったことから官憲に睨まれ、海外へ亡命。そのまま離縁となり、のぶは一人で男児を出産した。

日露戦争中、大山捨松も慰問袋運動や、兵士やその遺族のための募金運動に奔走していた。彼女は、アメリカ留学時代に寄宿していたベーコン家の娘アリスに、次のような手紙を書いている。

「今日本は戦争で戦っている兵士達を慰めるためなら、自分の持っている物を全部上げてもよいという気持であふれています。東京は勿論のこと、日本のどんな小さな町にも委員会が作られ、兵隊の留守家族を援助するために募金が集められています。そのお金で、生活に困っているたくさんの留守家族が救われました。

日本赤十字社の会員の婦人達は、毎日病院に行き包帯作りをしています。私も時間が許すかぎり病院に行き、朝の九時から四時まで働いています。皆、看護婦の制服を着て、手や服を消毒してから仕事を始めます。陸軍は防腐処理に関してはとても厳しく、処理をしていない包帯は絶対に受け取らないからです。いままでに数百万本の包帯を作りましたが、まだ足りません。

前線にいる兵士達のために、真綿を送るための募金集めをしている婦人会もあります。中国大陸の冬はとても厳しく、目や鼻や口は寒さのために凍りついてしまうそうです」（『鹿鳴館の貴婦人　大山捨松』）

アリスは、捨松が暮らしたニューヘイブンの町の新聞紙上で日本への寄付を呼びかけ、集まった一〇〇ドル、現在の貨幣価値に換算すると五〇〇万円とも言われる寄付金を送ってくれた。

捨松は、アリスへの手紙にこうも書いている。

「今、私が一番つらいことは、遺族の方達を訪ね、慰めの言葉をかける時です。もちろん、お国のために死ぬことはどんなにか名誉なことかもしれません。でも、たとえ国中の人が、その人の勇敢な行為や栄誉ある死について讃めたたえたとしても、私達女性は、悲しみを殺して愛国主義者となる前に、妻であり母なのですから」（同右）

日露戦争では、日清戦争の六倍以上にあたる約八万四〇〇〇人の戦死者を出しており、夫や息子など、身内を失った人が少なくなかった。このうち三分の一以上が、赤痢やコレラなどによる「戦病死」である。伝染病は、衛生状態の悪い戦場において猛威をふるった。身近な人の死は、当然ながら悲しい出来事だが、捨松の立場では公に言えることではなかった。夫の巖は満州軍総司令官として、大陸で兵士たちを率いているのだ。相手が親友アリスだからこその本音である。

海軍の東郷平八郎と並び、「陸の大山、海の東郷」と呼ばれるほどの戦績を上げた巖は、アメリカの新聞や雑誌でも、好意的に取り上げられた。いずれの記事も、巖の妻が名門ヴァッサー大学の卒業生であることを誇らしげに伝えた。アメリカの世論は、大国ロシアを敵に必死で戦う東洋の小国に、同情的であった。そのアメリカの仲介で講和会議がもたれ、日本は辛くも戦勝国となる。鹿鳴館外交が果たせなかった不平等条約の改正も、日清、日露戦争の勝利を経て、ようやく達成された。

第七章　大関看護婦会

復彦との再会

明治三九（一九〇六）年、マリア・トゥルーの理想を具現化した角筈の衛生園が、附属の看護婦養成所とともに閉園した。一三年という短命であった衛生園について、前出の吉岡弥生はこう述べている。

「医学的に見て、まことに結構な企てではありましたが、なにしろ入院するというにさえある種の躊躇を感じていた当時の人たちに、とても病後の保養に金を使おうというような頭はありませんでしたから、まるで患者がよりつかず、岡見さんの新しい仕事も、結局理想倒れに終ってしまいました。（中略）要するに岡見さんの蹟《つまず》きは、世の中から進みすぎていたために起こった先覚者の悲劇であり、さらに突っ込んでいえば、日本の実情を無視して、西洋式のものをそのまま直訳的に持ってきたところに、失敗の原因があったともいえましょう」（『吉岡弥生伝』）

辛辣な意見だが、実際の利用者たちの評判は悪くなかった。また、同園の看護婦たちは、東京市内の貧民窟で精力的に慈善看護を行っていた。遊郭から、慈愛館を経て「衛生園看護婦養成所」で学んだ看護婦たちを何人も東京看護婦会で雇ってきた和は、閉園を残念に思うと同時に、マリアの思いが掻き消えてしまうようで寂しくもあった。衛生園の建物は、女子学院の高等科と寄宿舎に転用され、岡見京はそこで英語と生理学を教えた。

日露戦争中に張り切りすぎたためか、戦後、和は体調を崩しがちになる。明治四〇（一九〇七）年、四九歳のとき、関節リウマチの合併症である心臓弁膜症を発し、「九死の際に出入し僅《わずか》に一生を得」（『実地看護法』）るような状態となり、三カ月以上病臥《びょうが》した。その後、故郷黒羽に近い那須湯本温泉で長期の療養に入る。幸い、東京看護婦会と家のことは、安心して嫁の操に任せることができた。

この湯治中に、これまで蓄えた看護の知識や技能の集大成と言える『実地看護法』を執筆し、翌年出版している。同書は、毎年八〇〇部ずつ版を重ね、看護婦たちの教科書、あるいは家庭医学書として広く普及する。

同じ頃、和は長い間、行方の知れなかったすぐ下の弟、復彦と再会を果たす。東京看護婦会が続けている貧民救済活動で、四谷鮫河橋を訪れた操が偶然出会ったのである。

操が栄養状態の悪い男の子に看護婦会から持参した食料を分け与えると、彼は操の手を引き、長屋の一室へと招き入れた。薄暗い部屋の中で、男が苦し気な呼吸をしながら横たわっている。周りには喀血の痕もある。慌てて男を介抱したところ、「死ぬ前に一度、生まれ故郷に帰りたい」と口にしたという。

「お国はどちらですか」と尋ねると、「栃木の黒羽です」と答えた。

「それでしたら、義母《はは》と同郷です。義母は家老の娘でした。大関和と言います」

復彦は、和が看護婦として活躍していることを知っていたようだ。和は、すぐに復彦が暮らす長屋へ行き、彼を日赤病院へ入院させた。しかし、すでに重い結核に侵されていた復彦は、不遇のまま亡くなる。和は、復彦の遺児、大関増博を栃木の烏山に嫁いだ妹の釛に託した。

炊き出しでの出会い

復彦との思いがけない再会によって、和はますます貧民救済活動に力を入れるようになる。五〇〇軒以上の長屋が軒を連ねる芝新網町では、一年間に二〇回以上の炊き出しを行った。若い看護婦たちと空き地に簡易な竈《かまど》を設え、大鍋で肉うどんや雑炊、肉野菜スープなどを作り、空のお椀を手に集まってくる住民たちに配るのだ。病人や怪我人がいれば手当てを行い、症状によっては施療を行っている病院へ連れていき、診察にも付き添う。

毎度、炊き出しを楽しみに集まってくる住民の中に、必ず食前の祈りを捧げる六〇代と思しき男性がいた。和が「クリスチャンですか」と声をかけたことがきっかけで、言葉を交わすようになる。それは天気の話や好きな食べ物の話など、他愛ないものであった。

「安田」と名乗ったその男性は元漁師で、十数年前に東北地方から単身上京、行き倒れ寸前のところを通りがかりのクリスチャンに助けられ、入信したという。一時、植村正久の一番町教会へ通っていた時期もあったクリスチャンだったようだ。その後、住まいを転々とし、この長屋に落ち着いたという。冬でも薄い浴衣一枚で現れるため、和が六郎のために縫った綿入れをあげたこともあった。安田は綿入れをしげしげと見つめ、何か思い出したのか、少し涙を浮かべた。

梅雨真っ只中の六月二三日。小雨がそぼ降るなか、長屋の軒下を借りて炊き出しを行う。大鍋の中身をすべて配り終え、和がひと息ついていると、安田が「今日は娘さんの命日だね」と遠慮がちに声をかけてきた。

和は、なぜ安田が心の命日を知っているのかと驚く。

「一番町教会さ通ってだ頃、たまたま、葬式を見だんだ」

心が亡くなって八年経っても、和はまだ気持ちの整理がつかない。亡くなった当時と変わらない悲しみを抱え込んだままである。特に今日は命日とあって、朝からずっと心のことばかり考えている。しかし、それを他人と共有したいとは思わない。心のことを天気や好物の話と一緒にしてほしくないのだ。和は、つい強い口調で「娘のことには触れないでください」と言ってしまった。

次の炊き出しで、配膳の列に並ぶ安田の順番が近づいてくると、和は気まずさから顔を上げられなかった。しかし、安田がいつもと変わらない笑顔で空のお椀を差し出してきたので、安堵する。

夏の猛暑の日、和は若い看護婦たちと一緒に、鶏肉とネギを加えたうどんを作り、大鍋ごと井戸水で冷やしてから、「冷やしうどん」として提供し、住民たちから喜ばれる。育ち盛りの子どもたちは何杯もおかわりをし、白衣にエプロン姿できびきびと働く看護婦たちに憧れのまなざしを向ける女の子たちもいた。

和が額の汗をぬぐいながら辺りを見まわすと、安田がいつものように空き地の片隅に座り、食前の祈りを捧げている。以前に比べると、ずいぶんと痩せたようだ。顔色も悪い。近づいていき、「安田さん、どこかお悪いのではありませんか。私が付き添いますから、大きな病院で診察を受けませんか。すぐそこの慈恵医院が施療を行っています」と声をかけた。芝新網町の目と鼻の先にある慈恵医院は、創立以来、貧者への無償診療を続けていた。

安田は、「自分の体のごどは自分が一番よぐわがってるよ。大丈夫。心配すんな」と言いながら、うどんを口にした。そのとき、弱い地震があった。すぐに収まったのだが、安田は落ち着かない様子だ。

「安田さん、意外と気が小さいのですね」

和が軽口を叩くと、彼は少し躊躇《ためら》ってからこう言った。

「おらぁ明治二九年の三陸地震のどぎ、大津波で家族をみんな亡ぐすたんだ。四人いだ子どもだづも全員亡ぐすたのさ。もう一〇年以上経づげっとも、地震がくっとあの日のごど思い出すておっかねぐなんだ。もうあんな思いは二度どすてぐね。みんな忘れでくて、遠ぐさ遠ぐさど歩いで、東京さ着いだのさ」

和は言葉を失い、無精ひげに覆われた安田の横顔を見つめる。この人はいったいどんな思いで、この十数年を生きてきたのだろう。深い悲しみや埋められない喪失感を知っているからこそ、自分を気遣い、心の命日に声をかけてくれたのかもしれない。それなのに「娘のことには触れないでください」などと突っぱねてしまった。

「このごどを人さ話したのは、看護婦さんが初めでだど。話せるようになったつうごどがなあ。少すは悲すみが和らいでいるのがもしれねえなあ。家族さは申す訳ねえげっとも」

最後の方を独りごとのように言いながら安田がふり向くと、和が滂沱《ぼうだ》の涙をエプロンでぬぐっていた。この日、安田はうどんをほとんど残した。

二週間後に芝新網町に炊き出しへ行くと、安田の姿がなかった。和が自宅を訪ねると、すっかりやせ細った安田が、せんべい布団にくるまっている。彼は自分が末期の胃癌であることを知っていた。和は、炊き出しの雑炊を食べさせようとしたが、もはや彼の体は受け付けなかった。

「おらは耶蘇教さ出会えでほんとによかったよ。天国で子どもだづさ会えるど思うど、死ぬのもおっかねぐねえ」

「天国へはいつでも行けますよ。もう少しこちらにいてください」

和が安田の手を握る。

「いや、おらはもう十分生ぎだ。最期に看護婦さんさも会えだ。そろそろ天国さ行がせでもらう。看護婦さんの娘さんさ会ったら、『母ちゃんは、人のために一生懸命働いでだよ』ど伝えるよ」

安田が心に語りかける姿が、素直に目に浮かぶ。心が亡くなったばかりの頃、まわりから「心ちゃんは天国にいるから、いずれ再会できる」と言われても、まったく聞く耳を持てなかったが、今は安田と家族の再会を強く信じることができる。同様に、自分もいつか心に会えるような気がしてくる。

この日から毎日、和は安田の看護に通う。雲一つない秋晴れの午後、安田は家族が待つ天国へと旅立った。

「生まれては苦界、死しては浄閑寺」

明治四一（一九〇八）年、秋。長く北海道で暮らしていた公許女医第一号の荻野吟子が帰京し、本所区新小梅町（現墨田区向島）で小さな医院を開業する。婦人衛生会の幹部同士として吟子と親しかった雅は、早速和を「産婦人科荻野医院」へ連れていき、紹介した。

吟子はかつて、吉原に近い湯島三組町《みくみ》（現文京区湯島）で産婦人科を開業し、娼妓たちの診察をしていた。新小梅に開業したのも、吉原への往診を考えているからに違いない。吟子に同行すれば、遊郭で慈善看護ができると雅は考えたのだ。もしかしたら、綾とマツの行方を知ることができるかもしれない。当時、「お歯黒どぶ」と呼ばれる堀に囲まれた吉原では、二〇〇〇人以上の娼妓が働いていた。

「廃娼までは力が至らずとも、お女郎さんたちの力になることはできます。遊郭こそ、女医や看護婦が必要な場所です」

雅が言い、吟子が「おっしゃるとおりです」とうなずく。

荻野吟子は若い頃、一度結婚したものの、遊郭通いをする夫から淋病をうつされた上に、病気を理由に離縁された。淋病治療のため大学東校（現東京大学医学部）に入院したが、男性医師らによる治療が苦痛でならなかった。同じような女性が大勢いることを知り、「隗《かい》より始めよ」と自身が医師になることを決意する。

前述のとおり、当時、女性は医術開業試験を受けることもできなければ、受験のために通わなければならない医学校への入学資格もなかった。吟子は陳情に陳情を重ね、有力者を巻き込み、どうにか医学校へ入学し、女性として初めて医術開業試験の合格を果たした。懇切丁寧な女医として評判になったが、年下の伝道師と再婚し、北海道へ渡る。その夫が病死し、一四年ぶりの帰京であった。

和と吟子は、敬虔なクリスチャン同士、気が合った。また、吟子が再婚した際、世間は「社会的地位も年齢も釣り合わない」と激しい批判を浴びせたが、それを物ともせず、夫に添い遂げた彼女を和はひそかに敬った。自分には歩めなかった人生だ。

和は吟子の伝手で、月に数回、看護婦たちを連れて吉原へ行き、娼妓たちの衛生指導を行うようになる。楼主たちは、娼妓の食事や生活習慣に口出しをしてくる和たちを煙たがったが、娼妓たちは歓迎した。病気とは言えないまでも、客を取り、その都度「洗浄」を行う娼妓たちは、外性器の腫れや傷などに悩まされていたのだ。

若い看護婦たちとは打ち解けようとしない娼妓たちも、五〇代の和には、母親に甘えるように日々の生活の辛さを吐露した。あるとき、朝霧という娼妓が「私もいつか看護婦になりたいです。なれますか」と尋ねてきた。面差しや率直な話し方がどことなく綾に似ている。「きっとなれますよ。ここを出たら百人町にある『慈愛館』へお行きなさい。うちの看護婦会に直接来てもらっても構いません。働きながら勉強して、資格を取るのです」

朝霧はうれしそうにうなずく。この子はどんな事情でここに売られてきたのだろう。和は、娼妓たちの健康に気を配ることしかできない自分が歯がゆい。しかし、健康でいることが何より大事だ。生きていれば、いつかここを出て夢を叶えることもできる。

吉原の近くに、クリスチャンである和が手を合わせに立ち寄る寺があった。遊女たちが祀られている浄閑寺、通称「投込寺《なげこみ》」である。江戸時代、安政の大地震の際に亡くなった遊女たちの遺体が投げ込まれたことから、この名がついた。この先、関東大震災で命を落とす遊女たちも合祀されることになる。川柳作家花又《はなまた》花酔《かすい》は彼女たちを「生まれては苦界、死しては浄閑寺」と詠んだ。

大関看護婦会

日露戦争後も、帰還兵たちが持ち帰ったコレラやチフスなどの伝染病が全国的に蔓延した。祈禱や売薬よりも、医療に頼ろうとする庶民が増えたこともあり、派出看護婦の需要がさらに増す。家庭だけでなく、大病院の入院患者を看護するために派出するケースも増えた。

東京府では看護婦規則が布《し》かれたにもかかわらず、無資格の看護婦を派出する看護婦会が減らなかった。また、同規則は病院勤めの看護婦には適用されなかったため、大々的に看護婦を募集し、ほとんど教育せずに働かせる私立病院もあった。

和は、婦人矯風会衛生課長として「看護婦界の困難」と題した講演を行い、看護婦界の刷新を訴える。さらに、看護婦協会に所属する東京府内の三〇余の派出看護婦会に呼びかけて「東京組合」を結成、「風紀の厳粛を期するため入会志願者の身元を精査すること」「他会に於て退会を命じたる者は、必ず入会を拒絶すること」「風紀を紊乱《びんらん》する会員は、容赦なく退会を命ずること」（『派出看護婦の歴史』）といった厳格な規則を設けた。

一〇〇人以上の看護婦を抱えるようになっていた東京看護婦会の梃入れも図る。和は一貫して、看護婦が技能を磨くことは当然必要とし、その上でキリスト教に基づいた慈愛の精神が欠かせないと考えていた。そこで、週に一度植村正久を講師に招き、キリスト教についての勉強会を始めた。この結果、二〇人の所属看護婦が洗礼を受けるに至る。一方で、こうしたやり方についていけない看護婦たちが、やはり二〇人ほど他の看護婦会に移籍していった。雅が戻る場所を守るつもりで東京看護婦会を引き継いだ和にとって、これは大失敗であった。小石川の雅の家を訪ね、二〇人もの看護婦が辞めてしまったことを謝罪した。

するとと雅は、「会を和さんにお譲りしてから、すでに八年ですよ。和さんの自由になさってください。ただ、キリスト教の信仰に基づく看護にこだわるのでしたら、それを公にする必要があります。知らずに看護婦会や講習所に入り、あとから信仰を求められるのでは、納得がいかない方もいるでしょう」と言う。

婦人矯風会の幹部でもある和が、敬虔なクリスチャンであることは周知の事実であったが、だからと言って看護婦会もキリスト教主義だとは限らない。たしかにそこは明確にしておく必要があったと和は反省する。

「では、雅さんさえよろしければ、今後、東京看護婦会は公言した上で、キリスト教に基づいた看護を行っていきたいと思います」

「さっきも言いましたが、東京看護婦会は和さんにお譲りしたのですから、私の許可など必要ありません」

そこで和は思い切って言った。

「私は、雅さんがいつか看護婦会へ戻ってくるまでの、仮の会長だと思っています」

すると、雅はきっぱりと「私が復帰する日など来ません」と言った。

この言葉がどれほど和を落胆させたかしれない。しかし、雅が引退したばかりの頃に比べると、良一の病状は悪くなっているように感じられた。以前は、看護婦講習所で授業を行ったり、医学書の翻訳を行ったりしていた雅も、数年前から良一の看病に専念している。和は、良一のために看護婦を派出することを提案したこともあるが、断られた。誰よりも看護を極めたという自負があるからこそ、息子の看病を他人に任せたくなかったのだろうか。雅がこの頃、何を思いながら良一と暮らしていたのかは、誰にもわからない。

雅と話し合い、和は東京看護婦会の看板を降ろし、あらたに「大関看護婦会」の看板を掲げた。そして、キリスト教を学ぶ時間をもうけ、所属看護婦もクリスチャンに限った。

しばらくして、神田錦町から、神田川にほど近い飯田町（現千代田区飯田橋）へと移転する。家を四軒借り、二軒を看護婦会、一軒と半分を寄宿舎、残る半分を住居にあてた。二年前、植村正久が一番町から移した「富士見町教会」が近くにあり、所属の看護婦たちを連れて礼拝へ行くのに好都合であった。

所属の看護婦は最も多いときで五〇人と、東京看護婦会と比べると広さも人数も半分以下であったが、少数精鋭で優秀な看護婦をそろえる。半数が慈愛館の出身者であった。

常に一〇人以上の看護婦が寄宿していたが、このうちの一人、のちに和の甥と結婚する川原（旧姓鹿内）貞子は、大関看護婦会で見習いをしながら、看護婦協会が運営する講習会に通い、看護婦試験に一度で合格することができた。貞子が受験した大正一〇（一九二一）年は、東京府で一九五一人が出願し、三四六人が合格している。合格率二割弱の狭き門であった。

六郎の客死

心の死から一〇年。「大関看護婦会」も軌道に乗り、ようやく自分を取り戻したかに見えた和を再び身内の不幸が襲う。

六郎、操夫妻は結婚から五年を経て、長子一郎を授かった。するとどうしたことか、六郎が「南方へ伝道に行く」と言って、妻子を置いてジャワへと旅立ってしまった。六郎は子どもの頃から欠かさず正久の教会へ通っており、受洗もしていたが、だからと言って海外へ伝道に行くというのは、あまりにも突飛な行動であった。

和は操に対し、申し訳ない気持ちでいっぱいになる。生まれたばかりの一郎のことも不憫でならない。六郎にとって、子どもの存在は重圧でしかなかったのだろうか。翌明治四三（一九一〇）年夏、六郎はジャワ島でマラリアに感染し、三三歳で帰らぬ人となった。

翌年に刷られた『実地看護法』第三版の「序」において、和は「嗚呼、神は遂に彼子《かのこ》を召し給いぬ」と、六郎の死に言及している。

心が亡くなった頃から、ぼんやりとしていることが増えた哲は、数年前、再会を果たしたばかりの長男復彦を亡くしたときは、事情が呑み込めなかったのか、あまり悲しんでいる様子はなかった。しかし、忙しい和に代わり大切に育てた孫の六郎の死に際し、霧が晴れたかのように覚醒し、子ども時代の思い出話をしては涙を流し続けた。そしてそのまま寝込み、元号が明治から大正へと変わった一九一二年、六郎のあとを追うかのように息を引き取った。

和は、六郎が小さかった頃、仕事が忙しくてかまってやれなかった分、孫の一郎を溺愛する。派出先へも連れて行く有様であった。のちに一郎は、こう語っている。

「外出はたいてい人力車で、蹴込みのところに幼い私を立たせて、赤い膝かけ毛布をしっかりと回し、あちこちの名士の宅訪に連れ回されたこともありました」(『看護教育』第二二巻)

上流階級から得る報酬は少なくなかったが、それはそのまま貧民救済活動へまわされた。

「お金もないくせに金銭には恬淡《てんたん》としていて、質屋利用の名人でした。質屋へは頼みつけの人力車夫が往復してくれました。高貴な方からいただく上等の紋付羽織がよく質草となり、交際が派手というか、人のお世話をよくするせいか、結構な到来ものが多く、これをまた惜し気もなくどんどん人様に差し上げていました」(同右)

和はいつも「金は天下の回り持ち」と言って笑っていたという。

「祖母は普段でも紋付羽織を着ていることが多かったのですが、結局これもいただきものをそのまま利用していた姿なのではないでしょうか。祖母に負われて近所の菓子屋に行く途中、私は祖母の背中に縫いつけてあった書き紋をはがしてしまって、しかられたことがあります。ちょうだいものですから、いただいた家の紋の上に大関の紋を書いて縫いつけてあったのが、はがれかかっていたのでしょう」(同右)

一郎の回想からは、看護婦を大勢抱えた「女所帯」を懸命に守ろうとしていた和の姿もうかがえる。あるとき、大関看護婦会に「壮士風の男」が突然やってきて、玄関先で凄んだことがあったという。応対に出た操が困っていると、和が出てきて、男を目で威圧しながら、羽織を脱いで投げつけた。すると、男は羽織を持って逃げて行ったという。

　質草の話といい、和が派出先から譲り受けた羽織は、相当に高級品だったようだ。いずれにしても、植村正久には「泣キチン蛙」と評された和も、一郎の前では強い祖母であった。

　哲の死の翌年にあたる大正二（一九一三）年。相馬愛蔵と黒光の夫妻が、深刻な面持ちで大関看護婦会を訪れる。二人が結婚してすでに一五年。当初、愛蔵の実家のある安曇野で暮らしていた二人は、上京し、本郷にあったパン屋「中村屋」を居抜きで買い取ると、クリームパンの製造販売で大成功を収める。その後、支店だった新宿店を本店とし、生活拠点も移した。「新宿中村屋」はクリームパンのみならず、中華饅頭や月餅でも評判となり、誰もが知る有名店となっていた。

　和は、木下尚江と結婚しなかったことが、自分の人生にとって良かったのか悪かったのかわからない。しかし、あのとき愛蔵が心から自分のことを心配し、忠言してくれたことに感謝の念を持ち続けていた。百人町の慈愛館に用事があるときは、帰りに必ず中村屋へ寄り、看護婦会のおやつにクリームパンや月餅を大量に買うのが常である。

　この日、相馬夫妻は長女俊子を和にかくまってほしいと頼みに来たのであった。芸術に造詣が深い夫妻は、店の裏にアトリエを作り、若い画家や彫刻家たちを物心両面で支えていた。その中の一人、画家の中村彝《つね》が俊子を気に入り、たびたび絵のモデルにしていたのだが、よりによって俊子の裸体を描いた作品を展覧会に出品してしまった。このことが俊子の通う女学校で問題視され、また、夫妻も不快に感じたことから、彝にアトリエから離れてほしいと伝えたところ、思いつめた彝は俊子に求婚した。夫妻は驚き、とりあえず俊子を安全な場所へ隠そうと和に助けを求めたのである。

和は二つ返事で俊子を受け入れた。常に大勢の看護婦たちが同居している看護婦会は、女性が身を隠すには打ってつけの場所であった。俊子は和のもとでしばらく生活し、ほとぼりが冷めた頃、相馬家へ帰った。その後、俊子は相馬夫妻がアトリエにかくまっていたインドの革命家ラス・ビハリ・ボースと結婚。中村屋は「純印度式カリー」でも有名になる。

第一医院で、看病婦取締と患者として出会った和と愛蔵は、一生涯、家族ぐるみのつき合いを続けた。

内務省「看護婦規則」

第一次世界大戦中の大正四（一九一五）年、内務省が全国を対象に「看護婦規則」を発布する。看護婦試験については、「一年以上看護の学術を修養」することが受験資格とされ、試験科目は「人体の構造及び主要器官の機能」「看護方法」「衛生及び伝染病大意」「消毒方法」「包帯術及び治療器械取扱法大意」「救急処置」と定められた。

派出看護婦会に対する規定は、五年前に発布された東京府の「看護婦規則」よりもさらに厳格で、収益をも左右する規定が盛り込まれた。一般的に、派出看護婦会の経営は、所属看護婦が派出先から得た報酬の数割を徴収するという形で成り立っていたが、その割合を「二割」と定めたのだ。これに対し、大関看護婦会も所属する看護婦協会の東京組合は、「二割」では経営を維持できないとし、「二割五分」を要求したが、受け入れられなかった。

ここに及んで和は、「派出看護婦会に対する悪い噂を真に受けることは、自分たちの首を締めることになる」というかつての雅の言葉を理解する。

東京府では、当時内務省内の庁であった警視庁の衛生部が「看護婦規則」を管轄した。東京組合は、派出看護婦会に対する規制の緩和を求めて、警視庁衛生部長の栗本東明《とうめい》と交渉を重ねる。

交渉の過程で、警視庁が看護婦を「一種の洗濯婆位に」軽視していることを知った和は、「大いに憤慨して栗本博士を内務省に訪ね、看護婦は単なる職業でなく、最も神聖な奉仕的仕事であるからいたずらに法律をもって臨むべきでないということを弁じて退かず、ついには声涙ともに下り、卓を叩いて訴えるという次第で、博士も女史の誠意には負けてその希望を入れ大いに改めるところがあったという」（『穂高高原』）

和の意見がどの程度受け入れられたのかはわからない。いずれにしてもこの先、「スペイン風邪」の流行や、「職業婦人」の急増を背景に、看護婦の需要と志望者がこれまで以上に増えるため、この時期に国が「法律をもって臨ん」だこと自体は、妥当であったと思われる。実際、派出看護婦会の中には、規定の徴収金以外に使途不明の「親愛会費」なるものを徴収する悪辣な会も存在したため、看護婦たちのためにも、規則は必要であった。

しかし、大関看護婦会のようにもともと健全な経営と仕事を行っていた派出看護婦会にとっては、行政による一律の対応は足枷《あしかせ》のようなものだった。今さらながら和は、もっと自浄の努力をすべきだったと悔やんだが、あとの祭りであった。

大正時代には、看護婦が女性の職業として定着する。桜井看護学校や慈恵看護婦教育所などが設立された明治二〇年代から明治末まで、二〇年かかって一万三〇〇〇人に達した看護婦は、大正時代の一五年間で、三倍以上の五万一〇〇〇人に達した。和や雅に代表される初期のトレインド・ナースと、大正時代に一般化した看護婦の違いについて、前出の村上信彦はこう説いている。

「明治期の看護婦はそのほとんどが明確な目的意識をもち、キリスト教的な人道主義や日露戦争における赤十字の活動に感動して国家社会のために献身したいという気持ち、あるいは親兄弟の病死に刺戟《しげき》されて看護を生涯の目的とするような使命感が色濃かった。みずから選びとった生甲斐のようなものである。したがって持続性もつよく、生涯その仕事に従事するものが少なくなかった。これが大正になると、数ある女の職業の一つとして意識され、そのなかでも比較的有利な仕事として選択されるようになる。つまり、天職意識から生活手段としての職業への転換である」（『大正期の職業婦人』）

看護婦という職業が、短期間のうちに一般化したことがわかる。派出看護婦会は、大正末から昭和にかけての一九二〇年代に全盛期を迎える。しかしその後、大病院への派出は、患者の身のまわりの世話をする「派出婦」に取って代わられ、看護婦と言えば派出看護婦を指す時代は、徐々に終わりに向かう。

大山捨松、スペイン風邪に倒れる

大正三（一九一四）年に始まった第一次世界大戦は、日本では「欧州戦争」と呼ばれたことからもわかるように、直接の戦災はなく、特需景気に沸いた。

六郎の忘れ形見の一郎は、同居する看護婦たちからもかわいがられ、利発な子どもに育っていた。しかし大戦中に八歳でコレラに罹患し、日赤病院へ入院。和と操が代わる代わる病院へ通い、看病した。すると疲労のためか操が高熱を発し、そのまま呆気なく逝ってしまう。三四歳の若すぎる死であった。操が亡くなった途端にコレラから回復した一郎を見て、和は操が自分の命を差し出して一郎を救ったのではないかと感じた。操の早世は、身内の相次ぐ死から立ち直れずにいる和の心に、さらなる追い打ちをかけた。

大戦中、兵隊の移動によってアメリカから全世界へ広がったインフルエンザ、通称「スペイン風邪」の猛威は、日本にも及ぶ。大正七（一九一八）年から大正一〇年までの間に、当時の全人口五五〇〇万人中、二四〇〇万人が感染し、死者数は三八万人とも四五万人とも言われている。大山捨松も感染し、手厚い看護を受けたものの、大正八年二月に五八歳で帰らぬ人となった。

捨松はスペイン風邪を避けるため、子どもや孫たちを連れて沼津の別荘で過ごしていたのだが、自身が理事を務める女子英学塾（現津田塾大学）の人事のことが気がかりで東京へ戻ったところ、たちまち感染してしまったのだ。

女子英学塾は、捨松とともにアメリカへ留学し、生涯支え合った津田梅子が設立した学校である。梅子が糖尿病で塾長を続けられなくなったため、捨松が後任の塾長を探していた。どうにか後任が決まり、就任式も無事終えることができたのだが、直後に捨松はのどに違和感を覚え、発熱する。その後、肺炎を起こし、予断を許さない状況がしばらく続いたあと、呼吸困難で亡くなった。捨松の曽孫にあたる久野明子は、「捨松は医者がワクチン注射を打った直後、急に身体が震えだし、顔色が変わって呼吸が止まってしまったという。捨松は極度のアレルギー体質だったので、このワクチン注射のショックで死期を早めたのかもしれない」（『鹿鳴館の貴婦人　大山捨松』）と述べている。自宅で行われた葬儀には、和も参列した。

捨松が設立に協力した慈恵看護婦教育所からは、すでに大勢の看護婦たちが巣立っていた

六〇代に入った和は、持病のリウマチが悪化したため、現場での看護の仕事からは退いていたが、大関看護婦会の顧客である上流家庭でもスペイン風邪の感染者が次々と出たため、出ずっぱりで看護を行い、自身も感染して寝込んだ。

スペイン風邪も、コレラや赤痢同様、衛生状態の悪い貧民窟、そして遊郭で多くの感染者を出した。和は三〇人弱いる所属看護婦を三つの組に分け、一つ目の組は通常どおり依頼を受けた家庭へ派出させ、二つ目の組は下谷万年町や四谷鮫河橋などの貧民窟へ、三つ目の組は吉原や洲崎などの遊郭へ派出させて、患者の看護のほか防疫に注力させた。それは、うが

い、手洗い、マスクの着用を励行し、できるだけ大勢で集まらないように指導するという基本的なものであったが、その効果を和は経験的に知っていた。

大正時代も一〇年を数え、東京の街も文化も目まぐるしく変化していた。

ある晩秋の夕方、雅の家を訪ねた和はしみじみと「雅さんが羨ましいです。子どもが生きているだけで、どれほど幸せか」と口にする。

「一郎さんがいるではありませんか」

「はい。今はあの子が生き甲斐です」

しばらく黙って火鉢の灰をならしていた雅は、言葉を選びながらこう言った。

「私たちは子や孫を生き甲斐にしがちですが、それが彼らにとってよいことだとは限りません。構いすぎると、子どもはわがままになり、自立心を損なうこともあります。和さんの場合は、加減というものを知りませんからね……」

雅の言葉に和は考え込んでしまう。今の自分の姿がかつての母哲の姿と重なったのだ。哲に甘やかされた六郎は、学校の成績は良かったが、長じてからは働こうとせず、最後はふらっといなくなってしまった。一郎は、自分だけでなく、同居する看護婦たちからも「坊ちゃん」と呼ばれ、甘やかされている。和は一大決心をし、中学生になると同時に、一郎を鎌倉の知り合いの家に預けることにした。

実は一郎自身、過保護にされたという自覚があった。のちに「両親を亡くしてから、祖母はいっそう私を溺愛したようで、周囲からは目に余るものがあったと思いますし、私自身もそのことによって損なわれているとも思います。決して責任を転嫁する訳ではありませんが……」（『看護教育』第二三巻）と語っている。

鈴木雅との別れ

身内の度重なる死にさらされ、自らも病を抱えながら、それでも和が看護婦会の経営や、慈善看護、貧民救済活動を続けることができたのは、同士といえる雅の存在があったからであろう。しかし、その雅も和のもとを去るときが来た。

大正一一（一九二二）年秋。雅は、看護学校を修了し、第一医院の看病婦取締になった時以来、三〇年以上暮らした小石川の家をきれいに片付け、良一と二人、新橋駅にいた。実家のある京都の稲荷山へ行くのだ。二人とも帽子をかぶり、洋装に身を包んでいる。大きな荷物は別便ですでに送ってあるため、手にしているのは雅の革鞄一つだけである。

かねてより雅は、引っ越し先を探していた。以前は静かで暮らしやすかった小石川の町も、大正時代に入ると宅地開発が進み、騒々しくなった。日がな横になって本を読んでいる良一にとって、暮らしやすい環境とは言えなくなっていた。和は、京都まで行かずとも、静かな土地は近くにいくらでもあると何度も説得を試みたが、雅の決意は固かった。先々、自分が亡きあとの良一のことも考え、実家の近くで暮らすことにしたのだ。雅は、転居の計画を和にしか話しておらず、その和にも、京都へ発つおおよその日しか伝えていなかった。

その日、運営委員の一人として、久しぶりに慈愛館の様子を見に出かけた和は、帰りに新宿の中村屋に寄り、いつもより多めにクリームパンを買った。そして、お裾分けをすべく雅の家に寄ると、もぬけの殻であった。慌てて降りたばかりの俥を呼び止め、新橋駅へと急かす。するとホームに、今にも汽車に乗り込もうとする雅と良一の姿があった。和は「黙って行くなんてひどすぎます！」と泣きながらホームに駆け込む。雅は、和がやってくることがあらかじめわかっていたかのように、ゆっくりとふり返り、「良一の具合のよい時に出立したかったので、あらかじめ日時をお伝えすることができなかったのです。あとで手紙で挨拶しようと思っていました」と淡々と話す。

途中、沼津で暮らしている娘みつの家に寄るつもりだという。女子美術学校を卒業したみつは、洋画家と内縁関係となり、四〇歳で子を授かっていた。その子は三歳になる。

「本当に、これっきり帰って来ないのですか」

「そのつもりです」

雅は、相変わらず姿勢がよい。髪の色はすっかり白くなったが、出会った頃と変わらない断髪に、小ぶりの帽子がよく似合う。和は会うたび、この人が仕事をしないのはもったいないと感じていたが、今日は痛切にそう思う。

二人のやり取りを良一が遠慮がちに眺めている。

「良一さん。雅さんを頼みますよ」

和が手を握りながら言うと、良一は「今までありがとうございました」と頭を下げた。

駅員が笛の音《ね》で発車時刻であることを告げる。和は混乱し、遠くへ行ってしまう雅に何を伝えたらよいのかわからない。ふと気がついて、クリームパンが詰め込まれている紙袋を「雅さん、これを」と手渡す。その思いつめた声に雅が吹き出した。

座席につき、窓から顔を出した雅は、和に「長い間、お世話になりましたね」と言いながら両手を差し出す。和が両手で握り返す。世話になったのは自分の方だ。しかし、嗚咽《おえつ》が込み上げ、言葉にならない。汽車はゆっくりと動き出す。これが二人の今生《こんじょう》の別れとなった。

関東大震災

雅との別れを機に、和は今度こそ看護婦を引退した。年々悪化する関節リウマチを騙し騙し働いてきたが、もはや気力も限界だった。六四歳となり、もう十分に働いた気がする。大関看護婦会の経営は続けたが、鷹司家や徳大寺家といった和を贔屓《ひいき》にしてくれる顧客から指名の依頼がきても、丁重に断り、代わりに自分が育てた看護婦を派遣した。

食事の支度も洗濯も、寄宿している看護婦たちに任せ、朝はゆっくりと起床し、リウマチによる体のこわばりが回復してから、できることを手伝う。それでも日曜日の礼拝は欠かさず、看護婦たちと一緒に正久のいる富士見町教会へ通った。

教会では時々、矢嶋楫子と顔を合わせた。楫子は九〇歳目前であったが、矍鑠《かくしゃく》としていた。二年前、ワシントンで開かれた矯風会世界大会に出席した際、ハーディング大統領をはじめとするアメリカ人たちから熱烈な歓迎を受け、握手のしすぎで右手が神経痛になったことを自慢にしている。近々、ワシントン軍縮会議に出席するため、また渡米するという。楫子の衰えぬ体力、気力を目の当たりにすると、この人は永遠に生き続けるのではないかとさえ思う。

買い物に来なくなった和を気にかけ、月に一度ほど、相馬愛蔵か黒光が、クリームパンや饅頭を持って訪ねてきた。和はありがたく口にしながら、雅に最後に渡したクリームパンを思い出す。雅との別れを思い出すたび寂しい気持ちになったが、あの日、雅母子が東京を去ったことは、神の恵みであったのかもしれないと思う日が、一年足らずでやってくる。

大正一二（一九二三）年九月一日。和は起床時の体のこわばりと痛みがひどく、しばらく寝床から出ることができなかった。寄宿している看護婦たちはすでに派出先へと出かけていた。九時頃、ゆっくりと起き上がると、寄宿している看護婦たちが作り置きしてくれた朝食を一人でとる。

そして、洗濯したままになっている白衣の山を見て、アイロンがけに取り掛かる。洗濯もアイロンがけも新人の仕事だが、調子のよいときは手伝っていた。白衣は毎日交換するので、一人当たり三着持っており、全員分を合わせると一〇〇着近くになる。奮発して電気アイロンを買ってからはそうでもないが、炭火アイロンを使っていた頃は、面倒な作業であった。

こわばる手指をゆっくりと動かし、一着一着、丁寧にアイロンがけをしていると、午後から派出予定の通いの看護婦が、三人やってきた。三人とも、大関看護婦会で働きながら資格を取った若い看護婦たちである。

「先生、アイロンがけなんて、私たちがやります」

「朝ご飯はきちんと召し上がりましたか」

「お昼は、お櫃《ひつ》のご飯とお漬物があるので、お味噌汁だけ作りますね」

毎日、三度の食事は居合わせた看護婦たちが、次に帰ってくる看護婦たちの分も準備しておく。和は、親元を離れて自分の看護婦会にやってきた若い娘たちに、料理や洗濯も丁寧に教えていた。それは、「看護婦は言行ともに静粛高尚にして、家事経済に通じ、世事に慣れたる者を適当と致します」（『実地看護法』）という考えに基づいていた。

三人のうち一人は和のアイロンがけを代わり、ほかの二人は台所で手際よく湯を沸かし出《だ》汁《し》をとり、野菜を刻む。柱時計を見ると、あと数分で正午だ。和は、しばらく自分の部屋で休もうと立ち上がった。そのとき、ゴーッという地響きがしたかと思うと、立っていられなくなり、尻もちを付いた。畳が揺れている。畳だけでなく、壁も天井も揺れている。ゆさゆさと嘘のように家中が揺れている。アイロンをかけていた看護婦が「先生、大丈夫ですか」と和に寄り添う。台所にいた二人は、悲鳴を上げながらも火の始末をし、やはり和を心配し駆け寄る。

「厠に逃げましょう」

和は、哲が生前「大きな地震がきたら厠に逃げなさい」と言っていたことを思い出す。哲は、安政年間に何度も大きな地震を経験していた。

三人の看護婦は、足元の覚束《おぼつか》ない和を抱きかかえながら厠へ駆け込む。

「閉じ込められるから、戸は締めては駄目よ！」と和が叫ぶ。
狭い範囲に柱が四本立っているので、二階部分が落ちてきても潰れる心配はなさそうだ。
四人は自然と両手を組み、「神様、どうか助けてください！」と必死に祈る。
和は、孫の一郎の無事を祈りながら、鎌倉の知り合いに預けたのは正解だったと思う。しかし、和は知る由もないが、大関看護婦会のある飯田町が震度五強であったのに対し、震源に近い鎌倉は震度七に達していた。幸い、一郎は火災に巻き込まれることもなく無事であった。

南関東を襲ったこの大地震は、間もなく火災を引き起こし、東京、横浜を中心に、一〇万五〇〇〇人以上の死者及び行方不明者を出すことになる。大関看護婦会は全焼、かつて鈴木雅が暮らしていた小石川一帯も、焼け野原と化す。番町の女子学院も、植村正久の富士見町教会も灰燼《かいじん》に帰す。被災者は数百万人に及び、のちに「関東大震災」と呼ばれる。

揺れが収まり、四人は恐る恐る厠から出る。看護婦会の建物は形をとどめているが、近隣には崩れ落ちた家屋もあった。

「怪我人がいるかもしれません」

誰からともなく言い、四人とも素早く着物を白衣に着替えると、それぞれ救護鞄を肩から斜め掛けにし、編み上げ靴の紐をしっかりと結び、外へ飛び出した。この非常事態にあっても白衣に着替えたのは、動きやすいことに加え、看護婦であることを周囲に伝えるためである。もう一つ、彼女たちにとって白衣を身に着けることは、全身全霊で患者を助けることの意志表明でもあった。

それぞれが近隣を回って怪我人を探し、片っ端から手当てを行う。落ちてきた瓦で額を割った女の子、ガラスの破片で足を切った高齢男性、調理中に熱湯を浴び、火傷を負った中年女性もいた。石塀の下敷きになっている男の子を見つけ、慌てて四人で助け出す。いつにない和の機敏な動きに、若い看護婦たちは目を丸くする。

「先生、お体は大丈夫なのですか」

その言葉に、和の体中の痛みとこわばりがぶり返す。

「私は大丈夫です。一人でも多くの人を助けましょう」

これで力を使い果たして倒れるのなら、本望だ。

「こっちに看護婦さんがいるぞ！」「怪我人は大関看護婦会に運べ！」と掛け声がかかるようになり、ぞくぞくと怪我人が集まってきた。和たちは看護婦会を臨時の救護所にし、次々と手当てを行う。その後、一時間ほどの間に非番の看護婦たちが集まってきた。

「道が瓦礫で塞がっていたり、火の手が上がっていたりで、ここまでたどり着くのにいつもの倍も時間がかかってしまいました」

それでもよく来てくれたと和は頼もしく思う。本郷に住んでいる竹田ソノという若い看護婦が、頭髪から足まで土埃にまみれながら、「家の近くで怪我人が大勢出たのですが、消毒薬も脱脂綿も何もないのでお手上げです」と言いながら現れたので、「救護鞄と必要なものをすべて持って行ってくれて構わないわよ」と和が言うと、ソノはワッと泣きだした。

「母が家の下敷きになり、大怪我をしています」

するると、ソノと同期の看護婦たちが、自分たちも一緒に行くと言って、彼女を励ましながら、瓦礫の中を本郷へと向かって行った。和は怪我人の手当てをしながら、「くれぐれも気を付けて」と声をかけ、神の加護を祈る。

朝早く派出した看護婦たちは戻ってこない。彼女たちは常に救護鞄を持っているので、それぞれの派出先で力を尽くしているに違いない。実際、大関看護婦会に限らず、多くの派出看護婦たちが、自主的に救護活動を行っていた。

怪我人たちの手当てがひととおり終わった頃、煙が漂ってきた。神田神保町の方で火災が起きたのだ。住民たちは荷物をまとめ、三々五々、神保町と反対側の上野方面へと避難していく。和たちが呆然としていると、自分たちと同じような白衣をきた女たちの一群が、神田川を渡って近づいてくる。

「どこかの看護婦会でしょうか」

「日赤です！　赤十字の旗を掲げています！」

関東大震災における日赤の救護活動は迅速であった。地震発生の一時間後には東京府庁舎前に天幕張りの臨時救護所を設置し、二時には救護活動を開始。三時には皇居外苑で大規模な救護所の建設に着手している。医師と看護婦による巡回診療班も組織され、自動車や徒歩で被災地をまわった。

孤軍奮闘していた大関看護婦会の看護婦たちは、赤十字の旗に勇気づけられる。和は安堵して、思わず道端にへたり込んだ。そこへ、避難する人波に逆らうように、近所に住む顔なじみの若い衆《しゅ》がやってきた。顔や体が煤だらけである。

「この辺はまだ焼けてねえんだな。浅草の方は火の手が上がって、吉原もてんやわんやよ」

彼らは、地震が起こるまで浅草で遊んでいたようだ。地震の直後、遊郭内で火災が発生し、娼妓たちが避難しようと大門に殺到したため、大混乱になっているという。

「熱さに耐え切れねえ女郎たちが、ドボンドボンと池ん中に飛び込んでたぜ」

吉原遊郭は湿地を埋め立てて作られたため、いくつもの池があった。湿地であったがために周辺よりも激しく揺れ、たちまち火災が発生したのである。

「怪我人も大勢いたが、あの火事じゃ逃げられめえ」

和と看護婦たちは、顔を見合わせる。和が吉原での慈善看護を始めてから、すでに一五年。顔なじみの娼妓も大勢いる。彼女たちの唯一の希望は、いつか遊郭を出て生活することだ。娼妓のまま、焼かれたり溺れたりして死なせるわけにはいかない。和は立ち上がった。

「ここは日赤さんにお任せして、私たちは吉原へ参りましょう」

吉原での娼妓たちの救護が、看護婦大関和の最後の仕事となった。

エピローグ

昭和三（一九二八）年に刊行された『女子学院五十年史』に、「過去を辿って」という文章を寄せた大関和は、その最後を「大正十二年九月一日の未曽有の大震火災を経ましてから、兎角《とにかく》病気がちになりまして、ただ神の寵愛の中に静かに暮しております」と結んだ。翌年、脳出血に倒れ、二年半病臥したあと、七四歳でこの世を去る。

この間、最も頻繁に見舞いに訪れたのは、新宿中村屋の相馬愛蔵であった。震災後、本郷弓町に転居した和の自宅兼大関看護婦会に自動車でやってきては、枕元に座って思い出話をし、毎度、現在の一〇万円ほどにあたる紙幣を布団の下に押し込んで帰って行った。

当時、西日暮里に住んでいた木下操も、手料理を持って見舞いに訪れたという。木下操とは、東京看護婦会時代の部下で、木下尚江の妻となった和賀操のことである。

この頃、すでに鎌倉から戻り、和のもとから明治学院に通っていた孫の一郎は、体の不自由な和がいつも朗らかだったとふり返る。最愛の孫がそばにいること、和を心から見舞ってくれる人々がいることに「神の寵愛」を感じ取っていたのかもしれない。

和の訃報を載せた『東京朝日新聞』（一九三二年五月二四日）は、「大関ちか子女史　日本最初の看護婦」という見出しで、「『娘としてははしたない仕事』という世評を一蹴して」看護婦となり、「職業婦人の先べんをつけた」と説いている。また、『東京日日新聞』（一九三二年五月二五日）は、「その当時　女博士以上に世間で驚ろいた　日本にはじめて看護婦のできた頃」という見出しで、和の死を大きく報じた。

六〇代半ばまで看護婦として懸命に働いた和だが、死後に残されたのは、現在の一〇〇万円ほどにあたる借金で、それは香典で返済された。

孫の一郎によれば、和が引退して間もなく、ナイチンゲールの生誕百周年を記念して赤十字国際委員会が創設した「ナイチンゲール記章」の受賞者に、和を推薦するという話が挙がったという。

「祖母は『ご無用に願います』と、全くとりあおうとしませんでした。自分のやってきたことの目的はそこにはない、といった気持ちが強かったようです」（『看護教育』第二二巻）

和はお金だけでなく、名誉にも興味がなかったようだ。村上信彦も、「（引用者注・和は）著名な人物とも多く知り合って社会的名士となったが、全熱情を看護事業にささげて金銭や名誉にはまったく淡泊であった」（『大正期の職業婦人』）と記している。

毅然としているかと思えば涙もろかったり、繊細かと思えば大胆であったり、史料を読めば読むほど、和の性格はつかみどころがなかったのだが、一郎の次の言葉が、最も端的に和という人を表しているように思える。

「士族意識からくるものか、終生エリートとしての誇りがあり、威張っているわけではないのですが、気位の高さは一貫してあったといえます」（同右）

当時は、出自に誇りを持つことはむしろ自然であった。国に報いたいという思いも、出自によるものではないだろうか。和にとって、報国とキリスト教の信仰は矛盾しておらず、そのどちらへも貢献できるのが、看護婦の仕事であった。その自覚があればこそ、短期間で看護婦の評価を高め、職業としての礎を築くことができたのであろう。

一方、報国や信仰とは関わりなく看護婦という職業の確立に努めたのが、和の盟友、鈴木雅であった。その晩年は、雅の孫に取材を行った看護史研究者の高橋政子によって、かろうじて今に伝わる。

関東大震災の前年、京都に転居した雅と良一は、四年後、娘みつとその息子康夫が暮らす、静岡県の沼津へ移った。みつは洋画家とはすでに別れていた。良一は、昭和一三（一九三八）年に五七歳で亡くなり、雅もその二年後に八二歳で永眠している。四三歳で東京看護婦会を和に譲ってから、四〇年近い年月が経っていた。

高橋は、「亡夫の恩給がこの不幸な母子の生活を支えてくれたことは、何よりも幸いであった」（同右）と述べているが、雅が不幸であったとは言い切れない。

たしかに、日本初の派出看護婦会を作って女性の自立の足がかりとし、慈善看護にも注力した前半生と比べると、後半生は精彩を欠いた。しかし、沼津で息子と娘、孫と過ごした年月は、案外幸せな時間だったのではないだろうか。

日中戦争中の昭和一五（一九四〇）年三月、孫の康夫が入隊する際に撮影した、雅の写真が残されている。髪は真っ白で、普段着の着物を身に着け、右手を左手首に重ねた姿勢は自

かだ。

とも言える。少なくとも、入隊前に祖母を写真に収めたいと思った孫がいたということは確な表情がただよっている」（同右）と感想を述べているが、一切の気負いのない素の表情だ然体そのものだ。この写真について高橋は、「数かずの不幸に堪えた寂しいあきらめのよう

好戦的な時代にあっても戦争を厭い続けた雅が、たった一人の孫を軍隊へ送り出すときの気持ちはいかばかりだったであろう。康夫によれば、雅は淡々と「気をつけて行っておいで」（同右）とだけ言ったという。雅はその三カ月後に亡くなったので、康夫が言葉を交わしたのは、それが最後であった。

「祖母は昔話などあまりしない人で、母を通して『おばあさんは、予定どおりアメリカに行っておれば、ナイチンゲールのように、胸像の一つも立つような仕事をしていたかも知れない』といったことが記憶に残っている」（同右）

アメリカ留学を果たしていれば、あるいはそうであったかもしれない。しかし、雅自身は、人生を後悔していなかったのではないだろうか。桜井看護学校への入学や派出看護婦会の設立など、その時必要だと思うことをなし、看護婦会からの引退、京都への転居など、身を退くときには一切の未練を感じさせない雅の生き方は、後悔とは無縁のものに感じられる。鈴木家は康夫が継ぎ、雅はその菩提寺に埋葬された。

大関和を看護婦の道へと導いた植村正久と矢嶋楫子は、関東大震災を生き延びたが、ともに大正一四（一九二五）年に亡くなっている。正久は六六歳、楫子は九二歳であった。

宗教上の激しい論争も厭わず、一般的には強面《こわもて》、短気、頑固として知られる正久が、和の涙にはうろたえる様子を史料に見たときは、意外に感じた。正久と和の四〇年以上にわたる親交は、牧師と信徒という関係性を超え、友情に近かったと思われる。

矢嶋楫子の死後、その姪で、婦人矯風会幹部の久布白落実《くぶしろおちみ》は、楫子から託された告白文を公表している。そこには、「申すも苦しき次第ですが、兄が頼《たのみ》として居った書生の一人と愛に陥って妙子を宿したのです。その男は家を持つものでした」とかつて「不義の子」を産んだことに対する懺悔がつづられていた。当の妙子は、牧師と結婚し、六人の子をもうけたものの、七回目のお産で命を落とし、楫子より先に亡くなっている。

楫子は婦人矯風会について、「強きが故に設立したのではなく、弱きが故に、実に弱きが故に、人間の行路を少しでも誘惑を減じ、人生を歩み安くする為めに、建てたものです」（『婦人新報』第三三一号）と語っている。弱さを自覚し、葛藤を抱えながらも精力的に生きた楫子と、楫子を見いだしたマリア・トゥルーの精神は、今も女子学院の教育の中に息づいている。

婦人矯風会が取り組んだ廃娼運動は、救世軍や、島田三郎らが組織した「廓清会《かくせいかい》」なども加わって粘り強く継続されるが、達成されるのは、第二次世界大戦後のことである。

さて、本書ではトレインド・ナースを「看護婦」、それ以前に傷病者の看護にあたっていた女性たちを「看病婦」としているが、トレインド・ナースを「看病婦」と呼ぶこともあった。大正四（一九一五）年に内務省が出した「看護婦規則」によって「看護婦」が正式名称となり、その後長い間、「看護婦さん」という呼び方が親しみを込めて使われていた。昭和四三（一九六八）年に男性も看護職に就けるようになると、女性は「看護婦」、男性は「看護士」と区別された。そして、平成一三（二〇〇一）年に改正された「保健師助産師看護師法」によって、「看護師」に統一される。

現在、全国で約一三〇万人の看護師が働いている。コロナ禍において、その過酷な労働環境や、それに見合わない待遇が問題視され、政府はわずかな賃上げを決定した。高度な知識や技能が必要とされる専門職でありながら、なぜ看護師の賃金は低く据え置かれるのか。突き詰めれば、女性が多い職業だからということになろうが、トレインド・ナースが誕生したとき、彼女たちが「献身」や「慈善」「無償」を是としたことも関係していよう。しかし、多くの患者が、特に入院や手術といった深刻な場面で、看護師たちの献身や無償の優しさに救われていることもまた事実なのだ。

和の死から三六年後、昭和四三年三月一四日の朝日新聞「たずね人」の欄を紹介し、本書の結びとしたい。

「明治二八年の出来事です。基督《キリスト》信者のある派出看護婦さんが埼玉県小川町に派遣され、好成績をあげましたが赤痢で死去しました。その臨終に立会った医師は感動して求道し、信者になり、土地と食堂を献納し、今日もそれを使用しています。教会にとっては大切な方ですが、何も記録がなく、ただ東京角筈の大関ちか看護婦会長から派遣されたことしかわかりません。ご遺族ご親類の方お教え下さい」

投稿者は、埼玉県比企郡にある小川教会の尾島武之助名誉牧師である。同教会の沿革等を参考に補足すると、明治時代に小川町で集団赤痢が発生した際、東京から来た看護婦が昼夜を分かたず誠意と愛情をもって看護にあたり、住民たちの敬愛の的となったが、ほどなく自身も感染し亡くなってしまった。死の間際、満ち足りた笑顔を浮かべていた彼女に深い感銘を受けた地元の医師関根温《おん》は、自身もクリスチャンとなり、小川教会を設立したという。

和が衛生園のあった「角筈」を拠点に活動していたという記録はないが、その働きぶりから、和が派遣した看護婦であることに間違いなさそうだ。自らも病の犠牲となってしまったことは本当に残念であるが、彼女は大勢の命を救ったに違いない。

本書の執筆中、史料を渉猟するなかで、こうした名もなき看護婦たちの物語にいくつも出合った。彼女たちの高邁な精神の原点に、大関和や鈴木雅らがいるように思えてならない。今この瞬間も、全国で幾万の看護師たちが立ち働き、様々な物語を紡いでいる。

主要参考文献

〈単行本・論文〉

荒井保男『日本近代医学の黎明《あけぼの》　横浜医療事始め』中央公論新社、二〇一一年
石川明人「日露戦争におけるキリスト教徒の葛藤　近代日本の宗教16」中外日報ウェブサイト、二〇一七年一〇月六日
市川智生「開港場横浜における感染症の歴史　一八七七年のアジア・コレラ流行の事例から」神奈川県立図書館企画サービス部地域情報課編『郷土神奈川』第五九号
伊藤まつを『石ころのはるかな道』講談社、一九七〇年
岩田健太郎、徳永哲、平尾真智子、丸山健夫、今岡浩一、岩田恵里子、百島祐貴『ナイチンゲールはなぜ「換気」にこだわったのか　ナイチンゲール生誕200年記念出版（ナイチンゲールの越境2　感染症）』日本看護協会出版会、二〇二一年
薄井坦子編訳者代表『ナイチンゲール著作集』第一巻、現代社、一九八三年
大関和『看護婦派出心得』吐鳳堂、一八九九年
大関和『実地看護法』東京看護婦会、一九〇八年
尾辻紀子『近代看護への道　大関和の生涯』新人物往来社、一九九六年
賀集久太郎『薔薇栽培新書』朝陽園、一九〇二年
金井一薫『ナイチンゲール看護論・入門『看護覚え書』を現代の視点で読む〈新版〉』現代社、二〇一九年
亀山美知子『女たちの約束　M・T・ツルーと日本最初の看護婦学校』人文書院、一九九〇年
亀山美知子『大風のように生きて　日本最初の看護婦大関和物語』ドメス出版、一九九二年
カルクス著／北山初太郎訳『フロレンス・ナイチンゲール』秀英舎、一八九〇年
川俣馨一『日本赤十字社発達史』日本赤十字社発達史発行所、一九〇九年
看護史研究会編『看護学生のための日本看護史』医学書院、一九八九年
看護史研究会『派出看護婦の歴史』勁草書房、一九八三年
木下尚江『懺悔』金尾文淵堂、一九〇七年

久野明子『鹿鳴館の貴婦人　大山捨松　日本初の女子留学生』中公文庫、一九九三年
久布白落実編『矢嶋楫子伝（伝記叢書31）』大空社、一九八八年
肥塚龍『横浜開港五十年史　下巻』横浜商業会議所、一九〇九年
厚生省医務局編『医制百年史』ぎょうせい、一九七六年
小林華平編『大関肥後守増裕公略記』一九〇九年
小林華平編『黒羽藩戊辰戦史資料』一九一八年
佐波亘『植村正久と其の時代』第一・二巻、教文館、一九三七年
澤村修治『日本のナイチンゲール　従軍看護婦の近代史』図書新聞、二〇一三年
白川優子、川原由佳里、辰巳芳子、川嶋みどり、難波妙、榎田倫道、松本圭古、吉田修、松野修『戦争のある場所には看護師がいる（Nursing Today ブックレット）』日本看護協会出版会、二〇二二年
篠田鉱造『明治百話　上』岩波文庫、一九九六年
相馬黒光『穂高高原』郷土出版社、一九八〇年
高橋政子『写真でみる日本近代看護の歴史　先駆者を訪ねて』医学書院、一九八四年
高橋政子「クリオへの感謝」一・四『看護教育』第二二巻、一九八一年
多川澄「日本女医五十年史」（『医事公論』連載）一九四三年
立川昭二『明治医事往来』新潮社、一九八六年
田村直臣、浅田みか子編『女子学院五十年史』女子学院同窓会、一九二八年
中央職業紹介事務局編『職業婦人調査　看護婦・産婆』一九二七年
寺下辰夫『珈琲　ものがたり（味のシリーズ1）』ドリーム出版、一九六七年
東京大学医学部附属病院看護部看護史委員会編『看護のあゆみ　明治・大正・昭和を通して』東京大学医学部附属病院看護部、一九九一年
東京帝国大学医学部附属医院『東京帝国大学医学部附属医院綜覧』一九二九年
東京都立駒込病院『駒込病院百年史』一九八三年
土曜会歴史部会編『日本近代看護の夜明け』医学書院、一九七三年

日本キリスト教婦人矯風会編『日本キリスト教婦人矯風会百年史』ドメス出版、一九八六年
日本赤十字社編『大正一二年関東大震災　日本赤十字社救護誌』一九二五年
日本赤十字社発達史発行所編『日本赤十字社発達史』一九一一年
日本看護歴史学会編『日本の看護のあゆみ 歴史をつくるあなたへ』日本看護協会出版会、二〇一四年
日本婦女通信社編『婦人社交名簿』一九一八年
ピエール・ロチ著／市川裕見子訳『日本秋景　ピエール・ロチの日本印象記』中央公論新社、二〇二〇年
平尾真知子「大正四（一九一五）年制定の『看護婦規則』の制定過程と意義に関する研究」『日本医史学雑誌』第四七巻第四号、二〇〇一年
フランシス・イー・ウヰラード著、鵜飼猛抄訳『万国基督教婦人矯風会案内』教文館、一八九八年
フロレンス・ナイチンゲール著／湯槇ます、薄井坦子、小玉香津子、田村眞、小南吉彦訳『看護覚え書　看護であること看護でないこと』現代社、二〇一一年
堀田国元『ディスカバー岡見京』二〇一六年
堀内敬三、井上武士編『日本唱歌集』岩波文庫、一九五八年
松田誠『高木兼寛の医学　東京慈恵会医科大学の源流』東京慈恵会医科大学、二〇〇七年
三浦綾子『われ弱ければ　矢嶋楫子伝』小学館、一九八九年
宮川矢平「刈羽郡の赤痢に就て」北越医学会事務所編『北越医会会報』第一〇〇号
宮田茂子『「大関和」を通して見た日本の近代看護　〈真説〉国家的セクハラを受けた職業集団』星湖舎、二〇一一年
村上信彦『明治女性史』中巻後編、理論社、一九七一年
村上信彦『明治女性史』下巻、理論社、一九七二年
村上信彦『大正期の職業婦人』ドメス出版、一九八三年
森川政一『知命堂病院付属産婆看護婦養成所史』知命堂病院、一九八七年
柳田泉『日本革命の予言者木下尚江』春秋社、一九六一年
山下麻衣『看護婦の歴史　寄り添う専門職の誕生』吉川弘文館、二〇一七年
山下麻衣「明治期における急性感染症患者の看護　東京府（市）立駒込病院を事例として」同志社商学編集委員会編『同志

社商学』第七二巻　第一号、二〇二〇年
山代巴『荷車の歌』筑摩書房、一九五六年
横浜歴史年表編纂委員会編『横浜歴史年表』横浜市、一九五一年
吉岡弥生『吉岡弥生伝』日本図書センター、一九九八年
読売新聞社『讀賣新聞から見た日本文化の８０年』読売新聞社、一九五五年
『基督者列伝　信仰三十年』警醒社、一九二一年

〈その他雑誌・新聞等〉
『朝日新聞』『看護』『女学雑誌』『大日本看護婦人矯風会雑誌』『中外医事新報』『東京朝日新聞』『東京日日新聞』『東京婦人矯風雑誌』『新潟新聞』『日本医史学雑誌』『婦女新聞』『婦人衛生雑誌』『婦人矯風雑誌』『婦人新報』『報知新聞』『横浜毎日新聞』『読売新聞』、厚生労働省各種資料、東京府各種資料、内務省各種調査報告

以上

おわりに

本文中、敬称は省略した。プライバシーに配慮し、仮名とした人物もいる。国名や事件名、戦争名、施設名等は、今日一般的となっている名称を用いた。引用文中には、新字新仮名にあらためた箇所や、句読点や送りがなを加えた箇所がある。また、今日の人権意識に照らして不適切な用語があるが、時代背景に鑑み、修正は行わなかった。史料の乏しい部分や会話部分には、創作を加えている。

前著『明治を生きた男装の女医　高橋瑞物語』に続き、編集を担当してくださった中央公論新社の山田有紀さんに感謝いたします。

ご協力いただきました日本赤十字社、日本看護協会、知命堂病院、上越観光コンベンション協会、南三陸町観光協会、津山市観光協会にお礼を申し上げます。

最後に、本書を読んでくださった皆様、ありがとうございました。

二〇二三年五月　田中ひかる

装画◎星野ちいこ
装幀◎キガミッツ

田中ひかる

1970年東京都生まれ。学習院大学法学部卒業。専修大学大学院文学研究科修士課程にて歴史学を、横浜国立大学大学院環境情報学府博士課程にて社会学を専攻。博士（学術）。女性に関するテーマを中心に、執筆・講演活動を行っている。著書に『月経と犯罪 〝生理〟はどう語られてきたか』『「オバサン」はなぜ嫌われるか』『「毒婦」 和歌山カレー事件20年目の真実』『生理用品の社会史』『明治を生きた男装の女医 高橋瑞物語』など。

明治《めいじ》のナイチンゲール　大関和物語《おおぜきちかものがたり》

2023年5月10日　初版発行

著　者　田中《たなか》ひかる

発行者　安部 順一

発行所　中央公論新社

〒100-8152　東京都千代田区大手町1-7-1
電話　販売 03-5299-1730　編集 03-5299-1740
URL https://www.chuko.co.jp/

ＤＴＰ　ハンズ・ミケ
印　刷　図書印刷
製　本　大口製本印刷

Published by CHUOKORON-SHINSHA, INC.
Printed in Japan　ISBN978-4-12-005653-6 C0095

中央公論新社　田中ひかるの本

明治を生きた男装の女医　高橋瑞物語

日本第三号の女医、高橋瑞。女性には閉ざされていた医師への道を切り開き、三七歳にしてドイツ留学も果たす。六〇歳まで医師として活躍、「遺体を解剖し、骨格は標本に」と遺言し、昭和二年に七四年の生涯を閉じた。困難に負けず、江戸から昭和を生きぬいた女性医師の姿を伝える。

【単行本】